# Utta Danella
# Familien-
# geschichten

Schneekluth

Einmalige Jubiläumsausgabe Utta Danella
17 Romane in 18 Bänden
Alle Rechte bei Franz Schneekluth Verlag, München
Im Vertrieb der Schuler Verlagsgesellschaft mbH, Herrsching

© 1979 by Franz Schneekluth Verlag, München

ISBN 3-7951-1113-7

Printed in Germany 1989

## Zum Geleit der Jubiläumsausgabe

*Seit vierzig Jahren gibt es den Franz Schneekluth Verlag, gegründet, besser gesagt, hoffnungsvoll begonnen im September 1949, er ist also genauso alt wie unsere Bundesrepublik Deutschland. Am Anfang war es ein Zimmer in einem Haus in Celle, denn in der Lüneburger Heide war Franz Schneekluth, von Dresden kommend, nach dem Krieg gelandet. Dem Mecklenburger gefiel die Landschaft, nur das Nichtstun war für ihn schwer zu ertragen, denn er liebte seinen Beruf, er war ein passionierter Verleger, ein Büchermensch durch und durch. In Dresden war er Verlagsleiter, dann Teilhaber des Wilhelm Heyne Verlags gewesen, von dieser Zeit hat er oft mit großer Begeisterung erzählt.*

*So geruhsam das Leben in der Heide war, immer nur mit dem Hund spazieren gehen und mit dem Förster fachsimpeln (auch sein Vater war Förster gewesen), konnte sein Leben nicht ausfüllen, und er zerbrach sich den Kopf, wie es denn eigentlich weitergehen sollte, genauso wie es viele Menschen damals taten.*

*Auch davon hat er mir oft erzählt, in seiner plastischen, temperamentvollen Weise; ich kenne seine Kindheit, seinen Werdegang und eben auch jene müßigen Jahre nach dem Krieg, die ihn zunehmend ungeduldig machten. Dann fing er also einfach an, und daß er es konnte, verdankte er einem kräftigen Darlehen von Bertelsmann aus Gütersloh. Darum liebte er die Bertelsmänner auch ganz besonders, und sobald ich meine ersten Gehversuche als Autorin gemacht hatte, nahm er mich mit nach Gütersloh, damit ich seine Freunde kennenlernte. Bertelsmann war auch damals schon ein imponierendes Unternehmen, wenn auch nicht der Gigant von heute, und die Männer jener Gründerzeit waren beachtliche Persönlichkeiten, die mich sehr beeindruckten.*

*Eine Persönlichkeit war Franz Schneekluth auch, und was für eine. Als er mich entdeckte, lag Celle schon weit hinter ihm, er residierte nun in einem modernen Verlagshaus in Darmstadt, er war sehr stolz auf dieses Haus, auf sein Büro und vor allem auf seine Mitarbeiter, von denen jeder Einzelne soviel leistete, wie heute meist kein ganzes Team. Und besonders stolz war er auf seine eigene Auslieferung. Wenn der Lastwagen an der Rampe vorfuhr und die Bücher abholte, strahlte er über das ganze Gesicht. Das konnte er übrigens gut; ich habe keinen anderen Menschen gekannt, der so lebensbejahend, so zur Freude fähig war wie er.*

*Als 1956 mein erstes Buch »Alle Sterne vom Himmel« bei Franz Schneekluth erschien, war der Verlag schon ein etabliertes, angesehenes Unternehmen, der gute Autoren verlegte. Und der Verleger*

war ein Verleger wie aus dem Bilderbuch, ein Büchermann, dem nichts auf der Welt wichtiger war als Bücher, und der ein Manuskript, das ihn ansprach, auch wirklich las, von Anfang bis Ende. Das war in meinem Fall eine beachtliche Aufgabe gewesen, denn das Manuskript, das ich eingereicht hatte, war über tausend Seiten stark. Er hatte es gelesen. Und teilte mir ganz schlicht mit, daß er es herausbringen würde, nur müsse ich es ungefähr um die Hälfte kürzen. Das war gar nicht so einfach, denn ich mußte es binnen weniger Monate tun. Heute noch wundere ich mich darüber, wie ich das geschafft habe. Noch mehr aber wunderte ich mich damals, daß jemand wirklich drucken wollte, was ich geschrieben hatte.
*Geschrieben hatte ich zwar schon eine ganze Weile, für Zeitungen, für den Rundfunk, für eine Agentur, aber als Schriftstellerin sah ich mich eigentlich nicht. Das umfangreiche Manuskript war aus dem Erleben der hinter mir liegenden Zeit entstanden, die Nazis, der Krieg, die Angriffe auf Berlin, die Ignoranz der Provinz, schließlich die Nachkriegszeit in München, alles selbst gesehen und gut behalten. Ich hatte Zeit und es ging mir soweit ganz gut, also schrieb ich das einfach nieder.*
*Und dann war es plötzlich ein Buch.*
*Ich habe allen Grund der Welt, Franz Schneekluth dankbar zu sein, denn er holte mich aus einem leicht vergammelten Leben und ›nahm mich in die Pflicht‹, so drückte er das aus. Denn kaum war das erste Buch erschienen, befahl er: »Nun setz dich hin und schreib ein zweites Buch.« Mein Protest nutzte nichts, mein Einwand, daß ich gar nicht wisse, was ich nun schreiben solle, ebensowenig. »E i n Buch ist kein Buch,« sagte er. Also schrieb ich das zweite, und auf einmal war so etwas wie ein Beruf daraus geworden. Sofern man Bücherschreiben als Beruf betrachten will.*
*Ich bin ihm dankbar. Franz Schneekluth lebt nicht mehr, aber immer noch sein Verlag, und das nun seit vierzig Jahren, heute betreut und im Besitz von Ulrich Staudinger, und es kann mich doch eigentlich nur befriedigen, daß aus Anlaß des Jubiläums alle meine Bücher, die im Franz Schneekluth Verlag erschienen sind, neu gedruckt herauskommen.*

*1. Juli 1989*

Der Mensch ist sehr einsam, wenn er allein ist. Allein sein, für sich sein, wenn man sich selbst etwas zu sagen hat, kann ein Hochgenuß sein. Und ich meine, jeder Mensch von einiger Substanz braucht ein gewisses Maß an Einsamkeit, der eine mehr, der andere weniger. Genauso braucht er aber auch die anderen, er braucht sie in seinem Arbeitsleben, er braucht sie in seiner freien Zeit, er braucht Gesprächspartner, seine Klage muß ein Ohr finden, sein Lächeln muß erwidert werden. Liebe ist gut, Freundschaft ist besser, vorausgesetzt, daß beide etwas taugen und von Bestand sind. Was man nie genau wissen kann.
Freundschaft und Liebe von der guten, beständigen Art zu finden ist ein Glücksfall, der nicht jedem widerfährt. Was man aber auf natürliche Weise schon bei der Geburt mitbekommt, ist Familie. Und von welcher Art die ist, das hat große Bedeutung für das Leben eines Menschen. Aussuchen kann man sich die Familie nicht, jedenfalls nicht die, in die man hineingeboren wird, man muß sie nehmen, wie sie ist. Und wenn man sie gern haben, vielleicht sogar lieben kann, dann hat man großes Glück gehabt.
Denn sage einer, was er will: Familie haben ist

gut. Ganz ohne sie würde man sich doch sehr nackt und bloß fühlen. Sie bietet Schutz und Schirm, Rückendeckung, Schultergefühl. Soll doch keiner behaupten, er brauche das nicht. Man braucht es. Auch heute, und heute erst recht.
In der guten alten Zeit gab es die sogenannte Großfamilie, von der man neuerdings nostalgisch schwärmt. Wie heimelig die war für die Alten und die Jungen, heißt es, wie geborgen sich die Übriggebliebenen und Verqueren dennoch darin fühlen konnten, und wie tapfer sie alle zusammen das Leben meisterten. Davon, so sagt man, könne der Mensch von heute nur noch träumen. Er hat bestenfalls eine Kleinfamilie, und oft hat er gar keine. Manche sagen, sie brauchen keine, und sie wollen keine, Familie sei gräßlich und falle einem sowieso auf die Nerven. Falls vorhanden, gehe man ihr am besten aus dem Wege.
Jeder hat auf seine Weise recht. Das Leben in der Großfamilie mag nicht immer ein Zuckerlecken gewesen sein, doch auf die Nerven gehen kann man sich auch im allerkleinsten Kreis. Man braucht dazu nicht einmal Familie.
Ohne Familie stelle ich mir das Leben ziemlich langweilig vor. Denn unterhaltend ist sie auf alle Fälle. Ob man sie nun liebt oder gerade eben erträgt, ob man sich viel oder wenig zu sagen hat, ob man Krach hat oder sich bei jeder Gelegenheit gerührt in die Arme sinkt – Unterhaltung, Anregung, Aufregung, Stallgefühl ist es allemal.
Man muß allerdings versuchen, sich positiv zur Familie einzustellen und das zu üben, was zu jedwedem Zusammenleben am dringendsten vonnöten ist: Toleranz.

Fangen wir mit den Kindern an. Was könnte für ein Kind wichtiger sein als Familie? Zunächst die Eltern. Lieblose, verständnislose oder gar dumme Eltern zu haben ist das schlimmste Los, das einen Menschen zu Beginn seines Lebens treffen kann. Denn alles, was später kommt, erträgt sich leichter, wenn man aus der Wärme und Geborgenheit einer Familie kommt, in der man sich gegenseitig liebhatte. Das gibt Sicherheit für das ganze Leben. Und man sollte Geschwister haben und möglichst auch Großeltern und viele, viele Onkel und Tanten und dazu das, was an denen noch dranhängt.
Ein Plädoyer für die Großfamilie also? Ja, durchaus. Man kann sie sich selbst größer machen, wenn man alle einbezieht, die irgendwie dazu gehören, angeheiratet, angefreundet, man soll keineswegs ständig mit ihnen zusammenglucken, aber von Zeit zu Zeit die Verbindung pflegen. Wenn man freundlich miteinander umgeht, gibt es kaum Schwierigkeiten. Ein paar Fälle muß man schlimmstenfalls abbuchen, aber die sind dann selber daran schuld.
Ein- und Angeheiratete sollte man guten Willens aufnehmen. Ich weiß, das sagt sich leichter, als es in der Praxis oft möglich ist. Immer wieder wird es passieren, daß eine Mutter entsetzt ist über das Gebilde, welches ihr Sohn als Schwiegertochter ins Haus bringt. Und ratlos wird der Vater sein, wenn seine hübsche, wohlerzogene Tochter einen ungepflegten Piesepampel als ihre große Liebe präsentiert. Erst mal abwarten, vielleicht geht es ja vorbei, und wenn nicht, vielleicht entwickelt sich der Zugang besser, als man erwarten durfte. Denn das ist eine Beobachtung, die ich oft gemacht

habe: daß nämlich eine Familie, die ihrerseits Substanz und Charakter hat, auf die Dauer einen erstaunlichen Einfluß auf einen nicht dazu passenden Fremdling ausüben kann.
Es gibt Mütter und Väter, die vor Gram und Kummer beinahe eingegangen sind über das, was da als Schwiegersohn oder -tochter ins Haus kam, doch wartet man einige Jahre, sind sie plötzlich die besten Freunde geworden. Vorausgesetzt, der Zugang bringt auch ein wenig Verständnis und Humor mit in die Familie.
Ach ja, das wollen wir nicht vergessen – Humor. Nach der Toleranz der zweitwichtigste Faktor für das gelungene Familienleben. Für das Leben überhaupt, und in der Familie läßt sich vorzüglich üben, was man später so dringend braucht.
Finden Sie sich doch selbst mal komisch, wenn Sie sich mit Schwestern, Schwiegersohn oder Ehemann angiften. Hören Sie sich doch mal zu und schauen Sie im Vorbeigehen in den Spiegel, und dann halten Sie eine Minute inne und fragen sich: Warum eigentlich? Wozu sollen der Streit, die Gehässigkeit, die bösen Worte und die Biestigkeit denn gut sein? Tut es mir gut? Tut es Franz oder Olga gut? Er wird sich nicht ändern, sie wird sich nicht ändern, ich werde mich nicht ändern – also, was soll's?
Ich gebe zu, das sagt sich leicht. Für mich sagt es sich leicht, denn ich bin vom Wesen her ein toleranter Mensch. Wenn auch nicht, um ehrlich zu sein, unbedingt in allem und jedem. Aber ich kann unwichtige Dinge nicht wichtig nehmen. Ich kann mich nicht wegen Geld streiten. Ich halte nichts von sinnlosen Vorwürfen, die einen begangenen

Fehler doch nicht ungeschehen machen. Ich bin nicht eifersüchtig und so wenig wie möglich neidisch. Neid ist eine der übelsten menschlichen Eigenschaften überhaupt, aber eben sehr menschlich. Wann immer man Spurenelemente davon in sich entdeckt, sollte man sie ganz energisch bekämpfen. Jedoch sollte man einem ordentlichen Krach nicht unbedingt aus dem Weg gehen, er kann sein Gutes haben. Ich zum Beispiel kann herrlich wütend sein, aber ich bin auch wieder sehr schnell damit fertig und dann kann ich lachen.

Man sollte versuchen, ein möglichst unabhängiger, freier Mensch zu sein. Ich habe es immer gewollt, und ich glaube, es ist mir ganz gut gelungen. Und wissen Sie, warum? Weil meine Familie so ist. Weil ich in dieser Atmosphäre aufgewachsen bin. Das ist mehr wert als eine Million Dollar. Dabei war und ist meine Familie alles andere als eine harmonische Einheit, und allerhand Untugenden hat sie auch aufzuweisen. Das geht schon mal von der Herkunft her wie Kraut und Rüben durcheinander, das kommt von Osten und vom Südwesten, da ist Österreich drin und Frankreich und ein Hallodri aus Ungarn, der mein Großvater wurde.

Der zum Beispiel war so ein Prototyp eines unerwünschten Schwiegersohns. Seinetwegen wurde meine Großmama, eine reiche Bauerntochter, verstoßen und enterbt und rutschte erst mal auf der sozialen Leiter einige Stufen abwärts. Denn der Mann, den sie partout hatte haben wollen, mag sie ja vielleicht zeitweise glücklich gemacht haben, aber auf die Dauer gesehen war er keine sehr brauchbare Eroberung, das hatte der Urgroßvater

schon ganz richtig beurteilt. Denn der Großpapa hielt nicht viel vom Arbeiten, er kippte gern einen hinter die Binde, und die Seinen behandelte er auch nicht immer sehr liebevoll, Frau und Kinder hatten kein leichtes Leben bei ihm.
Aber dies nun wiederum machte eine sehr tüchtige Person aus meiner Großmama. Denn obwohl sie viele Kinder bekam, schuf sie nebenbei ein stattliches Grundstück, Haus mit einem riesigen Garten, aus eigener Kraft, begabt mit bäuerlicher Schläue und hartnäckigem Durchsetzungsvermögen. Sie erzog die Kinder ordentlich und wurde bei bester Gesundheit 91 Jahre alt. Alles in allem, von der Leistung her, war es in meinen Augen ein erfolgreiches Leben.
Daß sie am Ende alles verlor, daran war nicht sie schuld, sondern der Krieg, denn dies alles fand in Schlesien statt. Ihren Eigensinn und ihre Hartnäckigkeit, die ihr zu Mann und Besitz verholfen hatten, behielt sie bis zu ihrem Lebensende.
Ihre Selbstgerechtigkeit, ihr Selbstwertgefühl, wie man heute sagt, waren schlechthin imponierend. Das ist zum Beispiel etwas, worüber man Neid empfinden könnte. Übrigens hat sie ihrer Tochter, die meine Mutter wurde, ein gutes Stück davon vererbt. Für mich blieb nur noch ein kümmerlicher Rest übrig. Sehen Sie, so interessant ist Familie, wenn man sich mit ihr beschäftigt.
Wie schon erwähnt, ist mit das Beste, was ein Kind haben kann, möglichst viele Onkel und Tanten.
Nichts geht über einen Onkel, den man lieben kann. Der Mann, den ich am meisten in meinem Leben geliebt und bewundert habe, war mein Onkel. Was für ein Mann! Groß und schlank, mit fa-

belhaftem Aussehen, charmant, galant, dabei warmherzig und liebevoll. Ein homme à femmes dazu, die Frauen liebten ihn außerordentlich, und er machte regen Gebrauch davon, seine Freundinnen waren Legion, und es waren alles hübsche und elegante Frauen, denn er war anspruchsvoll. Natürlich war ich da eifersüchtig als kleines Mädchen, aber so sehr auch wieder nicht, denn ich wußte ja, daß er *mich* am meisten liebte. Die Damen verschwanden immer wieder von der Bildfläche, so wichtig waren sie nicht. Ich blieb, ich war wichtig.

Ich habe viel von ihm gelernt. Vor allem die Sicherheit im Umgang mit Menschen, daß man sich ohne Scheu unterhalten kann, auch mit Fremden, und er vermittelte mir, was so wichtig ist für ein Mädchen und für eine Frau: die Liebe zum eigenen Körper, das Körpergefühl, aus dem heraus man sich graziös bewegt, mit eleganten Bewegungen geht und steht und tanzt. Sogar Lesen und Schreiben habe ich von ihm gelernt, noch ehe ich in die Schule ging. Ich durfte mit ihm in feine Lokale zum Essen gehen, und er achtete genau darauf, wie ich mich kleidete. Schon ein kleines Mädchen kann kapieren, was Mode ist. Er ging mit mir in die Oper, ins Theater, ins Konzert, aber das tat meine Familie sowieso, das gehörte zu unserem Leben.

Dann gab es einen ganz anderen Onkel, einen angeheirateten, den ich ziemlich interessant fand. Der war bei der Polizei. Bei der Kripo, wie man heute sagt. Er war ein großer starker Mann mit lauter Stimme und röhrendem Lachen und einem großen Durst. Von seiner Tätigkeit erzählte er so anschaulich, daß alle herumsitzenden Familienmitglieder Tränen lachten. Ich bekam nicht mit, was sie so komisch fanden, ich war noch zu klein, aber schon seine deftigen Ausdrücke genügten, um mich maßlos zu faszinieren. Später habe ich mir zusammengereimt, daß er wohl bei der Sitte gewesen sein muß, weil sie sich alle immer so schrecklich amüsierten über das, was er erzählte. Und manchmal hatte einer von den Erwachsenen gesagt: »Pscht! Nicht doch. Denk doch an die Kinder!« Oder irgendwas in der Art.

Aber die Kinder verstanden nicht viel von dem, was er erzählte, sie erlebten nur mit, *wie* er es erzählte, und das war ein Hochgenuß. Da er sehr gern und sehr viel trank und dann einen in der Krone hatte, wie es die dazugehörige Tante ausdrückte, mag das seine Berichte beflügelt haben.

Als seine Frau, meine Tante, plötzlich starb, an den Folgen einer Operation, sie war gerade erst Mitte Vierzig, trauerte er ganz unbeschreiblich. Er heulte buchstäblich Rotz und Wasser, wo er ging und stand. Ich habe niemals zuvor und auch niemals später wieder einen Mann so weinen sehen wie diesen großen schweren Kriminaler, der zuvor immer so lustig gewesen war. Auch das war für ein Kind sehr beeindruckend.

Aber passen Sie auf, wie es weiterging. Es dauerte gar nicht lange, da hatte er eine neue Frau, erst bloß so, und dann heiratete er ziemlich schnell wieder. Und die Familie, die ihn zunächst getröstet und gestreichelt hatte, war nun riesig empört. Die Meinung wurde laut, er müsse diese Frau doch wohl schon vorher gekannt haben, wieso sei sie

denn so plötzlich vorhanden gewesen. Und die Familie verstieß ihn erbarmungslos. Seine Tränen, sein Schmerz? Alles Heuchelei.
Ja, so war das. Vielleicht, so denke ich heute, hatte dieser heftige, großmäulige Mann ein weiches Herz und ein großes Bedürfnis nach Liebe, nach einer Frau, nach Umsorgtsein, nach jemand, der ihm zuhörte.
Dann hatte ich, von der väterlichen Seite her, einen Onkel Buchhändler. Das war auch eine feine Sache. Da Lesen für mich als Kind schon die größte Lust bedeutete, war dies natürlich auch ein höchst interessanter Onkel. Wenn wir dort zu Besuch waren, das war in einer Stadt in Württemberg, saß ich den ganzen Tag in der Buchhandlung herum und schmökerte, was ich erwischen konnte.
Daß ich später selber Bücher schrieb, fand dieser Onkel zunächst höchst obskur. Mitleidig ließ er mich wissen, daß ich wohl immer ein sehr bescheidenes Leben werde führen müssen. Meine Produkte betrachtete er mit einigem Mißtrauen, bis er merkte, daß er sie gut verkaufen konnte; dann änderte er seine Meinung.
Er wurde neunzig Jahre alt, und ich glaube, es hat ihn befriedigt, daß ich Erfolg hatte. Übrigens wurde er immer schöner, je älter er wurde. Ich habe nie einen so schönen alten Mann gesehen, ein durchgeistigter Kopf mit weißem Haar, ein klares Auge, ein kluges Lächeln.
Es gibt allerdings auch eine sehr traurige Onkelgeschichte in meinem Leben. Einer war Jude, und die Nazis brachten ihn um.
Ich muß es so lapidar und banal ausdrücken, denn wenn ich es ausführlich schildern wollte, brauchte

ich ein ganzes Buch dazu. Er war ein scheuer, sehr bescheidener Mann und der größte Patriot, der mir je im Leben begegnet ist. Er liebte Deutschland wirklich über alles in der Welt, sein Lieblingsthema, das einzige, bei dem er beredt wurde, war deutsche Geschichte. Die kannte er vor- und rückwärts. Im Ersten Weltkrieg war er Soldat. Und dennoch ... Wir wissen es. Wir wußten es damals schon. Auch wir Kinder, mein Bruder und ich.
Schließlich gab es in meiner Familie noch einen Erbonkel. Das heißt, er war ein Onkel meines Vaters, also unser Großonkel.
Der besaß ein Miethaus, Vermögen und einen angeblich wunderschönen Garten. Gesehen habe ich diesen Garten nie, ebensowenig wie die Wohnung von Onkel Carl und Tante Emma. In die Wohnung wurden wir nie gebeten, wenn wir sie besuchten. Ich kann mich auch nicht erinnern, daß wir je ein Stück Schokolade oder ein Bonbon bekommen hätten. Waren sie geizig, die beiden Alten?
Jedenfalls waren sie freundlich; Onkel Carl immer in einem blaugrauen Arbeitskittel, die Tante mit dem Dutt auf dem Kopf war hager wie eine Bohnenstange, aber sie lächelten, wenn wir da waren, viel zu sagen hatte man sich nicht. Von Onkel Carl erzählt man sich, daß er nie in seinem Leben verreist gewesen sei, nie die kleine Heimatstadt verlassen hätte. Wozu denn? soll er gesagt haben, was soll ich denn erst wegfahren, wenn ich doch wieder zurückkommen muß. Sicher hat er die Reiselust in unserer Familie sehr mißbilligt.
Für uns Kinder war es trotzdem interessant bei diesem Erbonkel. Er war Buchbinder, und in besagtem Haus befand sich unten ein kleiner Laden,

eine Art Schreibwarengeschäft, in dem ein wirres Durcheinander herrschte. Ob er je ein Stück von seiner verstaubten Ware verkauft hat, bezweifle ich. Aber dieser vergammelte Laden faszinierte uns ungemein, so etwas hatten wir anderswo nie gesehen. Übrigens war dieser Laden der einzige Raum in seinem Haus, den wir je betreten haben bei unserem jährlichen Besuch. Das Haus ging dann im Krieg in Trümmer, das Vermögen verflüchtigte sich in der Währungsreform. Ihm hat es sicher gar nicht so viel ausgemacht, bedürfnislos, wie er war.

Genug der Onkelgeschichten. Obwohl ich noch ein paar auf Lager hätte. Tanten natürlich auch. Aber wenn ich davon erst anfange, dann handelt dieses Buch allein von meiner Verwandtschaft, und das ist ja nicht der Sinn der Sache.

# Die Erbschaft

Polly hatte manchmal so ahnungsvolle Momente.
»Vielleicht erbst du was«, meinte er, als Bettina die Nachricht erhielt, daß ihre Großtante Pamela gestorben sei.
»Du bist ein widerlicher Materialist«, sagte Bettina, »ich bin traurig, und du redest von Erbschaft.«
»Traurig hin oder her, erben kann man nur, wenn einer tot ist. Außerdem kannst du nicht so traurig sein, weil dir deine Tante schnuppe war.«
»Das ist eine Gemeinheit. Wer sagt das?«
»Ich. Wenn du dir etwas aus ihr gemacht hättest, wärst du mal hingefahren und hättest sie besucht.«
»Ich wollte es immer. Das weißt du genau.«
»Sicher. Du redest davon, seit ich dich kenne.«
»Diesen Sommer wäre ich bestimmt einmal hingefahren. Jetzt ist sie tot. Oh, ich hasse mich.«
»Mal was Neues. Eine für deine weitere Entwicklung sehr nützliche Abwechslung. Für gewöhnlich liebst du dich selbst viel zu sehr.«
Bettina blickte ihn zornig an, aber sie schwieg. Sie war wirklich traurig und hatte keine Lust zu einer dieser ausufernden Diskussionen, die er so schätzte.

»Also, wie ist es? Erben wir? Ich könnte ein paar zusätzliche Piepen gut gebrauchen, bis mein Stück fertig ist.«
»Was heißt hier wir? Wenn einer erben würde, dann ich. Nicht du. Keine müde Mark würde ich noch an dein langweiliges Theaterstück verschwenden.«
»Typisch. Du denkst nur an dich.«
»Es gibt nichts zu erben. Früher ist es ihr recht gutgegangen. Aber ihr Geld war schon lange futsch. Sie hat seit vielen Jahren sehr bescheiden gelebt. In einem kleinen Häuschen in der Lüneburger Heide.«
»Kleines Häuschen ist doch nicht schlecht. Da hätten wir wenigstens eine Wochenendbleibe. Sicher könnte ich dort in Ruhe arbeiten.«
»Das Häuschen gehört ihr nicht, sie hat es gemietet. War mal ein Landarbeiterhaus oder so was. Es gehört zu einem großen Bauernhof.«
»Und wem gehört der Hof?«
»Weiß ich doch nicht. Irgend jemand.«
Natürlich fuhr er nicht mit zur Beerdigung, das deprimiere ihn unnötig. Es sei schon belastend genug, sich auf den eigenen Tod vorzubereiten, ließ er wissen.
»Man kann nie früh genug damit anfangen«, sagte Bettina bissig, »das geht oft schneller, als man denkt.«
Also fuhr sie allein in die Heide, an einem hellen Frühlingstag, der gar nicht nach Sterben aussah. Sie freute sich an ihrem neuen Wagen, den sie erst seit zwei Monaten besaß und bisher nur zu Fahrten ins Geschäft benützt hatte. Die übrigen Kilometer hatte Polly abgefahren.

»Du brauchst den Wagen ja tagsüber nicht. Ich hole ihn mir dann von eurem Parkplatz, ja?«
Wenn sie morgens die Wohnung verließ, lag er noch im Bett. Er brauche den Morgenschlaf für seine Nerven, hatte er gleich zu Beginn ihrer Beziehung verkündet. Abends holte er sie dann freundlicherweise ab, und sie erfuhr, wie er den Tag verbracht hatte. Meist sehr amüsant.
»Und deine Arbeit?«
»Liebes Kind, geistige Arbeit läßt sich nicht erzwingen. Man muß auf Inspiration warten.«
Darauf wartete er nun schon lange. Anderthalb Jahre kannte sie ihn schon, und über einige kümmerliche Szenen, die er den ersten Akt nannte, war sein epochemachendes Stück noch nicht gediehen.
Doch dann hörte sie auf, an Polly zu denken, es lohnte sich nicht. Es war ganz nett, ihn zu haben, aber es bedeutete ihr nicht viel.
Sie fuhr auf geraden, wenig befahrenen Straßen durch das weite flache Land, die Birken trugen erstes helles Grün, der Himmel war hoch und hell, blaßblau, mit kleinen weißen Wolken betupft. Sie kam durch kleine und große Dörfer, schließlich durch die Außenbezirke von Celle. Da hätte sie längst wieder einmal hinfahren müssen, nach Celle. Was für eine bezaubernde Stadt mit diesen hübschen alten Häusern, mit den alten Inschriften darauf. Warum ließ sie sich bloß von ihrer Arbeit so auffressen?
Dann dachte sie an Tante Pamela. Großtante Pamela genau. Sechsundachtzig Jahre war sie geworden. Es war drei, nein, fast schon vier Jahre her, als sie ihr das letztemal einen Besuch gemacht hatte.

Gar nicht alt hatte sie gewirkt, schmal und zart, voll Grazie, die Augen noch klar, das Lächeln voll Charme. Man konnte sich immer noch vorstellen, daß sie einmal eine sehr schöne Frau gewesen sein mußte.

»Daß du es in dieser Einsamkeit aushalten kannst!« hatte Bettina gesagt.

»Ich bin hier weniger einsam als in einer Großstadt. Und ich habe mir immer gewünscht, in der Natur zu leben, wenn ich älter bin. Es ist hier weder einsam noch langweilig. Wo es Menschen gibt, ist Leben, und hier kann man viel mehr daran teilnehmen. Und wo es Tiere gibt, kann man glücklich sein.«

Früher, das wußte Bettina, hatte Tante Pamela in Berlin gelebt, in einer großen Villa am Grunewald. Sie fuhr schon als junge Frau einen eigenen Wagen, sie hatte Reitpferde gehabt, auch einen netten Mann und viele Freunde. Der Mann war im Krieg ums Leben gekommen, das Haus war von Bomben zerstört worden.

Einige Jahre war sie noch in Berlin geblieben, dann hatte sie vorübergehend in Hamburg gelebt, aus jener Zeit datierte die freundschaftliche Beziehung zwischen ihnen. Und dann war sie also in die Heide gezogen. In ihrem Heidedorf kannte sie viele Leute, jeden Tag spazierte sie zu einem Gestüt, die Tasche voller Zucker und Äpfel, und stand dann bei den Pferden, die sie kannten und ihr entgegenwieherten. Als Bettina das letztemal da gewesen war, besaß Tante Pamela drei Tiere, einen dicken schwarzen Kater, einen reinrassigen Collie und ein winziges Hundebaby, das noch keinerlei Rassemerkmale erkennen ließ.

Letzteres war übriggeblieben und nahm Bettina in Empfang. Ein Riesenkalb von Hund, immer noch von unbestimmbarer Rasse, stürzte zähnefletschend auf sie zu, beschnupperte sie, als sie zögernd stehenblieb, und blickte dann mißtrauisch zu ihr auf.
»Du bist ein veritables Ungeheuer«, sagte Bettina, ihr Blick war nicht weniger mißtrauisch als der des Hundes.
Ausgerechnet aus diesem Hund bestand die Erbschaft. Das erfuhr sie schon kurz nach der Beerdigung von einem Notar aus Celle, der, wie sie ebenfalls erfuhr, Tante Pamela in herzlicher Freundschaft zugetan gewesen war.
»Ihre Tante war ein Mensch, dessen Verschwinden die Erde ärmer macht«, sagte er zu Bettina, als sie nach dem Friedhof im ›Krug‹ saßen. »Es gibt nicht viele Menschen, von denen man das sagen kann.«
Das schienen andere auch zu denken, fast das ganze Dorf hatte an der Beerdigung teilgenommen. Von der Verwandtschaft, außer Bettina, keiner.
»Sie hat auch sonst von keinem etwas gehört«, sagte der Arzt, der die alte Dame in den letzten Jahren behandelt hatte, »Sie waren die einzige, die wenigstens gelegentlich mal von sich hören ließ.«
Der Doktor war ein großer Blonder mit kantigem Gesicht. Vor seinen hellen Augen schämte sich Bettina auf einmal, er sah sie sehr genau und prüfend an und das ›wenigstens gelegentlich mal‹ hatte nicht sehr freundlich geklungen. Dunkel erinnerte sich Bettina, daß sie den Doktor bei ih-

rem letzten Besuch flüchtig gesehen hatte, als er aus seinem Wagen stieg.
»Ich habe sehr viel Arbeit«, murmelte sie.
»Ich weiß«, sagte der Doktor. »Sie sind eine Karrierefrau. Eine echt emanzipierte Frau. Ihre Tante war immer sehr stolz auf Sie. Sie sagte, Bettina hat ein Leben, wie ich es mir gewünscht hätte.«
»Ach du lieber Himmel!« sagte Bettina mit einem kleinen nervösen Lachen und nahm sich eine Zigarette. »Das ist gar kein so angenehmes Leben. Tante Pamelas Generation hat noch sehr romantische Vorstellungen vom Leben einer emanzipierten Frau gehabt.«
Drei Männer in ihrer Nähe zückten das Feuerzeug, der Notar, der Bauer Rasmussen und der Pferdezüchter Munk. Rasmussen war der schnellste.
»Ich rauche nicht«, sagte der Doktor, der Johannes Meschede hieß.
»Das wird sich für einen Arzt auch so gehören«, erwiderte Bettina spöttisch und blickte herausfordernd in die hellen grauen Augen. Der sollte sich bloß nicht so aufspielen, dieser Heidedoktor.
Sie blieben nicht lange im ›Krug‹ sitzen, es war Werktag, sie hatten alle ihre Arbeit zu tun. Auch der Notar verabschiedete sich.
»Ich erwarte Sie dann morgen in meiner Kanzlei«, sagte er.
»Ist das denn nötig?« fragte Bettina ein wenig ungeduldig. »Nur wegen einem Hund?« Auf seinen erstaunten Blick hin fügte sie etwas höflicher hinzu: »Ich komme ja ohnedies durch Celle, wenn ich heimfahre. Natürlich besuche ich Sie gern. Irgendwelche Formalitäten wegen dieses gräßlichen Hundes werden wohl nicht vonnöten sein.«

»Ich habe einen Brief von Ihrer Tante an Sie. Den möchte ich Ihnen gern geben.«
Den Rest des Tages verbrachte Bettina in dem kleinen Häuschen, besah alte Bilder, blätterte in Büchern, wagte es aber nicht, die Briefe zu lesen, die noch vorhanden waren. Viele waren es nicht.
Das Haus hatte zwei Zimmer, ein gut installiertes Bad und eine moderne kleine Küche. Es war richtig gemütlich. Vielleicht war es wirklich keine schlechte Art, die letzten Lebensjahre so zu verbringen. Noch dazu, wenn man rundherum so beliebt war, wie es Tante Pamela offensichtlich gewesen war.
Das Häuschen befand sich am Rande eines großen Grundstücks, das hauptsächlich aus einem riesigen Obst- und Gemüsegarten bestand. Mittendrin stand ein geräumiges altes Bauernhaus. In dem Bauernhaus wohnte und praktizierte der Doktor Meschede. Im Laufe des Nachmittags hatte Bettina Gelegenheit zu beobachten, daß die Praxis florierte. Unausgesetzt kamen Leute die breite Einfahrt hereingepilgert, Mütter mit Kindern, alte Leute, junge Leute, Autos fuhren in den Hof, Fahrräder, sogar zwei muntere Braune mit einer Kutsche kamen hereingetrabt.
Alles Patienten.
Allerhand Arbeit für den Doktor, dachte Bettina, die eine Weile in der warmen Frühlingssonne auf dem Zaunpfosten neben der Einfahrt saß. Im Hof spielte das Hundeungeheuer mit einem braunen Langhaardackel.
Gegen Abend machte sie einen Spaziergang durch das Dorf, und als sie zurückkam, stieg der Doktor gerade in seinen Wagen.

»Na?« fragte er. »Langweilig?«
»Einen Tag kann man es schon aushalten.«
»Ich würde Sie gern zum Abendessen einladen, aber ich bin noch mindestens drei Stunden unterwegs.«
»Wo fahren Sie denn noch hin?«
»Meine Patienten besuchen.«
»So spät?«
»Ärzte auf dem Land sind rar. Ich habe einen ziemlich weiten Radius.«
Er hatte Tante Pamela in den letzten Jahren behandelt, aber sie sei eigentlich immer gesund gewesen, abgesehen von ein wenig Arthritis. Ihr Tod sei sanft und gnädig gewesen, ihr Herz habe einfach aufgehört zu schlagen.
»Ein ganz besonderes Geschenk vom lieben Gott, auf diese Art zu sterben«, sagte der Doktor noch, dann fuhr er vom Hof.
Bettina ging früh zu Bett, und ehe sie einschlief, fiel ihr ein, daß sie vergessen hatte, Polly anzurufen. Nun ja, morgen abend würde sie ohnedies wieder zu Hause sein.
Am nächsten Morgen betrachtete sie mit gemischten Gefühlen den Hund, der vor der Tür ihres Zimmers geschlafen hatte und nun erwartungsvoll in der Küche saß und ihr zusah, als sie Kaffee kochte.
»Was soll ich bloß mit dir machen? Ich habe eine Dreizimmerwohnung in Hamburg. Wenn du im Zimmer bist, ist das Zimmer voll, nicht? Ich weiß auch gar nicht, ob Hunde in dem Haus erlaubt sind. Wie heißt du denn eigentlich?«
Der Hund hatte sich bisher nicht vorgestellt und tat es auch jetzt nicht, verspeiste aber sehr ma-

nierlich die mit Butter und Leberwurst beschmierten Brotstücke, die sie ihm reichte. Sehr vorsichtig nahm er sie aus ihrer Hand, er schien daran gewöhnt zu sein.
Seinen Namen erfuhr sie dann in Celle. Er hieß Wladimir.
»Ach ja«, meinte Bettina. »Ich erinnere mich. Sie hat schon früher mal einen Hund gehabt, der so hieß.«
Der Notar lächelte. »Ihre Tante mochte diesen Namen. Haben Sie Wladimir unten im Wagen?«
»Nein. Er ist . . . also ich habe ihn draußen gelassen. Ich weiß nicht, was ich in Hamburg mit ihm anfangen soll. Ich fahre sowieso noch einmal hinaus. Und überhaupt wollte ich erst einmal mit Ihnen darüber sprechen.«
»Worüber?«
»Na, was aus dem Hund werden soll.«
»Lesen Sie erst mal den Brief Ihrer Tante.«
Aus dem Brief erfuhr Bettina, daß sie zugleich mit dem Hund auch sein Halsband geerbt hatte.
›Es ist das einzige Wertstück, das ich noch besitze‹, schrieb Tante Pamela. ›Ich hatte immer Hunde, wie Du Dich erinnern wirst, und als ich jung und schön war, schenkte mir einmal ein Mann, der mir viel bedeutete, ein Halsband für die Dogge, die ich damals besaß. Er war ein Russe, dieser Mann, und sehr reich.‹
Bettina blickte den Notar an.
»Vermutlich hieß er Wladimir, dieser Russe.«
»Es ist anzunehmen.«
In dem Brief hieß es weiter: ›Dieses Halsband ist mit Brillanten besetzt, und es hatte zu der Zeit, als ich es bekam, schon einen fünfstelligen Wert. Es

war kurz nach dem Ersten Weltkrieg, und mein Freund, der während der Revolution aus Rußland geflohen war, hatte einen großen Teil seines Vermögens rechtzeitig ins Ausland retten können. Er sagte damals zu mir, ich solle dieses Halsband aufheben für schlechte Zeiten. Siehst Du, liebe Bettina, es hat in meinem Leben manchesmal eine Zeit gegeben, in der ich es ganz gern zu Geld gemacht hätte, aber ich tat es nie. Der Gedanke allein, daß es vorhanden und im Notfall verfügbar sei, war schon sehr hilfreich. Gott sei gedankt, ich bin auch nie ernsthaft krank gewesen, und so bin ich immer mit dem, was ich hatte, ausgekommen. Du bist eine moderne, erfolgreiche Frau, die vielleicht solch einen Notgroschen nie nötig haben wird, aber man kann ja nicht wissen. Ich rate Dir, mach es wie ich, hebe das Halsband auf, und der Gedanke, daß es da ist, wird Dir eine gewisse Beruhigung sein. Nur eine Bedingung hängt daran: hab meinen Wladimir lieb und laß ihn nicht im Stich.‹
Bettina sah den Notar an, der Notar sah Bettina an.
»Das Halsband dürfte heute wohl dem Wert einer sechsstelligen Zahl entsprechen, wenn nicht mehr«, sagte er dann.
»Das ist ja unglaublich. Und wo ist es?«
»In einem Banksafe. Und dort sollten Sie es lassen. Es muß ja nicht die Bank sein, auf der es sich jetzt befindet. Nur sollten Sie nicht gerade den Hund damit spazierenführen.«
»Also muß ich den Hund behalten.«
»Wollen Sie nicht? Er ist ein sehr liebenswerter Bursche.«

Bettina dachte an ihr gemeinsames Frühstück, an seinen aufmerksamen Blick, an seine großen Pfoten, die so gar nicht auf ein Großstadtpflaster passen würden.
Sie fuhr zurück ins Dorf. Der Hund erwartete sie am Tor und begrüßte sie wie eine alte Bekannte.
»Ich sehe, Sie haben sich schon mit Wladimir angefreundet«, kam eine Stimme hinter dem dicken Stamm der Linde hervor. Sie gehörte dem Doktor, der dort lehnte.
»Was soll ich bloß mit ihm machen?«
Der Doktor antwortete ihr nicht, er betrachtete sie nur wieder auf die gleiche prüfende, ein wenig nachdenkliche Art wie am Tag zuvor. Ob er etwas von dem Halsband wußte?
»Kennen Sie das Halsband von dem Hund?«
»Natürlich. Er hat es ja um.«
»Nein. Ich meine das andere.«
»Hat er noch eins? Das wäre zu wünschen. Dieses hier ist ziemlich ramponiert.«
Er wußte also nichts. Keiner wußte das.
»Ja«, seufzte Bettina, »da muß ich ihn wohl mitnehmen.«
»Nach Hamburg?«
»Natürlich. Da wohne ich ja.«
»Das können Sie ihm nicht antun. Und Tschoppi auch nicht. Da, sehen Sie doch.«
Wladimir und Tschoppi, des Doktors Dackel, kullerten im Gras herum, wobei schließlich der Große unter den Kleinen zu liegen kam und ihm glückselig ins Gesicht japste.
»Wladimir wäre todunglücklich in der Stadt.«
»Soll ich vielleicht seinetwegen aufs Land ziehen?« fragte Bettina gereizt.

»Warum nicht? Ich vermiete das Häuschen gern an Sie. Sie können auch bei mir wohnen, wenn Ihnen das Häuschen zu klein ist. Ich habe jede Menge Platz. Schauen Sie nur, was für ein Riesenhaus das ist.«
»Wohnen Sie denn allein darin?«
»Wenn keine Patienten da sind, keine Sprechstundenhilfen, keine Laborassistentin, keine Frau, die aufräumt, dann sind wir hier allein, Tschoppi und ich.«
Offenbar war er nicht verheiratet, das war befremdlich für einen Landarzt.
Ihre Gedanken waren nicht schwer zu erraten, und er sagte in dem gleichen gelassenen Ton wie zuvor: »Meine Frau ist mir davongelaufen. Sie wollte, daß ich eine Praxis in der Großstadt übernehmen sollte, die mir angeboten wurde. Dazu hatte ich keine Lust, denn mir gefällt es hier. Darüber haben wir uns dann ernstlich zerstritten. Natürlich ist es viel Arbeit. Auch für eine Frau, die mit mir verheiratet ist. Wollen Sie nicht hereinkommen und sich das Haus ansehen?«
Während Bettina neben ihm durch die Räume ging, Sprechzimmer, Behandlungszimmer, Bestrahlungszimmer, Wartezimmer, alles modern und gut eingerichtet, sagte er: »Wissen Sie, ein Landarzt braucht eine sehr moderne und aufgeschlossene Frau. Sie muß organisatorisches Talent besitzen, muß beweglich, erfindungsreich und intelligent sein. Sie muß auch allerhand von Menschenbehandlung verstehen. Eine gute Psychologin sollte sie sein.«
»Muß sie das Ihretwegen sein oder wegen der Patienten?«

Er lachte. »Beides. Ich bin manchmal auch ganz schön durchgedreht.«
»Das wundert mich.«
»Wieso?«
Bettina dachte kurz nach, ehe sie antwortete.
»Ich weiß auch nicht. Sie wirken so ruhig, so selbstsicher. Man kann sich kaum vorstellen, daß Sie mal die Nerven verlieren.«
»Na, es beruhigt mich, wenn ich so auf Sie wirke. An sich neige ich zu Jähzorn. Erbteil meines Vaters. Ich habe das immer sehr energisch bekämpft in mir. Es ist für einen Arzt eine unmögliche Eigenschaft.«
»Vermutlich war es auch Ihrer Ehe nicht gerade zuträglich.«
»Sie sagen es. Wissen Sie, ich habe falsch geheiratet. Und zu jung natürlich. Noch während meiner Studienzeit. Ich sah damals nur ein hübsches Gesicht und eine niedliche Figur. Kaum zu glauben, wie dumm ein immerhin schon erwachsener Mensch sein kann.«
»Ein Mann.«
»Bitte?«
»Ein Mann, sagte ich, ist so dumm. Und ich bezweifle, daß er im Laufe seines Lebens klüger wird.«
Sie standen am Fenster des Wartezimmers und blickten hinaus in den Garten, in dem es ziemlich unwirtlich aussah.
»Wollen Sie damit sagen, Männer fallen immer auf die falschen Frauen herein?«
»Oft. Auch wenn sie das zweite- und drittemal heiraten. Ich habe Gelegenheit genug gehabt, das zu beobachten.«

»Und Sie meinen, einer Frau passiert das nicht?«
Bettina dachte an Polly. Sie lebte zwar mit ihm zusammen, aber sie hatte ihn nicht geheiratet und würde ihn auch nicht heiraten.
»Nein«, sagte sie mit Bestimmtheit.
»Na, jedenfalls weiß ich heute ganz genau, was für eine Frau ich brauche. So eine wie Sie zum Beispiel.«
»Ach!«
»Ja. Tüchtig, gescheit, selbständig, selbstsicher. Eine Frau, die den Laden hier schmeißt und auch mal selbst eine Entscheidung treffen kann. Die mit den Leuten reden kann, mit den Leuten vom Dorf und mit den Patienten, und die nicht gleich einen Nervenzusammenbruch bekommt, wenn einer mit einem abgerissenen Arm hier ankommt.«
»Ich weiß nicht, ob Sie mich nicht überschätzen«, murmelte Bettina.
»Und der Garten! Da, schauen Sie mal hinaus. Total verwahrlost. Das ist auch die Aufgabe einer Frau, sich darum zu kümmern.«
»Dafür gibt es einen Gärtner.«
»Hab ich ja bestellt für nächster Tage. Aber trotzdem muß eine Frau sich darum kümmern. Außerdem sollte sie auch mal von dem Gemüse kochen, das hier drin wächst.«
»Und das tat Ihre Frau nicht?«
»Die bevorzugte Büchsen, wenn sie überhaupt kochte.«
»Lehrreiche Erfahrungen haben Sie demnach gemacht.«
»Hab ich. Meinen Sie, ich finde mal so eine Frau wie Sie?«

»Warum nicht?«
»Ich meine, eine, die auch bereit ist, hier auf dem Land zu leben. Denn ich bleibe hier. Ich habe nicht die Absicht, ein Modearzt oder ein Klinikstar zu werden.«
»Ja, das sagten Sie bereits. Ihnen gefällt es hier?«
»Tut es.«
Sie blickten sich eine Weile gerade in die Augen, Bettina spürte eine leise Schwäche in den Knien vor diesem Blick. Dieser Mann war ein Mann. Vielleicht nicht ganz einfach, aber – aber was?
Sie wandte den Blick ab und schaute wieder in den Garten hinaus.
»Gemüse, sagten Sie?«
»Ja, alle Sorten. Es ist guter Boden. Ihre Tante hat sich immer hier mitversorgt. Sie aß gern Gemüse.«
»Ich auch«, sagte Bettina und ärgerte sich sogleich, daß sie es gesagt hatte.
»Liegt wohl in der Familie«, meinte er gleichmütig. »Wollen Sie auch noch die Zimmer oben sehen?«
»Ja, gern.«
Während sie die Treppe hinaufstiegen, sagte er: »Wissen Sie, es ist schwierig mit den Frauen heutzutage. Sie wollen alle ein bequemes Leben haben.«
»Was für ein Unsinn! Die meisten Frauen arbeiten heute mehr als die Männer.«
»Das ist auch wieder wahr. Na ja, gefallen müßte sie mir natürlich auch.«
»Eben.«
Sie kamen ins Wohnzimmer, ein großer heller, aber etwas karg eingerichteter Raum.

Hier gehören ein paar Sessel hinein, dachte Bettina, eine Leseecke und vor allem ein schöner Teppich. Das müßte diese gutgehende Praxis abwerfen.
»Trinken Sie einen Schnaps mit mir?« fragte der Doktor. »Einen Ratzeputz – kennen Sie den?«
Den kenne sie, erwiderte Bettina, und sie möge ihn besonders gern. Das freute den Doktor. Er möge ihn auch, was für eine glückliche Übereinstimmung. Außerdem sei er sehr gesund für den Magen.
»Haben Sie denn heute keine Sprechstunde?«
»Nein, heute nicht. Nur ein paar Besuche muß ich noch machen. Nicht viele, nur ein paar dringende Fälle. Wollen wir zusammen zu Abend essen?«
»Ich will heute noch nach Hamburg zurückfahren.«
»Ich dachte, Sie bleiben ein paar Tage? Das Wetter ist so schön. Sie sollten sich die Gegend ansehen. Damit Sie wissen, ob sie Ihnen gefällt.«
Wie der sie wieder ansah! Was dachte er sich eigentlich?
Auf der Treppe wurde Getrappel laut, dann erschienen Tschoppi und das Ungeheuer.
»Warum soll mir die Gegend denn gefallen?«
Tschoppi steckte seine Nase unter des Doktors Hosenbein, und Wladimir schob seine Schnauze in Bettinas Hand.
»Wenn Sie hier leben wollen, müssen Sie doch wissen, ob es Ihnen hier gefällt. Es ist ganz nützlich, wenn man sich vorher darüber klar wird.«
»Hören Sie...«, begann Bettina. Und verstummte. »Geben Sie mir noch einen Ratzeputz«, sagte sie dann und hielt ihm ihr Glas hin.

Nachdem sie den Schnaps gekippt und anschließend Luft geholt hatte, sagte sie: »Ich bin Abteilungsleiterin in einem großen Modehaus.«
»Ich weiß. Ihre Tante hat es mir erzählt.«
»Und ich lebe in Hamburg mit einem Mann zusammen.«
»Aber mit dem sind Sie nicht verheiratet.«
»Nein. Ich halte nichts von der Ehe.«
»Ich schon«, sagte der Doktor.
»Trotz Ihrer schlechten Erfahrungen?«
»Ich bin auch schon mal vom Pferd gefallen und reite trotzdem.«
»Ehe ist altmodisch.«
»Finde ich nicht. Liebe wird nie altmodisch werden.«
»Ich habe nicht von Liebe gesprochen, sondern von Ehe.«
»Liebe und Ehe muß nicht unbedingt ein Gegensatz sein.«
»Meist ist es das doch.«
»Das können Sie doch gar nicht wissen, wenn Sie nicht verheiratet sind.«
»Sie wissen auch auf alles eine Antwort, nicht?« sagte sie ärgerlich.
Er lachte. »Auch das gehört zu meinem Beruf. Lieben Sie denn den Mann in Hamburg?«
So direkt hatte Bettina dieser Frage nie gegenübergestanden.
Widerwillig sagte sie: »Nein ... nein, ich glaube nicht.«
»Na, sehen Sie«, sagte der Doktor triumphierend. »Und nicht mal verheiratet. Ich gehe jede Wette ein, daß Sie mich lieben werden, wenn Sie erst mit mir verheiratet sind.«

Bettina hob verwirrt das Glas an die Lippen, aber es war leer.
»Wollen Sie noch einen auf den Schreck?« fragte der Doktor freundlich.
»Lieber nicht. Einer muß ja wohl normal bleiben.«
»Gut. Dann trinken wir noch einen, wenn ich zurückkomme. Ich muß jetzt los. Wir sprechen später weiter über den Fall.«
»Aber wo wollen Sie denn hin?«
»Ich habe es Ihnen doch gesagt, ein paar Krankenbesuche. Daran müssen Sie sich gewöhnen. Sie könnten inzwischen das Abendessen vorbereiten. Sie finden alles in der Küche. Und was Sie nicht finden, kriegen Sie beim Kaufmann, der hat ein recht universales Angebot. Also bis später denn. Tschüs!«
Er ging zur Tür hinaus, die Hunde liefen ihm nach und Bettina auch.
»Aber so warten Sie doch!« rief sie die Treppe hinunter.
Er war am Fuße der Treppe stehengeblieben.
»Ist noch was?«
Bettina stieg langsam hinab und blieb auf der untersten Treppenstufe stehen, die Augen weit geöffnet, sprachlos. Sie schüttelte den Kopf.
»Also denn bis später, nich?« Er beugte sich vor, küßte sie flüchtig auf den Mund und ging durch den Flur aus dem Haus. Gleich darauf hörte sie den Wagen vom Hof fahren.
Bettina stand wie festgenagelt. Dann blickte sie die beiden Hunde an, den frechen Tschoppi und ihr brillantenbesetztes Ungeheuer.
»Wie findet ihr das?« flüsterte sie.

Der große und der kleine Schwanz wedelten vergnügt, sie schienen alles ganz in Ordnung zu finden.
Bettina ging langsam, fast auf Zehenspitzen, bis zur Tür, blickte hinaus in den Hof, wo nur noch ihr Wagen stand; blickte hinauf zum hellen Frühlingshimmel, der aussah wie zuvor auch.
So was gab's ja gar nicht. Nahm der sie auf den Arm, oder meinte er das ernst?
Was für ein Mann das war! Wie der sie ansah!
Na schön, na gut, schließlich war sie nicht eben auf die Welt gekommen. Es hatten schon mehr Männer sie angesehen. Jetzt würde sie einen Rundgang durch den Garten machen und dann nach Hamburg fahren. Abendessen würde sie mit Polly. Vielleicht hatte er was eingekauft. Oder sie gingen irgendwohin nett essen.
Sie ging dreimal rundherum durch den Garten, ohne viel davon zu sehen. Die Hunde geduldig hinter ihr her.
Was sollte sie ihm denn zum Abendessen kochen? Sie wußte ja gar nicht, was er gern aß. Wieso war eigentlich gar niemand im Haus? Wen sollte sie fragen nach des Doktors Lieblingsspeisen?
Lächerlich. Sie brauchte keinen zu fragen, weil es ihr erstens egal war, was er mochte, und weil sie zweitens nicht für ihn kochen, sondern sofort in den Wagen steigen und abfahren würde.
Sie ging hinüber in Tante Pamelas Häuschen und packte ihre wenigen Sachen zusammen. Anzuziehen hatte sie ja auch weiter nichts als dieses Kostüm. Wenn sie gewußt hätte, daß sie länger bliebe, hätte sie sich heute mittag in Celle ein Kleid gekauft.

Was für ein Blödsinn! Sie blieb ja nicht länger, und Kleider hatte sie gerade genug.
Tschoppi hatte es sich auf Tante Pamelas Sofa bequem gemacht, Wladimir saß davor, beide ließen sie nicht aus den Augen.
»Was wollt ihr denn eigentlich? Warum lauft ihr nicht hinaus und spielt ein bißchen? Und ich kann dich nicht mitnehmen, Wladimir. Jedenfalls nicht heute. Du bleibst jetzt erst mal hier, du hast es hier doch sehr gut. Ich besuche dich dann nächstes Mal.«
Ihr fiel ein, daß sie zumindest mit dem Doktor hätte besprechen müssen, was aus dem Hund werden sollte. Einer mußte ihn auch füttern, sicher fraß er riesige Mengen bei seiner Größe.
»Also ehe ich abfahre«, sagte sie zu den Hunden, »muß ich das mit dem Herrchen besprechen. Das gehört sich so.«
Es blieb ihr nichts anderes übrig, sie mußte bleiben, bis er zurückkam. Dann konnte sie ihm auch genausogut etwas zu essen richten.
Sie lachte laut auf, fuhr sich mit dem Kamm durchs Haar und versuchte dann sachlich ihre Gefühle zu analysieren. Also wie fühlte sie sich nun eigentlich? Halb verwundert, halb ärgerlich, halb ... nein, es gab schließlich nur zwei Hälften. Also ein Drittel verwundert, ein Drittel verärgert, ein Drittel – zum Teufel, was war mit dem dritten Drittel?
»Ich bin nicht etwa verliebt«, erklärte sie energisch ihrem Spiegelbild, »das wäre ja zum Lachen. Ein Mann, den ich gestern zum erstenmal gesehen habe. So was gibt's gar nicht.«
So was gab's. Von so etwas träumte man im

Grunde sein Leben lang. Nur traute man der Sache natürlich nicht.
»Jetzt gehen wir einkaufen«, teilte sie den Hunden mit. »Er soll ein fürstliches Abendessen bekommen, euer verrückter Doktor. Und dann kann ich immer noch nach Hause fahren.«
Sie fuhr nicht nach Hause, an diesem Abend nicht und nicht über das ganze folgende Wochenende.
Obwohl weiter gar nichts passierte als gemeinsame Gespräche, Spaziergänge im Wald, eine Fahrt übers Land, Mahlzeiten, die sie gemeinsam einnahmen.
Einmal begleitete sie ihn auf einer Fahrt, als er überraschend zu einem Unfall gerufen wurde. Sie war dabei, als er den verletzten Mann verband, reichte ihm zu, was er verlangte, blickte tapfer auf das Blut und in das schmerzverzerrte Gesicht des Verletzten.
Das war Sonntag nachmittag. Als sie in ihr Dorf zurückfuhren, schwiegen sie beide.
Am Abend wollte sie zurückfahren nach Hamburg, denn sie mußte schließlich am nächsten Tag ins Geschäft. Es war trübe geworden, der Himmel nicht mehr blau, sondern von grauen Wolken bedeckt, Wind war aufgekommen.
»Es kann ruhig regnen«, sagte der Doktor, als sie auf dem Hof angelangt waren. »Wir brauchen Regen. Dann wächst alles um so besser. Kommst du nächstes Wochenende wieder?«
»Ich weiß nicht.«
»Du weißt nicht?« Er legte den Arm um ihre Schultern, als sie ins Haus gingen.
Es war nichts gewesen außer einem harmlosen Gutenachtkuß. Das hatte sie enttäuscht. Denn so

wie er die ganze Sache angefangen hatte, war sie auf eine ernsthafte Attacke gefaßt gewesen. Und möglicherweise bereit zur Übergabe.
Aber sie hatte ihre Tugend nicht zu verteidigen brauchen. Inzwischen sehnte sie sich danach, daß er sie in die Arme nahm, daß er sie ernsthaft küßte, daß er das in die Tat umsetzte, was sie in seinen Augen las.
Auch jetzt an diesem Abend, kurz ehe sie abfuhr, als er sie in Tante Pamelas Häuschen begleitete und ihr zusah, wie sie zum zweitenmal ihre Sachen zusammenpackte, geschah nichts. Gar nichts.
Das verwirrte sie. Es machte sie zornig. Sie lief eine Weile planlos hin und her, nahm Dinge in die Hand, legte sie wieder hin. Dann blieb sie vor ihm stehen.
»Was ist nun eigentlich?«
»Was soll sein?«
»Was willst du?«
»Daß du wiederkommst. Und daß du hierbleibst.«
»Wenn man dir so ... wenn man dich so erlebt, hat man nicht den Eindruck!«
»Nicht?« fragte er ruhig.
»Du bist kalt wie eine Hundeschnauze.«
Er lachte, und nun nahm er sie in die Arme, drückte sie zärtlich an sich.
»Hör zu, du kluge Person. Du weißt ganz genau, wie ich es meine und was ich von dir will. Ich werde dir aber auch sagen, was ich *nicht* will. Ich will kein Abenteuer. Keine Wochenendfreundin. Ich will eine Frau für mich ganz allein. Und darum will ich dich nicht unfair beeinflussen. Du fährst

jetzt schön zurück nach Hamburg, zu deinem Geschäft und zu deinem Dichter. Und dann überlegst du dir, wie wichtig diese beiden für dich und dein Leben sind. Wenn du meinst, du kannst ohne sie leben, dann komm zurück. Wenn du meinst, du kannst und du willst mit mir leben, dann komm ganz, ganz schnell zurück. Denn ich zähle jede Minute, bis du wieder hier sein wirst. Aber du mußt genau wissen, was du tust. Und dieser Mann muß aus deinem Leben verschwunden sein. Ich will dich ganz für mich allein, und ich teile dich mit nichts und niemand. Hörst du, mit nichts und niemand. Höchstens mit unseren Kindern. Überlege dir genau, ob du das so haben willst. Und wenn ja, dann komm. Wir könnten im Mai noch heiraten, wenn du dich beeilst. Was glaubst du, wie Tante Pamela sich darüber freuen wird.«
»Tante Pamela! Sie hat mir nicht nur den Hund vererbt. Sie hat mir dich vererbt.«
»Umgedreht. *Mir* hat sie dich vererbt.«
Seine Arme schlossen sich fester um sie, und nun küßte er sie endlich richtig. Lange und ausdauernd und so, daß sie bereit und willens war, die Fahrt nach Hamburg bis zum nächsten Tag zu verschieben.
Aber dann fuhr sie doch zum Tor hinaus, unter dem Tor standen die drei, der Mann und die beiden Hunde, und sie war noch nicht aus dem Dorf hinaus, da wußte sie bereits ganz fest und sicher, daß sie zurückkehren würde.
Eine ganz andere Art zu leben würde es sein. Eine Art von Leben, an die sie nie gedacht hatte. Eine Landarztfrau in einem Heidedorf.
Sie spürte seinen Kuß noch auf ihren Lippen, seine

Arme um ihren Körper, und sie wußte, daß nie zuvor ein Kuß, nie zuvor eine Umarmung diese Gefühle in ihr erweckt hatten, die sie jetzt erfüllten. Es war wohl doch Liebe. Warum sollte es keine Liebe geben, nur weil sie ihr bisher nicht begegnet war.
Denn dessen war sie jetzt sicher. Was Liebe war, das wußte sie nicht.
Neben ihr auf dem Sitz stand ihre Handtasche, und als sie an einer Kreuzung stoppen mußte, sah sie, daß etwas Weißes darunter hervorlugte.
Hatte er das hingelegt?
Es war schon dunkel, sie fuhr an den Straßenrand, hielt und schaltete die Innenbeleuchtung an.
Ein Brief. Tante Pamelas Schrift.
›Lieber Doktor‹, stand darin, ›in den vergangenen Jahren sind Sie mir ein echter Freund geworden. Die Gespräche mit Ihnen gehörten zu den größten Freuden meiner letzten Jahre. Ich weiß, ich habe sicher oft Unsinn geschwatzt, Sie mit meinen Erinnerungen gelangweilt, wie alte Leute das eben so tun. Sie waren immer geduldig und verständnisvoll. Ich habe mir lange überlegt, was ich Ihnen wohl hinterlassen könnte, das Ihnen nützlich ist, das Ihnen Freude macht. Sie haben alles, was ein Mensch zum Leben braucht – Haus und Hof, einen Hund, einen Beruf, der Sie erfüllt, und ringsum ein schönes Land. Und viele, viele Menschen, die Sie schätzen und gern haben. Nur eins haben Sie nicht, was Sie meiner Meinung nach dringend brauchen: eine Frau. Das wäre das einzige, was Sie eventuell von mir bekommen könnten, denn ich wüßte eine für Sie. Meine Nichte Bettina. Sie ist hübsch, gescheit, voller Schwung und Leben und

hätte auch das richtige Alter für Sie. Ich warte immer darauf, daß sie einmal wieder zu Besuch kommt, dann würde ich Sie gern miteinander bekannt machen. Sollte sie erst kommen, wenn Sie diesen Brief gelesen haben, also nach meinem Tod, ist es auch nicht zu spät. Aber fangen Sie es diplomatisch an. So eine moderne selbständige Frau läßt sich nicht so leicht einfangen.‹
Hier mußte Bettina laut auflachen.
Hatte er es diplomatisch angefangen? Konnte man nicht gerade sagen. Ziemlich direkt und ohne Umschweife war er zur Sache gekommen. Allerdings nicht in der Form, daß er versucht hatte, ihre Zweisamkeit auszunutzen und sie mit Liebe zu beeinflussen. Genaugenommen war die Art, wie er es gemacht hatte, viel raffinierter. O ja!
Sie zündete sich eine Zigarette an und las den Rest des Briefes.
›Voraussetzung ist natürlich, daß Bettina Ihnen gefällt, daß Sie Zuneigung zu ihr empfinden könnten. Und daß es Bettina ähnlich erginge. Ich habe mir das so ausgedacht, verzeihen Sie, lieber Doktor. Wenn Sie mich auslachen, macht es auch nichts, dann werfen Sie diesen Brief in den Papierkorb und vergessen Sie ihn. Alte Leute haben manchmal wunderliche Gedanken, das wissen Sie schließlich auch. Erzählen Sie Bettina nie von diesem Brief, es würde sie vermutlich halsstarrig machen.‹
Bettina ließ den Brief sinken und blickte durch die Scheibe in die Dunkelheit hinaus.
Wie gut sie die Menschen kannte, die Tante Pamela. Der leise Zorn, der in ihr aufgestiegen war, während sie den Brief las, verschwand. Der Ge-

danke: es ging also gar nicht von ihm aus, Tante Pamela hat es ihm eingeredet – dieser Gedanke war naheliegend.

Abwesend las sie die wenigen Sätze, die noch folgten, gute Wünsche für sein ferneres Leben und so, und dann kam sie zu dem Satz, den er darunter geschrieben hatte.

›In einem Punkt bin ich nicht einer Meinung mit Deiner Tante. Ich halte es nämlich doch für richtig, daß Du den Brief kennst. Du sollst verstehen, warum ich gleich so direkt zur Sache gekommen bin. Du bist in Hamburg, ich in meinem Dorf. Du hast Arbeit, ich habe Arbeit. Warum sollen wir unnötige Zeit verlieren mit Hin- und Herfahren. Und warum sollten wir die Angelegenheit bis zu einem Punkt gedeihen lassen, an dem wir einander weh tun, wenn einer nein sagt. Übrigens, ich sage ja. J. M.‹

Na, das war ja nun wirklich reichlich kaltschnäuzig. »Du kannst mir den Buckel runterrutschen, J. M.«, sagte sie laut, startete den Wagen und setzte die Fahrt fort.

Es war nicht leicht, sich auf das Fahren zu konzentrieren, so heftig widersprachen sich die Gedanken in ihrem Kopf. Dreimal war sie nahe daran, einfach umzukehren und zu ihm zurückzufahren. Mindestens aber fünfmal, wenn nicht siebenmal, sagte sie laut: »Nie und nimmer. Kommt nicht in Frage.«

Dann fing es auch noch an zu regnen, und zwar in Strömen. Zeitweise konnte sie kaum etwas sehen. Sie hielt an einem Gasthof am Straßenrand und trank eine Tasse Kaffee, und noch einmal war sie nahe daran, einfach umzukehren. Aber es war

schon elf Uhr und nach Hamburg nicht mehr weit.
Es war eine halbe Stunde nach Mitternacht, als sie ihre Wohnung betrat.
Polly lag in einem Sessel und las einen Krimi.
»Da bist du ja endlich. Scheußliches Wetter, was?«
»Ziemlich.«
»Da hat schon dreimal jemand angerufen und gefragt, ob du da bist. Hast du dir da draußen in dem Kaff einen Verehrer angelacht?«
»Ja.«
»Drum bist du so lange geblieben. Komische Art von Beerdigung.«
In diesem Augenblick läutete das Telefon wieder.
Polly, der es neben sich stehen hatte, langte sich den Hörer ans Ohr und sagte: »Jetzt isse da« und reichte Bettina den Hörer.
»Bettina?«
»Ja?«
»Na, Gott sei Dank. Ich habe mir Sorgen gemacht. War sicher schlecht zu fahren?«
»Hm.«
»Wie fühlst du dich?«
»Zwiespältig.«
»Ach, wirklich?« Es klang enttäuscht. »Und ich dachte, wir könnten gleich Verlobung feiern.«
»Jetzt?«
»Ja. Ich habe eine Flasche Sekt neben mir stehen. Ich mach sie aber nur auf, wenn es gilt. Sicher hast du auch eine im Kühlschrank, und du trinkst ebenfalls ein Glas, und dann, ich meine, dann ist alles klar, nich?«

»Du machst es dir sehr leicht.«
»Nö, das denkst du nur. Mir ist das verdammt ernst. Und ich kann es kaum erwarten, bis du wieder hier bist. Kommst du morgen?«
Bettina lachte. »Du bist verrückt.«
»Darf ich die Flasche aufmachen?«
Sie ließ den Blick durchs Zimmer schweifen, sah Polly an, der sie über den Krimi hinweg neugierig betrachtete, und plötzlich stieg ein Lachen in ihre Kehle, unwiderstehlich, tief aus dem Herzen kommend. So was!
»Warum lachst du?«
»Mir ist so. Was macht Wladimir?«
»Er ist hier bei uns, bei Tschoppi und mir. Er kann schließlich nicht allein im Häuschen bleiben, dann wird er trübsinnig. Er läßt dich grüßen.«
»Danke. Grüße ihn auch von mir. Und Tschoppi auch.«
»Danke. Darf ich die Flasche aufmachen?«
Und wieder ihr Lachen und ein Gefühl von Glück, das sie fast schwindlig machte.
»Ja, tu das. Ich hol meine auch gleich.«
»Tschüs, Sternäuglein.«
»Wie sagst du?«
»Sternäuglein. Weißt du nicht, daß du Augen hast wie Sterne?«
»Nein.«
»Dein Dichter ist ein Trottel, wenn er dir das noch nicht gesagt hat. Übrigens kann er ruhig ein Glas auf unser Wohl mittrinken. Gute Nacht.«
»Gute Nacht.«
Zögernd, wie im Traum legte sie den Hörer auf die Gabel und starrte dabei in die Luft. Sternäuglein! Das ihr.

»Du hast aber eine Menge Bekannte in den wenigen Tagen eingesammelt«, meinte Polly. »Wer ist denn Wladimir?«
»Ein unheimlich netter Kerl. Ich habe mich in ihn verliebt.«
»Du machst mir Spaß. Nicht mal in die Heide kann man dich fahren lassen.«
»Trinken wir noch eine Flasche Sekt?«
Polly holte die Flasche, sie nahm die Gläser aus der Anrichte. Als er eingeschenkt hatte, hob sie ihr Glas.
»Ich trinke auf euch«, sagte sie feierlich. »Auf Johannes, auf Wladimir, auf Tschoppi.«
»Gleich drei«, wunderte sich Polly. »Hat deine Tante da draußen einen männlichen Harem besessen?«
Und wieder ihr Lachen, glücklich, befreit.
»Meine Tante? Meine Tante ist überhaupt einsame Spitze.«
»Ich denke, sie ist tot.«
»Trotzdem.« Sie hob das Glas. »Auf dich, Tante Pamela. Ich wünsche dir das lichteste, das schönste, das seligste Paradies, das es geben kann.«
»Ich glaube, du spinnst«, sagte Polly und leerte leicht besorgt sein Glas.

## Mutter und Sohn

Das Rad lehnte neben dem kleinen Holzhaus am Zaun. Es war ein funkelnagelneues, wunderschönes Rad, kein Kratzer war an ihm zu sehen, die Metallteile und der Lack blitzten in der Nachmittagssonne.
Der Junge betrachtete es andächtig, er seufzte.
Was da vor ihm stand, war das Abbild seiner Träume. Nein, es war schöner als jeder Traum, so rassig, so schnittig, es mußte herrlich sein, darauf loszubrausen, daß einem der Wind um die Ohren pfiff.
Er hatte noch nie ein Rad besessen. Fast alle Jungen in der Schule hatten eins, auch die Kinder in seiner Straße. Sie hatten kein so schönes, aber sie hatten wenigstens eins. Manchmal lieh ihm einer sein Rad gnädig, für kurze Zeit natürlich nur, dann konnte er, verfolgt von den wachsamen Blicken des Besitzers, losflitzen. Zu einem eigenen Rad, zu einem, das ihm gehörte, würde es wohl nie reichen. Früher, als er noch jünger und dümmer war, hatte er oft zu seiner Mutter von diesem Herzenswunsch gesprochen. Mittlerweile wußte er, daß er sie damit traurig machte, und sagte nichts mehr. Sie hätte es ihm so gern gekauft, das wußte er auch. Aber sie hatten kein Geld, sie waren vor ein

paar Jahren als Flüchtlinge aus Ostdeutschland gekommen, der Vater war aus dem Krieg nicht zurückgekehrt. Das bißchen, was die Mutter verdiente, reichte ohnehin nur knapp zum Leben. Ein Paar neue Schuhe für ihn, eine Jacke, eine Hose, das waren immer schwierige Probleme. Für die Mutter selbst langte es sowieso nie.
Und hier stand nun das Rad. Das Rad der Räder. Der Besitzer mußte in der Holzbude sein, in der sich eine kleine Wirtschaft befand. Hier kehrten die Spaziergänger ein, wenn sie vorbeikamen, um in den Wald zu gehen.
Er war heute nachmittag herausgekommen, weil der Schuster Widmann ihn gebeten hatte, einem Kunden die reparierten Schuhe zu bringen. Er machte manchmal kleine Besorgungen für ihn, und der besohlte ihm dann die Schuhe gratis.
Der Kunde hatte früher in ihrer Straße gewohnt und war kürzlich hier heraus an den Stadtrand gezogen. Aber dem Schuster Widmann war er treu geblieben. War nur immer etwas umständlich für den Schuster und den Kunden.
Die Gegend war hübsch, ordentliche kleine Häuser mit Gärten darum, in denen die Blumen blühten.
Früher, zu Hause, hatten sie auch so ein Haus und einen Garten gehabt. Die Straße, in der sie jetzt wohnten, war schmal und dunkel, das Haus alt und verwahrlost.
Die Hände in den Taschen, schlenderte er an der Holzbude vorbei, einmal, zweimal, dreimal. Durch die offene Tür sah er drin die Männer an einem Tisch sitzen, sie tranken Bier und spielten Karten. Ihre lauten Stimmen und ihr Lachen dran-

gen bis zu ihm heraus. Einem von ihnen gehörte das Rad.
Und er ließ es einfach hier draußen stehen, jeder konnte es fortnehmen. Es schien nicht einmal angeschlossen zu sein. Leichtsinnig war das. Wußte der Mann denn nicht, was für einen kostbaren Besitz er hatte? Die Straße war ganz leer. Und der Wald so nah. Da war einer schnell mitsamt dem Rad darin verschwunden.
Er drehte sich wieder um und ging zurück. Diesmal ging er ganz schnell an dem Rad vorbei und sah es nicht an. Er hielt den Blick gesenkt, schon jetzt bedrückt von einer Ahnung des schlechten Gewissens, bevor er noch überhaupt etwas Übles getan hatte. Nur vorbeigehuscht war der Gedanke, nicht greifbar, eigentlich gar nicht denkbar. Er ging bis zum Waldrand, blieb dort stehen und blickte zurück. Bis hierher sah man das Rad blitzen.
»Ich möchte einmal darauf fahren«, murmelte er vor sich hin, »nur mal sehen, wie es geht.«
Doch das war es nicht allein. Er wollte es auch besitzen, er wollte es haben. Dieser Wunsch erfüllte ihn so mächtig, daß gar kein anderer Gedanke mehr in ihm Platz hatte. Wie von einem Magneten angezogen, ging er den Weg zurück, und je näher er dem Rad kam, um so rascher ging er. Dann blieb er vor dem Rad stehen, sah sich scheu nach allen Seiten um und legte behutsam die Hand auf die Lenkstange. Wie schön sich das anfühlte, glatt und geschmeidig. Er bewegte es ein wenig, wirklich, es war nicht abgeschlossen.
Plötzlich saß er im Sattel und schoß wie ein Pfeil davon, geradeaus, die Straße entlang, auf den Wald

zu. Der Wind sang um seine Ohren, sein Herz jubilierte. Welch ein Gefühl!
Er duckte sich im Sattel, steigerte die Geschwindigkeit, tauchte ein in die schützende Geborgenheit des Waldes. Der Weg wurde schmal, doch nach einer Weile kreuzte er sich mit einem breiten, gutgepflegten Sträßlein, das quer in anderer Richtung durch den Wald führte. Er bog ein und steigerte das Tempo wieder. Fahren, fliegen, immer so weiter, Stunden um Stunden, man konnte an gar nichts anderes mehr denken.
Aber dann auf einmal dachte er doch. Später, irgendwann, in dieser unmeßbaren Zeit.
Er wohnte in einer ganz anderen Gegend. Dort würde der Mann sein Rad nicht suchen. Es gab so viele Räder in der Stadt. Aber was würden die Leute in seiner Straße sagen, wenn er mit dem Rad ankam? Und seine Mutter?
Er fuhr immer langsamer, ihm wurde plötzlich heiß. Wie sollte er erklären, wo das Rad herkam?
Er durfte es nicht mit nach Hause nehmen, er mußte es irgendwo verstecken und nur manchmal darauf fahren, wenn ihn keiner sah, auf einsamen Wegen.
Eine Weile überlegte er, wie das zu bewerkstelligen sei. Und dann auf einmal kam ihm das Wort Diebstahl in den Sinn. War er ein Dieb?
Natürlich, er war ein Dieb. Er hatte ein Rad gestohlen. Sicher hatte der Mann schon gemerkt, daß sein Rad fort war. Er würde die Polizei gerufen haben, und jetzt suchte man nach dem Dieb. Wenn man ihn fand, würde man ihn bestrafen.
Das beste war, gar nicht mehr umzukehren. Er trat

wieder kräftiger in die Pedale, aber seine Gedanken waren schneller als das schnellste Rad.
Wo soll ich denn hin? Mit dem Auto werden sie mich schnell eingeholt haben. Hier im Wald darf doch gar kein Auto fahren. Die Polizei darf überall fahren.
Und die Mutter? Er durfte ihr das nicht antun.
Schließlich bremste er und stieg ab. Hilflos sah er sich um. Es war ganz still im Wald, von einem Baum strich ein Vogel, den er aufgestört hatte, mit hellem Schrei ab.
Sonntags waren hier sicher viele Leute. Aber heute war es still. Es war keine friedliche Stille, es war eine drohende, gefährliche Stille, sein Herz begann wild zu schlagen.
Ich muß es zurückbringen, dachte er. Doch dazu wird es zu spät sein, bestimmt ist die Polizei schon da, man wird mich auf jeden Fall verhaften.
Wie lange war er denn schon unterwegs? Stunden? Am besten war es, das Rad ganz einfach hier liegenzulassen. Mitten im Wald. Irgendwann würde es einer finden, der würde es behalten. Oder bei der Polizei abliefern. Dann bekam es der Besitzer wieder. Und nie würde jemand erfahren, daß er das Rad gestohlen hatte.
Er überlegte noch eine Weile, dann schob er das Rad vorsichtig ins Gebüsch, bog die Zweige sorglich auseinander, damit es keinen Kratzer bekam. Dann legte er es behutsam auf die Erde, der Busch verbarg es, keiner konnte es sehen, sein helles Blitzen war verschwunden. Er mußte sich die Stelle merken. Vielleicht konnte er noch einmal herkommen und darauf fahren. Wenn es regnete, wurde es naß. Der Boden war feucht in der Nacht.

Es würde rosten. Das arme Rad, was hatte es denn verbrochen, es war so schön, so strahlend. Er kehrte auf die Straße zurück, machte langsam ein paar Schritte, blieb stehen, überlegte. Das war doch alles Unsinn. Auch wenn er das Rad hier verbarg, war es Diebstahl, das änderte gar nichts daran. Er mußte es zurückbringen, da half alles nichts. Und wenn man ihn festnahm, mußte er sagen, er habe nur eine kleine Spazierfahrt machen wollen. Das würde man ihm nicht glauben, sie würden ihn mitnehmen auf die Polizei. Trotzdem mußte er es zurückbringen.
Er tauchte wieder in den Busch hinein, hob das Rad auf und schob es hinaus.
Plötzlich hörte er Stimmen. Erstarrt blieb er stehen. Jetzt war es zu spät, jetzt hatten sie ihn schon erwischt. Er duckte sich neben dem Rad in das Gebüsch und hielt den Atem an.
Ein Mann, einen Handwagen hinter sich, der mit Reisig beladen war, und ein kleines Mädchen kamen die Straße entlang. Bis sie vorbei waren, rührte er sich nicht. Dann schob er eilig das Rad auf den Weg zurück, schwang sich in den Sattel und raste davon, wie von tausend Teufeln gehetzt.
Es kostete ihn Überwindung, aus dem schützenden Wald herauszukommen in die Vorstadtstraße. Aber da war es ruhig wie zuvor, kein Mensch zu sehen, keine Polizei, kein aufgeregter Menschenauflauf. Friedlich lag die Holzbude in der Sonne.
Konnte es möglich sein, daß noch keiner den Diebstahl bemerkt hatte?
Kurz vor der Bude stieg er ab, schob das Rad die

letzten Meter und lehnte es wieder an den Zaun. Dann sah er sich um. Nichts. Seine Stirn war feucht, sein Nacken schmerzte. Irgendwo bellte ein Hund.
Er ging langsam an der Bude vorbei, die Männer saßen immer noch am gleichen Platz und spielten. Keiner hatte etwas gemerkt. Wie lange war er eigentlich unterwegs gewesen?
Aus der Ferne tönten die Schläge einer Kirchturmuhr. Sechs Uhr erst. Es konnte kaum mehr als eine halbe Stunde vergangen sein. Eine halbe Stunde, die ihm vorkam wie eine Ewigkeit. Eine Ewigkeit der Lust, eine Ewigkeit der Angst.
Überwältigende Erleichterung erfüllte ihn. Es war gar nichts passiert. Er war kein Dieb.
Seine Mutter war schon da, als er heimkam, sie bereitete das Abendessen.
»Na, da bist du ja«, sagte sie. Ihre Stimme klang fröhlich, sie lachte ihm zu. Am liebsten hätte er sie in die Arme genommen, hätte sie festgehalten, hätte sich an ihr festgehalten, ihr alles erzählt.
Er war ja so froh und so erleichtert. Aber er durfte es ihr nicht erzählen, sie durfte das nie erfahren.
»Gleich gibt es Abendessen«, sagte sie. »Aber vorher mußt du dir noch etwas anschaun.«
»Etwas anschaun?«
»Ja. Guck mal zum Fenster raus in den Hof. Da ist was für dich.«
»Für mich?«
»Ja. Da, schau!« Sie trat neben ihn an das Küchenfenster und wies hinab in den Hof, der schon voll Schatten war. An der bröckligen Mauer lehnte ein

Rad. Nicht mehr neu, nicht sehr schön, aber ein Rad.
»Was ist das für 'n Rad?« fragte er verständnislos.
Seine Mutter lachte. Sie sah so glücklich aus. So glücklich hatte er sie lange nicht gesehen.
»Es ist dein Rad. Es gehört dir.«
»Es gehört mir?«
»Ja, du wolltest doch immer eins. Meine Kollegin, die Frau Berger, hat es mir für dich gegeben. Es gehört ihrem Sohn, weißt du, und der hat sich jetzt ein Motorrad gekauft. Er braucht es nicht mehr. Und er schenkt es dir.«
»Er schenkt es mir?«
»Ja. Er ist ein netter Kerl, ich hab ihn mal gesehen. Er ist schon achtzehn. Ich hab der Frau Berger mal erzählt, daß du gern ein Rad möchtest, und jetzt hat ihr Sohn es dir geschenkt.«
Gab es das? Daß man ihm ein Rad schenkte, gerade heute?
»Freust du dich nicht?«
»Doch«, würgte er hervor.
»Geh runter und schau's dir mal an. Es soll noch gut in Schuß sein. Vielleicht mußt du es mal putzen. Aber bleib nicht zu lange, das Essen ist gleich fertig.«
Wie benommen ging er in den Hof. Das konnte nicht wahr sein. Er hatte heute ein Rad gestohlen. Und nun schenkte man ihm eins. Noch nie hatte ihm jemand etwas geschenkt. Außer der Mutter natürlich. Er hatte nun ein Rad. Ein eigenes Rad, wie die anderen Jungens auch.
Gestern hätte er nichts als Freude darüber empfunden. Heute waren seine Gefühle unendlich kompliziert. War das ein Zufall? War das ein

Wunder? Wie konnten diese beiden Dinge geschehen – an einem Tag? Am selben Tag ...
Er stand vor dem Rad, sah es und sah es nicht. Er rührte es nicht an. Nur nebenbei registrierte er, daß es gut gepflegt war, die Lenkstange hatte die richtige Lage, der Sattel die richtige Höhe. Ein ordentliches Rad, so eins, wie er es sich immer gewünscht hatte. Man hatte es ihm geschenkt, am selben Tag, an dem er ein anderes gestohlen hatte.
Plötzlich traten ihm Tränen in die Augen. Wie furchtbar wäre das gewesen, wie über alle Maßen furchtbar. Sie hätte hier mit dem Rad auf ihn gewartet, und dann wäre die Polizei gekommen und hätte ihr gesagt, daß man ihren Sohn eingesperrt habe, weil er ein Rad gestohlen hat.
Mit tränenblinden Augen stand er in dem dämmerigen Hof, starrte auf das Rad, auf die graue Mauer dahinter, und für sein ganzes Leben wurde ihm eines gewiß: nie, nie mehr würde er etwas stehlen. Nie ein Unrecht tun. Nie, nie und nie. Und wenn er alle Schätze der Welt dafür erhalten würde, nie wieder.
Über ihm klopfte seine Mutter an die Fensterscheibe, sie winkte ihm heraufzukommen, ihr Gesicht war immer noch so hell und strahlend. Er konnte sehen, wie glücklich sie war. Glücklich darüber, daß sie ihm seinen Wunsch hatte erfüllen können.
Und er hatte sie dafür beinahe unsagbar unglücklich gemacht. Hätte ihr die Schande bereitet, einen Dieb als Sohn zu haben.
Er hob die Hand und winkte zurück. Er lachte nun auch. Mutter, liebe Mutter, dachte er, nie will ich

dir Kummer machen, nie sollst du dich über mich ärgern, nie will ich etwas Unrechtes tun. Später einmal will *ich* dir deine Wünsche erfüllen, dann werde ich so glücklich sein, wie du es heute bist, Mutter.
Dann hob er das Rad auf und trug es in den Keller.

# Szene aus dem Familienleben

Im Schulhof des Gymnasiums, während der Pause vor der Lateinstunde, stehen zwei Jungen an das Tor gelehnt und beobachten einige junge Leute, die in der Anlage gegenüber sitzen, ein paar auf einer Bank, die anderen auf dem Rasen.
»Gilt es?« fragt der Größere der beiden und steckt sich eine Zigarette zwischen die Lippen.
»Ja«, antwortet der schmächtige Blonde, der Klaus-Dieter heißt. »Morgen. Ich werde es ihnen heute sagen.«
»Blech. Tät ich nicht. Sie machen dir bloß Theater. Einfach abhauen, Mensch. Man muß Tatsachen schaffen, damit finden sie sich am ehesten ab. Zack und weg.«
»Es wäre nicht fair.«
»Fair! Du spinnst ja. Sind sie vielleicht fair?«
»Doch. Ich kann mich nicht beklagen.«
»Mensch, du stehst unheimlich unter Autoritätszwang. Ich seh schon, du traust dich doch nicht.«
Klaus-Dieter erspart sich die Antwort, schaut sich statt dessen die da drüben in der Anlage genau an. Sie sitzen seit einigen Tagen da drüben herum. Der eine von den Jungen hat lockiges blondes Haar, das ihm bis auf die Schultern fällt, dazu einen dicken blonden Vollbart, der seinem runden

Gesicht etwas Kindlich-Gutmütiges gibt. Der andere ist ein dunkler, blasser Grüblertyp, er gleicht einem Romantiker des 19. Jahrhunderts, im Schoß hält er eine Gitarre und klimpert leise vor sich hin. Manchmal fliegt ein Ton bis zum Schultor herüber.
Der Blonde hält etwas in der Hand, wovon er gelegentlich abbeißt, langsam und genüßlich kaut er jeden Bissen. Einige Male bietet er dem Mädchen davon an, doch das schüttelt den Kopf, lehnt sich zurück, den Rücken an die Bank gelehnt, und hebt das Gesicht in die blasse Frühlingssonne.
Von dem Mädchen ist Klaus-Dieter besonders fasziniert. Ein schönes Mädchen, ein schmales, hochmütiges Gesicht, unter dem kühn geschwungenen schwarzen Hut hängen die blonden Strähnen des Haares fast bis zur Taille hinab. Hochgekrempelte Jeans, eine Jacke von undefinierbarer Farbe.
Sie sind frei, denkt Klaus-Dieter, ich möchte auch mal wissen, wie das ist: frei sein. Frei von Familie, von Bindungen, frei einfach von allem. Er weiß, daß er es nicht für immer sein kann. Aber jetzt, ehe er endgültig erwachsen ist, jetzt wäre die richtige Gelegenheit, die letzte Gelegenheit, die Freiheit zu suchen. Vergangene Woche ist er achtzehn geworden, ihm kann von jetzt an keiner mehr etwas verbieten.
»Was sind wir denn eigentlich?« meutert sein Freund. »Sklaven eines verrotteten Gesellschaftssystems. Schuften, nichts als schuften. Abitur, Studium, Beruf – malochen das ganze Leben lang. Ich mach das nicht mit. Ich nicht. Das ist kein Leben für mich. Diese albernen Leistungszwänge. Ich brauch kein Abitur.«

»Du bestehst es sowieso nicht«, sagt Klaus-Dieter sachlich.
»Weil ich nicht will. Ich scheiß drauf.«
Ob die da drüben in Indien waren? In Pakistan? Oder ob sie gerade auf dem Weg dorthin sind? Man müßte sie fragen, ob man sich ihnen anschließen kann. Zwei, drei Jahre der großen Freiheit. Und dann? Lächerlich – wenn man richtig frei ist, denkt man nicht an morgen.
»Also, wann gehn wir los?«
»Morgen«, sagt Klaus-Dieter bestimmt. »Ich werd's ihnen heute sagen.«
Er hat sich vorgenommen, es ihnen beim Mittagessen zu sagen. *Nach* dem Essen, er will ihnen nicht den Appetit verderben.

Bei Tisch denkt er: Künftig sitzen sie dann allein hier. Wird ihnen komisch vorkommen. Und für mich gibt es kein Mittagessen mehr. Eine Wurst aus der Hand. Die Nächte sind noch kalt, ich brauche einen Schlafsack. Sonst brauche ich nichts. Er wird mächtig sauer sein. Und sie?
Er schaut sie sich genau an. Sein Vater, ein guter Kopf, die Haare an den Schläfen grau, das Gesicht noch straff, er ißt wie immer zu hastig, sein Blick ist abwesend, er denkt schon an die Klienten, die am Nachmittag kommen werden.
Es wird ihm nicht allzuviel ausmachen, wenn ich fort bin. Wir haben uns wenig zu sagen.
Aber sie. Hemmungen hat er nur wegen ihr. Er hat es nicht gern, wenn sie traurig ist. Irgendwie liebt er seine Mutter. Sie ist so hübsch, hat eine schlanke, mädchenhafte Figur, ist immer schick angezogen, ihr blondes Haar ist gepflegt und

schimmernd, wie oft geht sie eigentlich zum Friseur? Außerdem kocht sie so gut. Es schmeckt auch heute wieder großartig. Zum Nachtisch gibt es eingemachte Himbeeren auf Eis. Klaus-Dieter und seine Schwester Claudia bekommen jeder eine große Portion davon. Der Hausherr ißt nur drei Löffelchen davon: erstens wegen der Figur, zweitens giert er schon nach der Zigarette.
An seine Schwester verschwendet Klaus-Dieter keinen Gedanken. Ihr wird es so was von egal sein, ob er da ist oder nicht. Sie ist zwei Jahre älter als er, steht kurz vor dem Abitur, hat es genaugenommen schon in der Tasche. Eine Musterschülerin war sie immer. Einen Freund hat sie auch schon.
Gleich wird sein Vater aufstehen, die Zeitung nehmen, ›Mahlzeit‹ murmeln und sich im Nebenzimmer auf dem Sofa ausstrecken, sich eine Zigarette anzünden, kurz darauf wird ihm seine Frau eine Tasse Kaffee bringen. So ist das immer und jeden Tag, seit die Welt besteht.
Klaus-Dieter räuspert sich.
»Ich muß euch was sagen«, bringt er heraus, gerade als sein Vater aufstehen will.
Sein Vater stoppt die begonnene Bewegung.
»Ja? Was gibt es?« Er unterdrückt einen Seufzer. Schulschwierigkeiten vermutlich. Gibt es öfter mal mit dem Jungen.
Klaus-Dieter sieht keinen an, fixiert einen Punkt an der Wand. Dort hängt ein Zinnteller.
»Ich gehe fort.«
Der Zinnteller hängt noch immer da, auch sonst ereignet sich nichts Besonderes.
»Aha, so«, sagt sein Vater. »Wohin denn?«
»Nirgendwohin. Fort.«

»Willst du noch ein bißchen Eis?« fragt seine Mutter.
»Danke, nein«, erwidert Klaus-Dieter, was ihn Überwindung kostet. Aber er wird in Zukunft auch ohne Dessert leben müssen.
Das Eis und die Himbeeren landen bei Claudia.
»Willst du einen Ausflug machen?« fragt seine Mutter. Daß sie es fragt und wie sie es fragt, so lieb und harmlos, läßt ihn zum entschlossenen Mann werden.
»Du verstehst mich falsch«, sagt er steif. »Ich gehe fort und komme nicht wieder.«
»Oh!« macht sie erschrocken und sieht ihn mit großen Augen an.
»Interessant!« äußert sein Vater und legt die Zeitung wieder hin. »Darf man fragen . . .?«
»Etwas Genaues kann ich noch nicht sagen«, erklärt Klaus-Dieter gemessen. »Ich habe nur die Absicht, fortzugehen und ein freies Leben zu führen.«
»Der wird so 'ne Art Gammler, Daddy. Eine fabelhafte Laufbahn, paßt prima zu ihm.« Claudia lacht laut.
Klaus-Dieter gönnt ihr keinen Blick. Er sieht seinen Vater an, kalte Entschlossenheit im Blick, wie er meint.
»Gammler?« fragt sein Vater. »Gibt's denn das noch?«
»*Ich* habe das nicht gesagt«, fährt Klaus-Dieter auf.
»War mal 'ne Zeitlang eine ganz verbreitete Mode«, erinnert sich sein Vater. »So 'ne Art Wandervögel. Auch nichts Neues, gab's immer schon.«

»Igitt«, sagt Klaus-Dieters gepflegte Mama, »die sind ungewaschen und stinken. Du badest doch so gern, Klaus-Dieter. Das würde dir doch fehlen.«
»Der Mensch kann auch ohne Badewanne leben.«
»Sicher«, sagt sein Vater. »Ganze Völkerstämme leben ohne Badewanne. Das ist nur eine Sache der Gewohnheit. Man soll Hygiene nicht überschätzen. Zuviel Hygiene macht anfällig gegen Krankheiten. Ich hab neulich mal gelesen, daß ein bißchen Dreck viel gesünder ist, das immunisiert irgendwie, macht nicht so zimperlich, und außerdem...«
Da Klaus-Dieter merkt, daß sein Vater von diesem Thema gefesselt ist und zu einem längeren Vortrag darüber ansetzt, denn er zieht jetzt die Zigaretten aus der Tasche, unterbricht er ihn unwirsch.
»Ich hielt es für anständig, es euch vorher zu sagen.«
»Was? Daß du nicht mehr baden willst?«
»Nein, Daddy, daß er hinauszieht in die große weite Welt; so mit Bart und verfilztem Haar und dem Schlafsack auf dem Rücken. Mindestens bis nach Pakistan. Oder auf das Dach der Welt. Vermutlich hat er Angst, daß er sitzenbleibt, da haut er lieber vorher ab.« Claudia lacht sich halbtot.
Klaus-Dieter starrt seine Schwester wütend an.
»Ich bleibe nicht sitzen, davon kann gar keine Rede sein. Aber mit der Schule höre ich auf. Ich möchte endlich leben.«
»Ach so«, sagt sein Vater. »Mit der Schule hörst du auf. Guck mal! Du willst also das Abitur nicht machen?«

»Ich brauche kein Abitur.«
»Na ja, sicher, wozu auch! Hat fast jeder heute, bedeutet auch nicht mehr viel. Bildung kann äußerst lästig sein. Abgesehen davon, daß ihr ja sowieso nicht mehr sehr gebildet seid. Diese Schulen von heute – also darüber kann man nur noch weinen. Wenn ich denke, was wir gelernt haben. Was wir noch heute *wissen*, weil unsere Schule noch etwas getaugt hat. Zu meiner Zeit war es noch so, daß . . .«
Wieder droht ein längerer Vortrag.
»Also, ihr wißt jetzt Bescheid«, unterbricht Klaus-Dieter seinen Vater.
»Wir wissen«, gibt der kurz zur Antwort. »Wann hast du die Absicht aufzubrechen?«
»Morgen.«
»Kläuschen«, sagt seine Mutter, »ich habe dich nächste Woche beim Zahnarzt angemeldet. Du mußt unbedingt mit deinem offenen Zahn jetzt mal hingehen. Es war schwer genug, einen Termin zu bekommen.«
»Das ist eigentlich eine interessante Frage«, meint der Hausherr nachdenklich. »Haben Gammler niemals Zahnschmerzen?«
»Sie können keine haben«, erklärt Claudia sachlich, »denn sie haben kein Geld für den Zahnarzt.«
»Gott, die armen Kinder«, sagt die Mama mitleidig. »Das ist auch nicht richtig. Jeder kann doch mal Zahnschmerzen kriegen. Vielleicht gibt es so einen wandernden Zahnarzt. Einer, der kein Geld haben will.«
»Den mußt du mir mal zeigen, den Zahnarzt, der kein Geld haben will«, sagt ihr Mann. »Also,

Klaus-Dieter, ich würde dir raten, deine Abreise zu verschieben. Geh vorher zum Zahnarzt.«
»Herrgott, ihr versteht überhaupt nicht, worum es sich handelt«, ruft Klaus-Dieter, und jetzt ist er ernstlich wütend. »Ich gehe fort. Für immer. Ich will frei sein. Versteht ihr das denn nicht? Freiheit will ich.«
Um den Tisch entsteht Schweigen. Alle Blicke ruhen nun auf Klaus-Dieter, der ihnen mannhaft standhält.
»Doch«, sagt sein Vater dann langsam. »Ich verstehe dich schon. Freiheit ist eine großartige Sache. Theoretisch. In der Praxis allerdings eine schwierige Sache. Weißt du, daß die Menschen in Wirklichkeit nichts mehr fürchten als die Freiheit?«
»Ja, weil ihr alle gewöhnt seid an die Zwänge, Leistungszwang, Konsumzwang, Sexualzwang ...«
Albernerweise lacht seine Mutter hier leise und amüsiert vor sich hin.
Der Vater lehnt sich in den Stuhl zurück, zieht an der Zigarette und blickt versonnen ins Nichts.
»Freiheit ... ewiger Traum der Menschheit. Unerfüllbarer Traum. Nur der sehr reife, sehr weise Mensch kann ihr standhalten. Kann sie überhaupt ertragen. Denn Freiheit ist Einsamkeit. Freiheit ist Bindungslosigkeit. Der schwache Mensch zerbricht daran. Er flüchtet in den Alkohol, zu Drogen. Oder, wie es neuerdings Mode ist, zu einer Sekte. Man erlebt das ja alles mit, in unseren Tagen genausogut wie in vergangenen Zeiten.«
»Kläuschen«, fragt seine Mutter entsetzt. »Du ziehst doch nicht etwa mit so einer verrückten Sekte herum?«

»Quatsch«, sagt Kläuschen, immer noch zornig.
»davon kann gar keine Rede sein.«
»Aber du kannst doch nicht ganz allein...«
»Doch«, schreit er. Und auf den erschrockenen Blick seiner Mutter: »Entschuldige.« Denn er hat sie noch nie angeschrien.
Sie lächelt ihn an.
»Aber zum Zahnarzt gehst du auf alle Fälle erst mal, das versprichst du mir, ja?«
»Lisa«, sagt ihr Mann, »hör doch endlich mit dem Zahnarzt auf. Es handelt sich hier um wichtige und entscheidende Dinge. Wenn Klaus-Dieter erwachsen genug ist, um sein Leben in die Hand zu nehmen, wird er ja wohl auch wissen, ob und wann er zum Zahnarzt gehen muß. Er hat, du hast es gehört, eine Entscheidung getroffen. Das muß man verstehen. Und respektieren.«
In diesem Augenblick haßt Klaus-Dieter seinen Vater. Der benimmt sich einfach unmöglich. Statt daß er böse wird, statt daß er sich aufregt, statt daß er ihm das verbietet – darf ein Vater eigentlich so gewissenlos sein?
»Also, daß alles klar ist«, ruft er wild, »ich mache kein Abitur, ich studiere nicht, ich will überhaupt keinen bescheuerten Beruf haben, und zu dem verdammten Zahnarzt gehe ich auch nicht. Ich will ein freier Mensch sein und tun und lassen, was ich will. Ein für allemal.«
»Herrlich!« sagt sein Vater, und sein Blick hängt träumerisch an der Decke. »Wie ich dich beneide! Was für ein Leben! Frei sein. Tun, was man will. Kein Beruf. Keine Klienten. Keine Steuern zahlen.«
»Keine Miete, keine Versicherungen, keine Hypo-

thekenzinsen, keine Arztrechnungen, überhaupt keine Rechnungen«, fährt Claudia spöttisch fort, »was für ein Zuckerleben! Scheint dir auch zu gefallen, Daddy.«
»Und ob! Davon habe ich mein Leben lang geträumt. Ob ich das nicht auch machen kann?«
»Du bist zu alt«, ruft Klaus-Dieter erbost.
»Wieso zu alt? Warum soll es nur ein Vorrecht der Jugend sein, frei zu sein? Es gab immer schon Landstreicher. Clochards nennt man sie in Frankreich. Die sind selten jung. Viel älter als ich. Außerdem bin ich nicht alt.«
»Nein, mein Schatz«, sagt seine Frau und lächelt lieb, »du würdest dich wundervoll ausnehmen unter den Brücken.«
»Du hättest nichts dagegen, Lisa?«
»Aber gar nicht.«
»Ich würde mich nicht unter die Brücken der Seine setzen«, erklärt ihnen der Hausherr mit Bestimmtheit, »ich würde mir eine schöne stille Gegend aussuchen, an einem Fluß oder an einem See, und dann würde ich den ganzen Tag angeln. Auf diese Weise könnte ich mir mein Essen selbst beschaffen.«
»Zum Angeln brauchst du einen Angelschein«, sagt seine Tochter sachlich. »Du als Anwalt solltest das wissen.«
»Es muß ja nicht hierzulande sein. Sie sind nicht überall so pingelig. Ich denke an Irland oder Schottland. Oder Kanada, das wäre ein Land nach meinem Geschmack. Da ist Platz genug, da kann man angeln, soviel man will. Zwischendurch würde ich mal auf einer Farm arbeiten, das würde mir auch Spaß machen.«

»Und du würdest nicht wiederkommen, Schatz?« fragt seine Frau.
»Nein, Lisa, ich würde nicht wiederkommen. Freiheit ist nicht in Raten konsumierbar. Dann ist es nämlich keine. Ich würde dann schon dabei bleiben. Ich habe genug gearbeitet in meinem Leben. Du müßtest halt vermieten, damit du die Zinsen für die Hypothek aufbringst. Du kannst das Haus auch verkaufen, das ist mir gleich. Du kannst machen, was du willst.«
»Und wovon leben wir?« fragt Claudia.
»Wovon ihr wollt. Ihr macht euch vom Konsumzwang frei, ich mache mich vom Leistungszwang frei, dann sind wir schon ein großes Stück der Freiheit näher. Klaus-Dieter ist kein Problem, der ist ja nicht mehr da. Der sorgt für sich selbst, was mir das Leben ungemein erleichtert. Und du, mein Kind, du bist ja nun mit der Schule gleich fertig, du willst studieren; wie gesagt, vermieten oder verkaufen, ihr müßt halt sehen, wie ihr hinkommt, Lisa und du.«
»Oh, was mich betrifft«, sagt seine Frau freundlich, »da mach dir bitte keine Sorgen. Ich bleibe auch nicht hier.«
Klaus-Dieter starrt seine Mutter sprachlos an.
»Du? Wo willst du denn hin?«
Lisa lächelt. Sie errötet sogar ein wenig, was ihr gut steht.
»Nach Italien«, sagt sie.
»Nach Italien?« echot die Familie. Ihre Eröffnung erregt weit größeres Erstaunen als Klaus-Dieters angekündigte Flucht aus der Familie.
»Ja«, wiederholt Lisa mit lieblichem Lächeln. »Nach Italien. Genaugenommen nach Ischia.«

»Ischia?« fragt ihr Mann. »Warum denn ausgerechnet nach Ischia? Hast du Rheuma?«
Lisas Lächeln erlischt. Sie wirft ihm einen eisigen Blick zu.
»Ich habe kein Rheuma. Erinnerst du dich nicht an Mario?«
»Mario? Was für ein Mario?«
»Der Fischer. Du bist ein paarmal mit ihm zum Fischen gefahren. Und ich blieb ja dann noch vierzehn Tage, nachdem du mit den Kindern nach Hause gefahren bist. Weißt du nicht mehr?«
»Ja. Und?«
»Mario liebt mich«, erklärt Lisa mit größter Selbstverständlichkeit. »Er wollte vorigen Sommer schon, daß ich bei ihm bleibe.«
»Na, das ist ja . . .«
»Ich liebe ihn auch. Ich werde zu ihm gehen.«
»Willst du sagen, daß du . . . daß du . . . äh, daß du mit diesem Mario . . .«
»Ja, Schatz«, sagt Lisa und blickt ihrem Mann ungeniert in die Augen. »Ja, das will ich sagen.«
»Na, das kann ja wohl nicht wahr sein«, empört sich Claudia. »Willst du vielleicht behaupten, daß du mit diesem Mario geschlafen hast?«
»Hast du etwas dagegen?« Lisa bedenkt ihre Tochter mit einem kühlen Blick. »Ich wüßte nicht, was dich das angeht.«
»Du solltest dich schämen! In deinem Alter!«
Lisa richtet sich kerzengerade auf und blitzt ihre Tochter zornig an.
»Mein Alter! Was ist mit meinem Alter? Ich bin jung genug, daß sich ein Mann in mich verlieben kann. Ich bin einundvierzig, wie du weißt. Und wer es nicht weiß, gibt mir nicht mehr als sechs-

unddreißig. Oder?« Sie blickt die Familienmitglieder streng an, einen nach dem anderen.
Claudia stößt ein höhnisches Lachen durch die Nase, doch ihr Vater sagt liebevoll: »Das ist wahr. Sechsunddreißig wäre das äußerste. Deine Mutter ist eine sehr attraktive jugendliche Frau, Claudia, das siehst du ja selbst.«
»Sie *ist* aber einundvierzig«, beharrt Claudia.
»Du bist eine Spießerin, Claudia«, sagt Lisa herablassend, »die jungen Leute heutzutage sind alle so spießig und bieder. Ich jedenfalls finde Liebhaber, so viele ich will. Nicht nur in Italien.«
»Ich hab mir im Sommer schon gedacht, wie albern das ist, daß du immer noch im Bikini herumrennst. Daß sie sich nicht schämt, hab ich mir gedacht.«
»Warum sollte sie sich schämen, Claudia?« sagt der Vater. »Bei ihrer Figur! Lisa hat eine fabelhafte Figur.«
»Eben.« Lisa blickt ihre Tochter mit funkelnden Augen an. »Erst mal abwarten, was du für eine Figur haben wirst, wenn du das biblische Alter von einundvierzig erreicht hast. Nach zwei Kindern. Meine Oberschenkel sind heute noch schmaler und gestreckter als deine, mein liebes Kind. Du warst immer ein bißchen stämmig. Hoffentlich kommt die Minimode nicht wieder. Die wäre für dich sehr ungünstig.«
»Ich weiß, daß du mich nicht leiden kannst«, sagt Claudia giftig. »Klaus-Dieter war ja immer schon dein Liebling. Aber geh nur, geh zu deinem schnulzigen Italiener. Du wirst schon sehen, wie schnell er dich sitzenläßt.«
»Nun ja, wir werden sehen. Ich brauche ihn ja

nicht für immer und ewig. Für eine Weile behalte ich ihn. Er ist ein hübscher Junge. Und sehr feurig. Oh, was für ein Temperament!« Lisa schüttelt es fast ein wenig, als sie sich an Mario erinnert. Man hat das Gefühl, eine Gänsehaut läuft ihr über den Rücken. Die Familie betrachtet sie fasziniert.
»Auf jeden Fall«, fügt Lisa hinzu, »ist er nicht so ein phlegmatischer Trottel wie dein Freund Egon.«
»Laß Egon aus dem Spiel!«
»Bitte, bitte, jeder nach seinem Geschmack. So was wie Egon jedenfalls würde ich nicht einmal mit einundfünfzig nehmen.«
»Also streitet euch nicht«, sagt der Hausherr und legt eine Hand auf die Hand seiner Frau, die andere auf die seiner Tochter. »Mal ganz friedlich. Wir stehen hier schließlich vor großen Entscheidungen. Klaus-Dieter hat den Denkanstoß gegeben, wofür wir ihm dankbar sein müssen. Nun wollen wir die Lage ganz sachlich betrachten. Klaus-Dieter geht fort, er lebt sein Leben, er braucht kein Geld, überhaupt nichts. Ihn können wir vergessen. Höchstens daß er noch mal schnell zum Zahnarzt geht. Du, Lisa, gehst zu deinem Mario. An deiner Stelle würde ich jedoch etwas Geld mitnehmen, Temperament hin, Temperament her, es ist ein ungewohntes Leben, wer weiß, wie lange es dir gefällt. Ich, wie gesagt, werde mal Kanada ins Auge fassen, das wird mir liegen, glaube ich. Ich nehme auch etwas Geld mit. Besser ist besser. Wozu habe ich es denn verdient. Wir werden also das Haus verkaufen und das Geld aufteilen. Was wird mit dir, Claudia?«
»Mich könnt ihr auch vergessen. Auf so eine lä-

cherliche Familie lege ich nicht den geringsten Wert. Ich studiere auf jeden Fall.«
»Kannst du ja. Du bekommst deinen Anteil aus dem Verkauf des Hauses, das dürfte reichen.«
»Ich nehme mir ein Appartement, und dann heirate ich.«
»Egon?« fragt Lisa spitz.
»Genau den.«
»Herzlichen Glückwunsch. Wie gut, daß ich an dieser Hochzeit nicht teilnehmen muß.«
»Ich lege auch keinen Wert darauf, deine Hochzeit mit diesem Schnulzenitaliener mitzuerleben.«
»Ich will ihn doch gar nicht heiraten. Es handelt sich um amore. Nicht um Ehe. Ich möchte geliebt werden, nicht geheiratet. Das ist ein Riesenunterschied.«
Ihr Mann räuspert sich, es klingt etwas gekränkt.
»Ich wußte nicht, daß du so unbefriedigt bist«, sagt er mit umflorter Stimme.
»Aber nein, Schatz, davon kann keine Rede sein. Eine Ehe ist schließlich etwas anderes, das weiß jeder. Verliebtsein ist immer hübscher.« Sie lächelt ihn an, sehr lieb.
Er blickt etwas irritiert.
»Gut, also nun zur Sache«, fährt er dann fort. »Wir werden also schnellstens versuchen, einen Käufer für das Haus zu finden. Und dann müssen wir vor allen Dingen . . .«
An dieser Stelle schiebt Klaus-Dieter mit Gepolter seinen Stuhl zurück und rennt aus dem Zimmer. Er könnte sie umbringen, alle drei. Das ist nun seine Familie. Das schlimmste ist das mit seiner Mutter. Hat sie wirklich ein Verhältnis mit dem Italiener gehabt? Das ist unvorstellbar. Er kann

sich gut an Mario erinnern, ein hübscher schwarzhaariger Bursche mit blitzend weißen Zähnen. Er lachte immer, manchmal sang er. So ein richtiger Klischee-Italiener. Ist es möglich, daß sie auf so etwas steht? Wie er darüber nachdenkt, fällt ihm noch mehr ein: der hat sie immer so komisch angesehen und hat sie so ganz besonders umständlich ins Boot gehoben, hielt sie im Arm und sah ihr in die Augen, ganz von nah. Und sie sah ihn auch an. Ganz komisch war das. Er hat das gesehen, aber auch wieder nicht gesehen. Aber jetzt sieht er es, wie auf einem Film sieht er es. Seinem Vater scheint das total gleichgültig zu sein, der gibt die ganze Familie auf, von heute auf morgen.
Das Haus verkaufen, lächerlich. So groß ist die Hypothekenlast gar nicht mehr. In zehn Jahren wird alles bezahlt sein. Und überhaupt! Es ist eine Schande. Seine Eltern! Es ist einfach nicht zu glauben.
Er läuft wie blind durch die Straßen und landet schließlich in der Anlage gegenüber der Schule. Niemand ist da, die Bank und der Rasen sind leer.
Er setzt sich auf die Bank, bohrt die Ellenbogen in die Oberschenkel und stützt den Kopf in die Hände. Er möchte am liebsten heulen. Sein Vater, seine Mutter – was für eine Pleite! So sieht es also in ihnen aus – sie wären froh, ihrer Wege zu gehen und einander nie wiederzusehen. Sie lieben sich nicht. Sie lieben auch ihn nicht. Alles ist Lüge. Ist immer Lüge gewesen. Das ganze Familienleben, nichts als eine lästige Gewohnheit.
Claudia? Die war immer so. Eine Streberin. Und dieser Egon ist wirklich ein gräßlicher Kerl, den kann er auch nicht leiden. Ein Klugscheißer.

»Na?« macht jemand über ihm. Sein Freund. »Wie steht's? Hast du's ihnen gesagt? Gehn wir morgen los?«
»Laß mich doch in Ruh, du blöder Hund.« Klaus-Dieter steht auf.
»Was'n los? Hat's Stunk gegeben?«
»Im Gegenteil. Das ist ja das Schreckliche.«
»Versteh ich nicht.«
»Kannst du ja nicht verstehen.«
»Gehn wir nun, oder gehn wir nicht?«
»Ich nicht. Ich muß hierbleiben.«
»Du hast eben Schiß.«
»Quatsch!« Klaus-Dieter sieht den anderen kurz an. »Ich kann nicht weg. Ich werd hier gebraucht. Einer muß das alles zusammenhalten, verstehst du?«
»Nö, versteh ich nicht.«
»Ich sag ja, daß du blöd bist.«
Er wendet sich ab, steckt die Hände in die Taschen und geht den Weg zurück. Den Weg nach Hause. In letzter Zeit hat er immer gedacht, er liebt sie nicht, und er braucht sie nicht, er könnte ganz gut ohne sie leben. Er weiß auch jetzt nicht, ob er sie noch liebt, ob er sie braucht. Aber sie brauchen ihn. Sie brauchen ihn wirklich. Er ist der einzige, der dieser verlotterten Familie noch einen Rückhalt geben kann.

# Geschichten, die das Leben schreibt

Wenn einer eine Tante hat, dann kann er was erleben. Florian hatte eine. Vaters Schwester und von diesem immer hoch gepriesen. Zeitlebens, so hatte Florians Vater stets gesagt, müsse man sich liebevoll um Tante Isabelle kümmern, um ihr leibliches und seelisches Wohlbefinden, und vor allem müsse man ihr in guten wie in bösen Tagen immer zur Verfügung stehen, ihr mit Rat und Tat zur Hand gehen, und sollte sie je Hilfe oder Unterstützung brauchen, so würde er, und das erwarte er auch von seinem Sohn, bis zum letzten Hemdzipfel für Tante Isabelle einstehen.
»Denn du weißt, was wir Isabelle verdanken. Sie war anständig, wir beide, mein Sohn, du und ich, werden es auch sein.«
Glücklicherweise verstand es Tante Isabelle ausgezeichnet, für sich selbst zu sorgen, und wenn je einer Rat und Tat, Hilfe und Unterstützung nötig und erhalten hatte, so ging sie von Tante Isabelle aus und kam den beiden Männern, Bruder und Neffe, zugute.
Isabelles Anständigkeit bestand darin, daß sie sich souverän über die Bestimmungen, die das Testament ihres Vaters enthalten hatte, hinwegsetzte. Sie hatte nämlich zwei hervorstechende Eigen-

schaften: sie liebte ihren Bruder, und sie war nicht geldgierig. Sie gab zwar gern und viel Geld aus, aber sie war nicht geldgierig. Wer das Leben und die Menschen kennt, weiß, daß dies eine Regel ist. Geldgierige Menschen sind geizige Menschen, sie wollen alles für sich behalten. Isabelle nicht. Florians Vater war nämlich von seinem Vater, also von Florians Großvater, enterbt worden, weil er ein Mädchen geheiratet hatte, das den Vorstellungen des Großvaters von einer Schwiegertochter nicht entsprach. Denn der Großvater war ein Mann mit Grundsätzen, wogegen nichts zu sagen ist. Außerdem war er immer fleißig, ehrbar und sparsam gewesen und hatte es dank dessen zu einem ansehnlichen Vermögen gebracht.

Florians Vater hingegen hatte leider so gut wie gar keine Grundsätze, und von Arbeit hielt er auch nicht viel. Und die Frau, die er partout heiraten wollte, war eine mittelmäßige Nachtclubsängerin, zwar außerordentlich ansehnlich und jede Menge sexy, aber weder von Familie noch in irgendeiner Weise tugendhaft. Verständlich, daß der Alte gegen die Heirat Einspruch erhob; und daß er den Sohn enterbte, als dieser nicht parierte, war sein gutes Recht, denn schließlich kann jeder mit seinem Geld machen, was er will. Für Florians Vater jedoch sah die Zukunft daraufhin ziemlich düster aus, denn er war ein leichtsinniger Hund, der weder sein Studium beendet noch einen ordentlichen Beruf erlernt hatte und nur einen nennenswerten Ehrgeiz entwickelte, nämlich den, möglichst vergnügt und im großen Stil zu leben.

In dieser Beziehung ähnelte Isabelle ihrem Bruder hundertprozentig, nur fing sie es klüger an, mit

sich und ihrem Leben über die Runden zu kommen. Auf jeden Fall setzte sie sich später, als es soweit war, mit Nonchalance über den Willen ihres dahingeschiedenen Vaters hinweg und teilte das Erbe redlich mit ihrem Bruder. Da es ein sehr beachtliches Erbe war, lebte die ganze Familie, also auch die Nachtclubsängerin und der kleine Florian, einige Jahre lang recht flott davon.
Eines Tages aber war das Geld verbraucht. Daraufhin verkrümelte sich die Nachtclubsängerin und sah sich nach einem neuen zahlungskräftigen Lebensgefährten um. Über ihr weiteres Leben ist nichts bekannt, denn sie hatte nicht die Absicht, sich noch länger mit Mann und Sohn zu belasten, sie entschwand und ließ nichts mehr von sich hören.
Reuevoll meinte der verlassene Gatte, sein verblichener Vater habe offenbar doch recht gehabt, von dieser Frau hätte er besser die Finger lassen sollen. Aber wie so oft kam Reue auch in diesem Fall zu spät. Überdies war die Frage, wie und wovon man denn nun leben werde, so vordringlich, daß Florians Vater weder Zeit noch Gelegenheit hatte, der Entschwundenen lange nachzutrauern. Kam dazu, daß er erstens sowieso kein Kind von Traurigkeit war und zweitens durch acht Jahre Ehe mit derselben Frau so geschafft war, daß er seine Freiheit in vollen Zügen genoß. Nur gehörte zum Genießen eben auch ein gewisses Maß an Bewegungsfreiheit, und diese hinwiederum ließ sich nur mit Geld gewinnen. Allzuviel Sorgen machte er sich dennoch nicht, er verließ sich auf seine Schwester Isabelle. Die hatte einmal eine gute Idee gehabt, sie würde wieder eine haben.

Isabelle enttäuschte ihn nicht. Jetzt fing *sie* mit dem Heiraten an, und sie tat es geschickter als ihr Bruder. Sie begann, sehr seriös, mit einem Bankdirektor und endete, gar nicht seriös, bei einem Rauschgifthändler. Sie wurde schließlich auch nicht jünger, und irgendwann kommt der Zeitpunkt, wo man nehmen muß, was man kriegen kann.

Immerhin ermöglichte sie sich durch diese Ehen ein sorgenfreies Leben und ließ in aller Selbstverständlichkeit Bruder und Neffe daran teilnehmen. Vielleicht war das mit ein Grund, daß alle ihre Ehen nicht von Dauer waren, zweifellos lag es aber auch an Isabelles Vorliebe für ein abwechslungsreiches Leben. Was durchaus kein Fehler war, denn auch ihre Scheidungen waren lukrativ. Dank Isabelles Männern, dem gesunden Wechsel von Eheschließung und Scheidung, litten sie keine Not.

Florians Vater war, wie gesagt, ein dankbarer Mensch, er wußte die Fähigkeiten seiner Schwester zu schätzen, außerdem war er ihr herzlich zugetan, und diese Dankbarkeit und Zuneigung waren das einzige, was er seinem Sohn vererbte, als er eines bösen Tages promillegesegnet gegen einen Brückenpfeiler knallte. Er war leider nicht alt geworden, aber sein Leben hatte ihm Spaß gemacht, was nicht jeder von seinem Leben sagen kann.

Florian war zu der Zeit gerade zwanzig und tat getreulich, was ihm aufgetragen war: er stand zu jeder Stunde seines Daseins Tante Isabelle zur Seite und zur Verfügung. Wenn sie beispielsweise einen Begleiter für die Oper, für eine Party, für eine Reise

brauchte und gerade kein passender zur Hand war, Florian war zur Stelle. Er tat es gern, denn Tante Isabelle war nicht nur außerordentlich amüsant, sie kannte auch eine Menge interessanter Leute und verstand es, in großem Stil zu leben.
Auf diese Weise entwickelte sich Florian zu einem jungen Mann von Lebensart. Zu alledem war er aber auch ein ernsthafter und sensibler Mensch, der mehrere Ideale besaß und eine Art höheres Streben im Busen trug.
Isabelle fand das goldig.
»Du bist ein Schatz«, sagte sie eines Tages, nachdem sie einige ersprießliche Jahre mit dem Neffen verbracht hatte. »Es wird jetzt Zeit, daß wir für dich einen Goldfisch angeln. Eine hübsche Tochter aus reichem Haus, ein Schwiegervater mit guten Verbindungen, irgendein netter Repräsentationsposten müßte für dich dabei herausspringen. Laß mich nur machen, ich finde schon etwas Passendes.«
Florian druckste eine Weile herum und, dringlich befragt, rückte er damit heraus, daß er schon ein Mädchen kenne, das er gern heiraten würde.
»Das hast du mir verschwiegen, du Filou!« wunderte sich Isabelle. »Warum weiß ich davon nichts?«
»Ich fürchtete, du würdest mit meiner Wahl vielleicht nicht einverstanden sein.«
»Warum sollte ich nicht, mein Herzensjunge? Ich habe immer Verständnis für einen verliebten Mann. Bist du verliebt?«
»Ja. Sehr.«
»Na, wunderbar. Ist sie hübsch?«
»Ja. Sehr.«

»Gescheit?«
»Ja. Sehr.«
»Hat sie genügend Geld?«
»Gar keins.«
»Dann kommt sie nicht in Frage.«
»Aber wenn ich sie doch liebe!«
»Das bildest du dir wahrscheinlich nur ein.«
»Sie ist so ganz anders als die anderen, die ich bisher kannte.«
»Mon dieu! Das denkt jeder verliebte Mann von dem Gegenstand seiner Zuneigung. Aber erzähl mal!«
Florians Mädchen war eine begabte und fleißige Studentin, stammte aus ordentlichen, jedoch kleinbürgerlichen Verhältnissen und wollte Lehrerin werden.
Isabelle kam aus dem Staunen nicht heraus. »Wie kommst denn du an so etwas?«
Es mußte wohl das großväterliche Erbe sein. Nach der Mendelschen Vererbungslehre sind die Enkel den Großeltern ähnlicher als den eigenen Eltern. Das traf in diesem Fall zu.
Darüber meditierte Isabelle eine Weile, wobei sie gerührt und in lobenden Tönen ihres Vaters und seiner ehrenhaften Lebensweise gedachte. Dann kehrte sie zurück zu den Tatsachen der Gegenwart.
»Du mußt dir über eins klar sein, Florian: Wenn du dieses Mädchen heiratest, werden wir demnächst am Hungertuche nagen.«
»Ich habe mir gedacht, daß ich vielleicht etwas arbeiten könnte«, sagte Florian schüchtern.
Isabelle bekam den Mund nicht mehr zu. »Arbeiten? Du? Was denn, um aller Heiligen willen?«

»Ich habe mir gedacht, daß ich vielleicht Schriftsteller werden könnte.«
Isabelle bedachte das eine Weile und meinte dann: »Keine schlechte Idee. Ein angenehmer Beruf. Man ist frei und ungebunden, kann viel reisen, denkt sich immer mal eine nette Geschichte aus, und allzuviel Arbeit ist es auch nicht. Aber, mein Lieber, gerade in diesem Beruf brauchst du eine Frau mit Geld. Auch Schriftsteller müssen manchmal etwas essen.«
»Es gibt Schriftsteller, die leben von dem, was sie schreiben.«
»Wirklich? Davon habe ich eigentlich nie gehört. Alle Schriftsteller, die ich kenne, verdienen nicht mal das Brot, geschweige denn die Butter aufs Brot. Als ich mit Adalbert verheiratet war – du erinnerst dich an Adalbert, den Immobilienmakler? –, da hatte ich einen kleinen Dichter als Hausfreund. Der war immer schrecklich hungrig.«
»Na ja, ein Dichter, das ist natürlich eine aussichtslose Sache. Ich dachte mehr daran, etwas zu schreiben, was die Leute lesen.«
»Das klingt schon besser. Und weiß du, es ist gar nicht mal so wichtig, daß sie es lesen, Hauptsache, sie kaufen es. Das sind diese Dinger, die man Bestseller nennt. Also wenn überhaupt, mußt du so etwas schreiben.«
»Genau das habe ich vor«, sagte Florian bescheiden. Und setzte sich hin und begann einen Bestseller zu schreiben.
Nun gehört zu jedem Ding, das man tut, eine gewisse Übung, und die hatte er verständlicherweise noch nicht. Es ging schlecht voran mit seiner Arbeit, und war er der Meinung, er sei jetzt auf dem

richtigen Weg, da kam seine Freundin, die Studentin, las, was er geschrieben hatte, und sprach voll Verachtung: »Das ist Käse.«
Wenn er, fügte sie noch hinzu, in dieser Art weiterschreibe, wolle sie mit ihm nichts mehr zu tun haben. Dann hielt sie ihm einen langen Vortrag über die Verantwortung des geistig hochentwikkelten Menschen, speziell in dieser Zeit und angesichts der himmelschreienden gesellschaftlichen Zustände, die schleunigst und überhaupt geändert werden müßten, und dazu beizutragen sei die wichtigste und dringlichste Aufgabe eines Schriftstellers. Darin müsse er seine Berufung erkennen. Sie redete mindestens eine Stunde lang, manchmal auch zwei oder drei, Diskussion nannte sie das, obwohl Florian so gut wie gar nichts dazu sagte.
Aber sie entmutigte ihn so sehr, daß er gar nicht mehr schrieb.
»Was macht dein Buch?« fragte Isabelle eines Tages. Es war in der Oper, ›Rosenkavalier‹, erste Pause.
Florian begann von seinen Schwierigkeiten zu berichten, und es wurde ein so langer Bericht, daß er auch die zweite Pause noch ausfüllte und nach dem Theater bei Fondue und Fendant fortgesetzt werden mußte.
Isabelle hörte sich alles geduldig an, dann meinte sie: »Mir scheint, dieses Mädchen hat einen schlechten Einfluß auf dich.«
»Sicher hat sie recht. Und sie meint es gut.«
»Weder noch. Einen Dichter darf man nicht entmutigen. Und man kann ihm nicht vorschreiben, was er schreiben soll. Jeder dichtet halt auf seine

Weise. Und du kannst mir eins glauben, die Bestsellerweise ist die einzig brauchbare Art, sich in diesem Job durchzubringen. Ich habe mich inzwischen informiert. Bücher gehen blendend und ernähren Autoren und Verleger nicht schlecht, immer vorausgesetzt, sie werden auf die richtige Art und Weise unter die Leute gebracht. Wichtig ist nicht, was in einem Buch drinsteht. Wichtig ist, wie es angeboten wird. PR heißt das Zauberwort. Ohne PR kein Erfolg, sprich kein Geld.«
»Was ist PR?«
»Dummerchen! Wie willst du Karriere machen, wenn du die Vorbedingungen nicht kennst? PR heißt Public Relations. Das braucht jeder Mensch, der etwas werden will, speziell in einem künstlerischen Beruf. Du mußt, ehe du schreibst, einen Verleger haben, der sich auf dieses Geschäft versteht und die richtige Promotion für das Buch macht.«
»Was ist das denn nun wieder?«
»Promotion ist die Methode, wie man ein Buch verkauft und einen Autor berühmt macht. Ein guter Verleger kann das. Kann er nicht, taugt er nichts.«
»Was du alles weißt«, staunte Florian.
»Ich weiß auch nicht, was du ohne mich tätest. Da hast du nun ein angeblich so kluges Mädchen zur Freundin, aber sie hat von Tuten und Blasen keine Ahnung. Ich frage mich, was die Jugend eigentlich heute auf den Universitäten lernt. Übrigens möchte ich die junge Dame endlich kennenlernen.«
Florian hatte zwar allerhand Bedenken, aber er brachte seine Freundin eines Tages zu Isabelle.

Es war natürlich ein Fiasko. Isabelle, todschick, in einem raffinierten Modell von Givenchy, eingekauft bei ihrem letzten Parisbesuch, gekonnt zurechtgemacht und wundervoll frisiert – und dazu die Studentin in ausgefransten Jeans und einem schlotternden Pullover, die Haare zottelig herunterhängend, total ungeschminkt. Sie war nämlich ein Mädchen mit Grundsätzen und riesig emanzipiert. Ein Mann sollte sie um ihrer selbst willen lieben oder es bleiben lassen.
Das, unter anderem, teilte sie Tante Isabelle kühl mit.
»Das ist ein bewundernswerter Standpunkt«, meinte Isabelle lächelnd. »In Ihrem Alter jedenfalls. Sollten Sie jedoch über längere Zeit darauf beharren, werden Sie manche Enttäuschung erleben. Schaun Sie, ich war viermal verheiratet, und im Laufe der Jahre wurden meine Ausgaben für Garderobe und Kosmetik immer höher.«
»Ich habe die Absicht, nur einmal zu heiraten.«
»Oh, wirklich?« fragte Tante Isabelle mitleidig. Aber liebenswürdig, wie sie nun einmal war, fügte sie hinzu: »Gewiß, wenn Sie Florian heiraten, haben Sie ein selten liebenswertes Exemplar erwischt. Aber auf die Dauer wird es anstrengend sein.«
»Wieso?« fragte das Mädchen mißtrauisch.
»Schaun Sie, ein ganzes Leben lang immer dieselbe Frau unterhalten zu müssen, das ist eine mühsame Aufgabe. Umgekehrt natürlich auch. Stellen Sie sich doch nur vor, wenn er Ihnen zum zwanzigstenmal die gleiche Geschichte erzählt, werden Sie sich angeödet fühlen, und sei sie auch ein Glanzstück seines Repertoires. Und Sie wer-

den ihn das merken lassen, das ist das Schlimmste. Was für einen Erfolg jedoch würde er bei einer neuen Frau damit erzielen.«
»Ich glaube, wir haben ziemlich verschiedene Ansichten vom Leben«, murmelte das Mädchen.
»Aber das macht doch nichts. Ich *liebe* Menschen mit anderen Ansichten. Meine kenne ich schließlich auswendig.«
Und dann heiratete Florian dieses ernsthafte Mädchen, und sie studierte und studierte und bereitete sich endlich auf ihr Staatsexamen vor. Das war natürlich sehr anstrengend, sie wurde schmal und blaß dabei, und damit sie wenigstens in ihrer freien Zeit viel Ruhe hatte, verschonte Florian sie weitgehend mit seiner Gegenwart. Er werkelte währenddessen an seinem Bestseller herum, aber es wollte und wollte nicht so richtig gelingen. Florian machte zum erstenmal in seinem Leben die Erfahrung, daß Arbeit, und sei es auch eine so einfache wie Bücherschreiben, ein gewisses Maß an Konzentration, Zeitaufwand und Fleiß erforderte. An so etwas muß man sich natürlich erst einmal gewöhnen, das lernt sich nicht von heute auf morgen. Wenn er dann vor einem leeren weißen Blatt Papier saß und nichts als Kringel und Schnörkel waren nach einer Stunde darauf zu erblicken, die er müßig hingemalt hatte, wenn er dann entdeckte, welch fürchterliche Leere in seinem Kopf herrschte, es war so leer in ihm wie auf dem Papier vor ihm, und wenn dann noch zufällig seine Frau daheim war und in ihrem Zimmer saß, vergraben unter einem Bücherberg, und fleißig schrieb, Zeile um Zeile, Seite um Seite, dann erfaßte Florian ein Überdruß, ein Widerwille gegen das ganze Dasein,

wie er ihn vorher nie empfunden hatte. Zweifellos, arbeiten bekam ihm nicht gut.
Er rief dann in ihr Zimmer hinein: »Ich geh mal eben an die Luft«, und verschwand, so schnell er konnte, aus der Wohnung, in die er mit der neuen Gattin gezogen war. Die Wohnung war klein, er fand sie miefig, aber da Isabelle die Miete bezahlte, konnte er nicht verlangen, daß sie ihm eine Villa zur Verfügung stellte.
Viel lieber wäre er ja bei Isabelle geblieben, in ihrer großen, komfortabel eingerichteten, höchst eleganten Sieben-Zimmer-Wohnung, wo Frau Minzmeyer, genannt Minzerl, ihm jeden Morgen das Frühstück ans Bett gebracht hatte, seine Schuhe putzte, seine Hemden wusch und bügelte, ihm jedes Stück nachräumte und ihn außerdem noch heiß und innig liebte.
Jetzt machte ihm kein Mensch Frühstück, keiner kümmerte sich um Hemden und Schuhe, geschweige denn um sonstige Belange seines Daseins, schließlich hatte er eine gleichberechtigte Frau geheiratet, von der war Service irgendeiner Art nicht zu erwarten.
Wie hatte er es früher gut gehabt, das erkannte er jetzt überdeutlich.
Er entfloh also immer wieder seinem jungen Glück mit Windeseile und landete kurz darauf bei Isabelle.
Sie war da oder nicht da, das spielte keine so große Rolle, irgendwann würde sie kommen.
Das Minzerl war auf jeden Fall da, erkundigte sich sofort besorgt, wie es ihm gehe, kochte ihm Kaffee oder Tee oder servierte ihm eine Flasche Champagner, richtete einen kleinen Lunch mit seinen

Lieblingsgerichten, sagte: »Gehn S' her, ziehn S' die Schuh' aus, wie die ausschaun, greuslich«, brachte ihm ein Paar weiche Papuschen und zog sich hochbefriedigt mit seinen Schuhen auf den Balkon zurück, um sie auf Hochglanz zu wienern.
So unwahrscheinlich das klingen mag, Isabelle, die Lebenskünstlerin, hatte mitten im zwanzigsten Jahrhundert so ein Märchenwesen wie das Minzerl aufgespürt und an sich gebunden. Und in diesem Punkt war Isabelle geradezu von einer klassischen Nibelungentreue. Mochte sie Männer, Freunde und Wohnorte wechseln nach Lust und Laune, das Minzerl blieb und würde bleiben, bis eine von den beiden den letzten Atemzug tat. Sie stammte aus dem Salzburgischen, konnte wunderbar kochen, ging gern in die Kirche und betete dort für Isabelle und Florian mit, was Isabelle sehr beruhigte, und im übrigen lebte das Minzerl nur für die beiden Menschen, die nichts auf der Welt so nötig hatten wie ihre Fürsorge. Das war ihre Meinung, und so ganz unrecht hatte sie nicht. Natürlich war sie mit Florians Heirat nicht einverstanden gewesen, aus ähnlichen Gründen wie Isabelle, aber freilich sah sie überhaupt nicht ein, wozu der Bub heiraten mußte, er hatte doch zu Hause alles, was er brauchte, und kein Mensch hatte je etwas dagegen gehabt, wenn er eine Freundin über Nacht mit nach Hause brachte oder gar nicht nach Hause kam. Das verstand man ja, das sollte er haben. Aber so ein schlampertes Frauenzimmer zu heiraten, die nicht einmal in seinen Sachen Ordnung hielt, vom Kochen nichts verstand, ewig davon faselte, daß sie die Welt verbes-

sern wollte und daß alle Menschen gleichwertig seien, und dann gab sie dem Minzerl nicht mal die Hand geschweige denn ein persönliches Wort. Naa!
»Ham wir so was in der Familie gebraucht?« so lautete ihre empörte Frage an Isabelle, und die Antwort lieferte sie gleich dazu: »Naa. Die hätt's net braucht.«
Als es ernst wurde mit der Heirat, hatte Florian mit typisch männlicher Naivität gedacht, er könne einfach bei Isabelle wohnen bleiben, und seine junge Frau ziehe dazu.
Aber da hatte Isabelle ganz entschieden nein gesagt, in einem Ton, den Florian gar nicht von ihr kannte. Übrigens wollte die Studentin auch nicht.
Inzwischen sah Florian ein, daß beide Damen recht gehabt hatten. Wenn er bei Isabelle geblieben wäre, hätte er nicht zu Besuch kommen können. Anfangs zwei- oder dreimal die Woche, nach noch nicht vier Wochen Ehe kam er täglich. Und blieb den ganzen Tag, bis in den Abend hinein.
»Du kannst doch deine Frau nicht so lange allein lassen«, meinte Isabelle.
»Die muß arbeiten. Ich stör sie nur.«
»Und du? Ich dachte, du arbeitest auch?«
»Mir fällt nichts ein.«
»Das ist sehr bedauerlich«, sagte Isabelle. »Ich muß dich darauf aufmerksam machen, daß unsere Mittel bald am Ende sind.«
Sie sagte immer unsere, obwohl es ja ihre Mittel waren. Die Abfindung von der letzten Scheidung her war sehr mager gewesen, und bald würde nichts mehr davon übrig sein. Nun war der letzte

allerdings ein Baron gewesen, und Isabelle konnte sich seitdem Baronin nennen, zu Minzerls ganzem Entzücken, und auch sonst war der Titel ganz brauchbar, auf Reisen, in Hotels, in Geschäften, beim Einkaufen überhaupt, es ließ sich, wenn man dazu Isabelles Aussehen und Auftreten hatte, eine Menge damit anfangen. Deswegen mußte man auch darüber hinwegsehen, daß der Baron nicht sehr ergiebig gewesen war, was die Finanzen betraf. Nichts auf Erden ist vollkommen.

Wie auch immer, das Geld ging zu Ende, das heißt, es war schon zu Ende, Isabelle lebte von Krediten und hatte ihre Konten bei allen drei Banken, denen sie ihr Vertrauen schenkte, längst kräftig überzogen.

»Es muß etwas geschehen«, sagte sie sorgenvoll. »Ich hatte so sehr gehofft, du würdest mit deinem Buch fertig sein, ehe wir in die Bredouille kommen.«

Florian senkte beschämt den Kopf. »Es tut mir leid«, murmelte er. »Ich bin eben doch unbegabt. Sie sagt das auch.«

»Ach die! Die hat dir nie geholfen, sondern immer nur gemeckert. Na gut, lassen wir es.«

Denn Isabelle sagte nie ein böses Wort über ihre neue Schwiegernichte, so etwas wie die Bemerkung eben war schon das allerböseste, was sie sich erlaubte.

»Laß uns gut essen gehen«, schlug sie vor, als sich der Tag neigte. »Ein Dutzend Austern werden dir guttun, das ist Nahrung fürs Gehirn.«

Sie rief an in ihrem Lieblingsrestaurant, das natürlich zu den teuersten der Stadt gehörte, sie war dort wohlbekannt und bekam noch fünf Minuten vor sieben einen Tisch. Das lag an ihrem Charme, ihrem Auftreten und den generösen Trinkgeldern, die sie gab.

Von nun an begann sie ernsthaft darüber nachzudenken, wie sie ihre Lebensumstände wieder verbessern konnte, vor allem um Florians willen. Wenn sie alle einmal von diesem Bestseller leben wollten, mußte etwas geschehen, um die Schaffenskraft des Dichters zu fördern.

So kam sie an den Rauschgifthändler. Sie war ja nun auch nicht mehr die Jüngste, und die Auswahl war nicht mehr groß. Es war ein wirkliches Opfer, das sie der Familie brachte, denn nun war sie keine Baronin mehr, obwohl die meisten Leute, die sie kannten, der Einfachheit halber bei der Anrede blieben, denn der Rauschgifthändler hieß Presmylanski.

Immerhin – Rauschgifthandel ernährt seinen Mann. Und damit die Familie.

Um keine Irrtümer aufkommen zu lassen, Isabelle nahm niemals Rauschgift, das hatte sie nicht nötig, sie war ohnedies immer bester Laune. Auch ihr Mann verschmähte seine eigene Ware, das hielt ihn gesund und munter und fit für das Geschäft.

Das Geschäft ging blendend, zumal man keine Steuern zahlen mußte. Sie lebten alle großartig davon.

Nur die Studentin konnte das Nörgeln wieder einmal nicht lassen.

»Das paßt mir gar nicht«, ließ sie wissen. »Von diesem Scheißgeld rühre ich keinen Pfennig an.«

Aber sie bekam jetzt öfter von Florian Blumen, wenn er spät oder erst am nächsten Tag nach

Hause kam, auch mal ein neues Kleidchen, ein Kettchen um den Hals, die sie widerwillig zwar, aber dennoch entgegennahm. Um ihr Gewissen zu beruhigen, denn sie hatte eines, sagte sie, sie würde ihre Doktorarbeit darüber schreiben.
»Worüber?« fragte Florian.
»Über die verheerenden Zustände dieses spätkapitalistischen Zeitalters, in dem wir leben, über die Zwänge, die diese Zeit uns auferlegt und die diese Depressionen verursachen, die den Rauschgiftkonsum bedingen.«
Um das Thema gründlich zu studieren, probierte sie zunächst das Rauschgift, und dann beteiligte sie sich am Geschäft von Isabelles Mann. Studienhalber natürlich nur, um auch hier keine Irrtümer aufkommen zu lassen.
Leider hatte die Kriminalpolizei so gar kein Verständnis für die Voraussetzungen eines ernsthaften Studiums und einer fundierten wissenschaftlichen Arbeit. Als man Isabelles Mann eines Tages schnappte, wurde Florians Frau mitverhaftet und bekam zwei Jahre Knast.
»Es ist zu ungerecht«, erboste sich Florian. »Sie wollte doch bloß den Menschen helfen. Sie hat sich aufgeopfert für ihre Arbeit.«
»Wie recht du hast«, sagte Isabelle. »Aber so geht es nun mal zu auf dieser Welt, edle Menschen müssen immer am meisten leiden.«
»Was sollen wir bloß tun?« fragte Florian verzweifelt.
»Aber es ist doch alles in bester Ordnung, Schätzchen. Deine Frau hat jetzt Zeit, so lange sie sitzt, ihre Studien zu überdenken und in Ruhe ihre Doktorarbeit zu schreiben. Wenn sie heraus-

kommt, kann sie sofort promovieren. Was uns beide anbetrifft, so reicht es eine Weile, ich habe ein Konto in der Schweiz eröffnet. Ich dachte mir immer schon, es könnte mal was schiefgehen, also habe ich vorgesorgt. Zieh bloß kein Gesicht, das ist ganz legal. Denke bitte nicht, ich hätte den Staat um Steuern betrogen. Es ist steuerfreies Geld. Im Rauschgifthandel kann man gar keine Steuern zahlen, auch wenn man es noch so gerne möchte. Also! Und dieser Notgroschen, den ich transferiert habe, wird dir ermöglichen, in Ruhe deinen Bestseller zu schreiben.«
»Ich möchte wissen, worüber.«
»Wovon handelt denn das, was du bisher geschrieben hast?«
»Von der Liebe.«
»Na, das ist doch schon mal sehr gut. Liebe läßt sich immer verkaufen. Allerdings – nur Liebe ist ein bißchen wenig.«
»Du meinst – Sex?«
»Ach nein, das ist ein ziemlich alter Hut, das hängt den Leuten schon zum Hals heraus. Bettgeschichten, gelesen, sind langweilig. Das ist nur spannend, wenn man sie selbst erlebt. Nein, ich weiß, was du machst. Du schreibst einfach alles auf, was wir erlebt haben. Diese ganze Rauschgiftaffäre, deine arme, unschuldige Tante, die sich für die Familie geopfert hat und einen Schurken ehelichte. Diese arme kleine Frau, die ein Opfer der Wissenschaft wurde. Diese ganzen verheerenden gesellschaftlichen Zustände, in denen wir leben. Kapitalismus und so. Und dank deiner Frau können wir auch auf den Putz hauen, was modernen Strafvollzug betrifft.«

»Davon wissen wir doch nichts, wir waren doch nicht drin.«
»Kannst du jeden Tag in der Zeitung lesen. Also Stoff haben wir jede Menge. Wir mixen alles schön durcheinander, fang mal gleich an, ich werde dir helfen, ich habe ja jetzt wieder Zeit. Und wir müssen das schreiben, solange wir es noch genau wissen. Der Mensch vergißt ja so schnell. Außerdem eilt es. Der Bestseller muß fertig sein, wenn wir mit unserem Geld fertig sind. Denn ob ich noch mal einen Mann finde? Immerhin bin ich jetzt . . .«
Den Rest verschluckte sie, über ihr Alter sprach Isabelle nie.
»Weißt du«, fuhr sie fort, »ich miete uns ein Häuschen im Tessin. Alle Bestsellerautoren leben im Tessin. Das gibt dir von vornherein das richtige Image. Paß auf, es wird ein großartiges Buch. Wenn das kein Bestseller wird, schlafen die Verleger.«
Verleger schlafen nie, sind immer hellwach, und nichts auf Erden interessiert sie mehr als ein neues, unverbrauchtes Talent. Soweit war Isabelle bereits in das Metier eingedrungen. Und von Werbung verstand sie mindestens so viel wie so ein alter gerissener Fuchs von Verleger, nur – das Buch mußte erst mal vorhanden sein. (So weit war sie in das Metier noch nicht eingedrungen, um zu wissen, daß sich am besten jene Bücher verkaufen lassen, die noch nicht geschrieben sind.)
Isabelle diktierte, Florian schrieb, in vier Monaten war das Buch vollendet. Währenddessen war Isabelle nicht müßig gewesen, hatte hier und da eine kleine Notiz an die Presse lanciert, das ent-

stehende Werk betreffend, den jungen Künstler ins Gespräch bringend. Freunde hatte sie noch immer an vielen Stellen sitzen. Übrigens nannte sie sich wieder Baronin, die Rauschgifthändlerehe hatte sie annullieren lassen, da sie glaubhaft hatte geltend machen können, daß sie vom verbrecherischen Treiben ihres Mannes keine Ahnung gehabt habe und sich sittlich so darüber empöre, daß sie keinerlei Unterhaltszahlung von dem Ehrlosen entgegenzunehmen gedenke.

Den Winter über war es im Tessin ziemlich langweilig gewesen, aber das war ihrer Arbeit gut bekommen. Sie hatten ein hübsches kleines Häuschen auf halber Höhe der Collina gemietet, mit einem herrlichen Blick auf See und Berge.

Minzerl, die natürlich dabei war, hatte sie gut verpflegt, was Isabelle einige Pfunde zuviel eingebracht hatte, und schlich im übrigen auf Zehenspitzen durchs Gelände, weil ihr das Bücherschreiben von ihrem geliebten Buben sehr imponierte.

Als der Frühling über den Lago Maggiore gezogen kam, saßen Isabelle und Florian vor dem fertigen Manuskript, sauber abgetippt von einer jungen Dame, die droben in Ronco saß, verlassen von ihrem Geliebten. In letzter Zeit hatte es ein kleines Techtelmechtel zwischen Florian und der einsamen Tipperin gegeben, allzuoft war er nach Ronco gefahren, um zu kontrollieren, wie weit die Arbeit fortgeschritten sei.

Isabelle sah es mit Mißtrauen. Noch einmal würde sie nicht dulden, daß Florian sich in ein mittelloses Mädchen verliebte. So gesehen war es gut, daß er eine Gattin besaß, wenn auch im Knast, die ihn

an weiteren Dummheiten hinderte. Er hatte nun mal ein romantisches Gemüt.
Nun kam es nur noch darauf an, einen Verleger zu finden. Einige Fäden hatte Isabelle schon gesponnen, so ganz fein, ganz hintenrum, aber nun mußte der junge Autor ganz geradeaus und mit großem Avec der staunenden Mitwelt präsentiert werden.
»Das machen wir in München«, sagte sie. »Wir setzen uns in die ›Vier Jahreszeiten‹ oder ins ›Conti‹, der Ferdl wird ein paar Pressemeldungen lancieren, er ist mir ja immer noch treu ergeben, und dann geben wir einen Empfang, wir laden Presse, Fernsehen, Lektoren und ein paar Verleger ein. Käferbuffet und so, wir machen das in ganz großem Stil. Das letzte Geld wird zwar dabei draufgehen, aber es muß sein.«
»In München?« fragte Florian gedehnt.
»So ist es. Dort kenne ich die richtigen Leute.«
Denn zwischenzeitlich war Isabelle auch einmal mit einem Chefredakteur verheiratet gewesen, mit dem sie immer engen Kontakt gehalten hatte, weil seine Verbindungen hier und da und jetzt erst recht sehr nützlich waren.
»München ist die richtige Stadt für so etwas. Erstens kommen sie dort aus dem Partymachen nicht heraus, und zweitens sitzen da eine Menge Verleger, und drittens, weil sie dort sitzen, kommen die anderen, die woanders sitzen, immer wieder hin. Verlaß dich nur auf mich, Schätzchen, ich manage dich schon richtig.«
»Mir gefällt es hier«, sagte Florian widerborstig und blickte auf den silberschimmernden See hinaus. »Gerade jetzt, wo es Frühling wird.«

»Wir kommen ja nachher wieder zurück. Aber denke ja nicht, daß ich es dulden werde, daß du diese Tränentüte in Ronco weiter tröstest. Du hast jetzt Wichtigeres zu tun.«
Sie übersiedelten also für einige Zeit nach München, und dort hatte Isabelle den Boden nach kurzer Zeit so vorbereitet, daß besagte Party steigen konnte, auf der alle Leute, die schon neugierig auf das unbekannte Talent waren, das sich da in der Stille entwickelt hatte, zu ihrem Recht kamen.
Es war ein gekonntes Fest. Die Presse schrieb darüber, und diejenigen Verleger, die noch nichts gewußt hatten, kamen sofort angerast. Wie der Fisch nach der Angel schnappten sie nach dem jungen Genie, und der zahlungskräftigste Fisch bekam das Script in die Hand.
Er war entzückt, dieser Verleger. Was für ein Stoff! Da war alles drin, was hineingehörte: die verheerenden gesellschaftlichen Zustände, die große Liebe, der romantische junge Mann, das arme, ungerecht verurteilte Mädchen, und über allem schwebte Isabelle, deren Lebensgeschichte geschickt in das Buch verflochten war, wobei denn auch einige pikante Szenen abfielen.
Bis zur Buchmesse im Herbst lag das Buch in allen Fenstern. Und natürlich wurde es ein Bestseller. Alle Leute kauften das Buch, es ging gar nicht anders, denn in jeder Zeitung, die sie aufschlugen, trafen sie auf Florians verträumten Samtblick, sie erblickten ihn an Litfaßsäulen und Plakatwänden, er lag in Hotelhallen, Eisenbahncoupés, auf Flugzeugsitzen. Und wie gut machte sich der Junge erst im Fernsehen, charmant, wohlerzogen, dabei

bescheiden, fast ein wenig schüchtern. Das war nach all den langhaarigen, großmäuligen, intellektuellen Schwätzern genau das, wovon lesende Menschen geträumt hatten. Das Buch stieg wie eine Rakete in den Himmel des Erfolges, eine Auflage nach der anderen mußte gedruckt werden, ausländische Verlage meldeten sich, ein Filmvertrag wurde geschlossen.
»Wir brauchen Erholung«, sprach Isabelle, nachdem der Winter mit Feten, Einladungen, Presseempfängen, Verlagsparties vergangen war. »Laß uns ins Ticino fahren.«
In Florians neuem großem Superschlitten machten sie sich auf die Reise, auf den Bergen lag noch Schnee, doch in Ascona hatte sich der Frühling mit leuchtender Blütenpracht schon häuslich eingerichtet.
Die Dame in Ronco war verzogen, sie hatte wohl einen hilfreichen anderen Tröster gefunden. Florian genoß Ruhe und Frieden, obwohl er auch hier allenthalben erkannt wurde und oft an einem Tischchen, auf der Piazza sitzend, Autogramme geben mußte.
Als sie vier Wochen der Erholung hinter sich hatten, sagte Isabelle eines Morgens, als sie beim Frühstück auf der Terrasse saßen, von Minzerl liebevoll umwieselt: »Es wird Zeit, daß du dir über dein nächstes Buch Gedanken machst.«
»Nächstes Buch? Was denn für ein nächstes Buch?«
»Wir können nicht bis ans Lebensende von einem Roman leben. So bald wie möglich muß dein zweites Buch auf den Markt kommen. Hast du vergessen, was dein Verleger gesagt hat?«

Dasselbe wie Isabelle hatte er gesagt.
»Schon wieder«, maulte Florian. »Immerzu arbeiten. Ich weiß auch nicht, was ich schreiben soll.«
»Es ist egal, was du schreibst. Du hast jetzt einen Namen, das genügt. Morgen fängst du an.«
»Ich weiß wirklich nicht, was ich schreiben soll.«
»Schätzchen, sei nicht so schwerfällig. Du hast es doch gesehen, am besten sind Geschichten, so richtig aus dem Leben gegriffen. Also, was schreiben wir? Was wir erlebt haben.«
»Aber das haben wir doch schon geschrieben.«
»Ich habe noch viel erlebt. Das ist noch lange nicht alles. Außerdem fangen wir diesmal von vorn an. Wir schreiben die Geschichte deines Großvaters. Nostalgie, das ist heute Mode. Die Geschichte eines anständigen, ehrlichen, fleißigen Mannes von vorgestern. Die Welt, in der er lebte. Seine Arbeit, seine Familie, sein bißchen bescheidener Sex. Und der Ärger mit seinen Kindern, die alles anders machten, als er es wollte. Ein ewiges Thema, das Generationsproblem, davon leben ganze Völkerscharen von Schriftstellern. Und natürlich nicht die verheerenden gesellschaftlichen Zustände vergessen, die von damals in diesem Fall. Wenn wir das gut einteilen, können wir drei Bände machen. Da haben wir für Jahre ausgesorgt. Übrigens, du hast jetzt genug Geld, du könntest die Revision für deine Frau beantragen. Wir können uns nun einen guten Anwalt leisten.«
»Ach, weißt du«, meinte Florian, »lieber nicht. Ich glaube nicht, daß wir ihr etwas Gutes damit tun. Es wird sie seelisch mehr befriedigen, ihre Strafe abzusitzen, so weit kenne ich sie ja. Außerdem hat sie wirklich mehr Ruhe zum Arbeiten, da, wo sie

jetzt ist. Und wir auch. Sie meckert mir bloß wieder in die Schreiberei hinein.«
»Wie du meinst, Schätzchen. Schließlich ist es deine Frau.«
»Kann sein, nicht mehr lange. Sie hat mir bei meinem letzten Besuch erzählt, daß sie Sozialhelferin werden möchte. Nicht mehr Lehrerin. Sie will sich hinfort um entlassene Strafgefangene kümmern. Da läge vieles im argen, sagt sie.«
»Nun«, meinte Isabelle spitz, »du kannst dich nicht extra ins Kittchen setzen, damit du für sie interessant bist.«
»Ist nicht nötig. Sie hat schon einen.«
»So?«
»Ja, dem schreibt sie, und wenn sie rauskommt, wird sie ihn resozialisieren. Das ist eine Lebensaufgabe, sagt sie.«
»Wie schön. Und du? Du hast nichts dagegen?«
»Ich? Gott bewahre! Ich werde doch dem Lebensglück meiner Frau nicht im Wege stehen. Außerdem bin ich der Meinung, daß jeder Mensch ein Recht auf seine eigene Entwicklung hat.«
»Wie wahr! Apropos, Schätzchen, wer ist eigentlich die aparte rothaarige Dame, mit der ich dich gestern auf der Piazza sitzen sah?«
»Sie heißt Paola und ist eine italienische Contessa.«
»Echt?«
»Es scheint so.«
»Ist sie reich?«
»Scheint so.«
»Sie war gut angezogen. Na gut, wir könnten sie hineinnehmen. Merk sie dir für den dritten Band vor, für das happy-end. Der Enkel heiratet die ita-

lienische Gräfin und bekommt sechs Kinder mit ihr, das gibt noch eine Menge Bände für die Zukunft. Sollte sie nicht echt sein, dann ist sie eben eine bezaubernde Hochstaplerin, das gäbe einen brauchbaren abenteuerlichen Touch. Rauschgift müssen wir diesmal weglassen, das haben wir schon verbraten. Wenn die Contessa nichts Abenteuerliches hergibt, müssen wir uns etwas ausdenken. Wir könnten unseren Nachbarn umbringen, diesen Fabrikanten aus Düsseldorf...«
»Aber Isabelle!«
»Im Roman natürlich nur. Wir bringen ihn um, und vorher erpressen wir ihn und...«
»Womit denn?«
»Womit, womit? Laß mich mal nachdenken. Beispielsweise könnte ich dich ja ermordet haben.«
»Mich?«
»Ja. Weil ich wußte, daß du mich enterben willst. Ich habe ein Verhältnis mit einem Bartender, und das paßt dir nicht. Du hast Ansichten wie dein Großvater und bist dagegen. Doch ehe du mich enterben kannst, kille ich dich, schmeiße dich in den See, und das hat der Düsseldorfer beobachtet.«
»Kann man eine Tante enterben?«
»Warum nicht? Wenn man keine weiteren Verwandten hat. Ich erbe also, und dann ermordet der Bartender mich, um seinerseits zu erben. Vorher muß ich ihn natürlich geheiratet haben.«
»Ich verbiete dir, einen Bartender zu heiraten. Dafür verdiene ich nicht das viele Geld.«
»Du bist sehr unsozial. Wir leben schließlich in einer klassenlosen Gesellschaft! Aber bitte, wie du willst, du bist der Autor. Dann ermorden wir eben

den Bartender. Er erpreßt dich. Und du erschlägst ihn mit dem heiligen Michael.«
»Mit wem?«
»Ach, das habe ich dir noch gar nicht erzählt. Ich habe neulich drüben in Lugano eine bezaubernde Holzschnitzerei gesehen. Fünfzehntes Jahrhundert. Hinreißend. Ein Michael. Ich habe ihn mir zurücklegen lassen.«
»Der ist doch bestimmt sehr teuer.«
»Sehr.«
»Ich wünschte, du würdest etwas sparsamer mit dem Geld umgehen.«
»Typisch dein Großvater. Nicht zu fassen, wie sich so was vererbt.«
»Außerdem halte ich es nicht für eine gute Idee, ausgerechnet mit einem heiligen Michael jemanden zu erschlagen. Noch dazu einen Bartender. Womit erpreßt mich denn der Kerl?«
»Nun, du könntest ja zum Beispiel ein Verhältnis mit der Frau unseres Nachbarn haben. Die aus Düsseldorf.«
»Mit der? Isabelle, das kann nicht dein Ernst sein.«
»Schätzchen, es ist wirklich schwer, dir etwas rechtzumachen. Im Buch machen wir sie sehr attraktiv. Ein bißchen dichterische Freiheit muß schließlich auch sein.«
»Das ist trotzdem kein Grund für diesen dämlichen Bartender, mich zu erpressen.«
»Der Ehemann kann ja sehr eifersüchtig sein.«
»Auf die?«
»Ich habe dir doch gesagt, wir machen eine tolle Frau aus ihr.«
»Ich will sie trotzdem nicht«, sagte Florian bockig.

»Außerdem denke ich, haben wir den Düsseldorfer schon längst ermordet. Wie kann er denn da noch eifersüchtig sein?«
»Gott, bist du schwer von Begriff. Das war das erste Konzept. Wir denken eben erst mal auf mehreren Gleisen, bis wir uns für die Handlung entscheiden.«
»Du hast gesagt, wir fangen mit dem Großvater an. Da hat der Düsseldorfer gar nichts dabei verloren. Und der Bartender schon dreimal nicht. Mein Großvater ist bestimmt nie in eine Bar gegangen.«
»Nein. Bestimmt nicht. Höchstens in ein Puff.«
»In ein . . . Bist du verrückt, Isabelle? Ich denke, er war so ein ehrbarer Mann.«
»Sicher. Aber irgendwo muß er sich doch mal amüsiert haben. Früher gingen die Männer für so was ins Puff.«
»Weißt du das bestimmt?«
»Was?«
»Daß er da hingegangen ist?«
»Ich weiß gar nichts, ich hoffe bloß, daß er gelegentlich mal ein wenig . . . ein wenig, na, sagen wir, Entspannung gesucht hat.«
»Er geht *nicht* ins Puff. So etwas schreibe ich nicht. Daß du dir klar darüber bist.«
Florians Stimme klang männlich und entschieden, eine leichte, ganz neue Härte war seinem Samtblick beigemischt.
»Wie du willst, Schätzchen, du bist der Autor. Soll das heißen, daß du diesmal allein schreibst? Darf ich dir nicht mehr helfen??«
»Ein wenig darfst du«, sprach der Autor gnädig. »Manchmal hast du ja ganz nette Einfälle. Du

mußt lernen, sie zu kontrollieren. Nicht so ins Uferlose hineinfabulieren. Deine Phantasie kann einem wirklich angst machen.«
»Ich staune selber darüber. Da habe ich nun geheiratet und geheiratet, warum habe ich nicht einfach Bestseller geschrieben? Ich bin eben falsch erzogen worden, darum konnte ich mich nicht emanzipieren. Daran ist dein Großvater schuld. Immer diese gesellschaftlichen Zustände! Deine Frau hat schon recht. Emanzipation muß kräftig hinein in den ersten Band. Wie man die Mädchen früher nur zum Heiraten erzogen hat. Und was haben sie davon? Immer nur Ärger mit den Männern. Erst das Theater, bis man einen hat, und dann das doppelte Theater, bis man ihn wieder los ist. Mon dieu, was könnte ich alles zu diesem Thema schreiben!«
»Wenn man dich so hört, dann haben wir Stoff für zehn Romane. Greift nur hinein ins volle Menschenleben und so, das ist es.«
Am nächsten Tag fingen sie wirklich an zu schreiben. Und wenn sie nicht gestorben sind, dann sitzen sie heute noch und auch noch in naher und ferner Zukunft am Lago Maggiore, möglicherweise auch in München oder anderswo, und schreiben Geschichten, so richtig aus dem Leben gegriffen. Bestseller eben.
Nur keinen Neid. Wer kann, der kann.

# Der verlorene Vater

Die Geschichte vom verlorenen Sohn kennt jeder. Sie steht schon in der Bibel und ist jederzeit noch für eine eindrucksvolle Sonntagspredigt gut. Mit ihren psychologischen Deutungen und pädagogischen Schlußfolgerungen, mit allem Drum und Dran ist sie außerordentlich lehrreich für das tägliche Leben. Überdies wurde sie in der Literatur immer wieder als Vorlage benutzt, angefangen beim trutzigen Rebellen, der Vaterhaus und Mutterbrust verläßt und auszieht, die Welt zu verbessern, bis zum verdorbenen Früchtchen am Familienbaum, das schlicht mit der Ladenkasse durchgeht.

Die Geschichte vom verlorenen Vater ist so selten auch nicht. Was dem einen recht ist, sei dem anderen billig. Das Familienoberhaupt, dem eines Tages die ganze Sippe und die damit verbundenen Pflichten zum Halse heraushängen und das kurzentschlossen das Weite sucht, hat es auch schon öfter gegeben. Je größer das Land, um so leichter ist es, unterzutauchen. Amerika, zum Beispiel, das Land der unbegrenzten Möglichkeiten, kennt sie haufenweise, die Männer, die eben mal schnell zum Zigarettenholen gehen und nie wiederkehren.

Otmar Wehlen, von dem ich hier erzählen will, ist dennoch ein recht absonderlicher Fall. Denn nichts in seinem bisherigen Leben wies darauf hin, daß ihm selbiges nicht gefiel, und nichts in seinem Charakter ließ ahnen, daß er imstande war, Tabula rasa zu machen und alles, was sein Leben bedeutete, von heute auf morgen im Stich zu lassen.
Der Fall erregte Ärgernis und Aufsehen, denn Otmar war ein ehrbarer, anständiger, rundherum beliebter und respektierter Zeitgenosse, an dem kein Fehl zu entdecken war.
Er war Buchhändler in einer angenehmen kleinen Stadt, gelegen in einer lieblichen Landschaft, die berühmt war für gute Luft und heilsame Quellen – mit einem Wort, es handelt sich um einen bekannten, vielbesuchten Kurort, um ein Heilbad mit gepflegten Hotels, eleganten Läden, gutem Publikum.
Wer sich in der Branche ein wenig auskennt, wird wissen, wie gut es sich als Buchhändler in einem solchen Ort leben läßt. Kurgäste haben Zeit und Muße, und was tun sie am liebsten? Sie lesen. Sie lesen Best- und andere -seller, Taschenbücher, Kunstbücher, Heimatbücher der Region und natürlich viel Medizinisches und Biologisches, wozu die Kur anregt. Außerdem kaufen sie Zeitungen, Zeitschriften, Ansichtskarten, Landkarten, Radweg- und Wanderkarten, und manche lesen nun endlich das, was sie schon immer lesen wollten: gehobene Literatur.
Letztere waren Otmars liebste Kunden, denn er war ein kluger, gebildeter und verständlicherweise belesener Mann, der seinen Beruf mit Hin-

gabe, geradezu passioniert ausübte. Nach seiner Lehrzeit hatte er verschiedenerorts und in mancherlei Stellungen Überblick und Erfahrung gesammelt, bis er schließlich im jugendfrischen Alter von zweiundvierzig besagte Buchhandlung erwarb, die zum Verkauf stand.

Alles verlief zufriedenstellend, er zahlte pünktlich die Tilgungszinsen seines Kredits, schon im zweiten Jahr hatte er sich einen größeren Wagen leisten können, im fünften Jahr baute er ein Haus, im sechsten wurde er gar in den Stadtrat gewählt und gehörte auch dem Kuratorium zur Entwicklung jener Kurstadt an.

Nicht nur die Kurgäste ließen das Geschäft florieren, auch die ortsansässige Bevölkerung stellte einen zuverlässigen Kundenstamm, nette, gebildete Menschen, wie sie in Badeorten siedeln, dazu eine beachtliche Zahl reiferer bis älterer Leute, die sich diesen Ort als Alterssitz erwählt hatten, der Gesundheit zuliebe oder einfach deswegen, weil es ihnen hier gefiel. Das waren besonders gute Kunden, sie lasen viel, denn sie hatten viel Zeit und waren zumeist gut betucht. Und vor allem schätzten sie das sachverständige Gespräch mit ihrem Buchhändler, der selbstredend immer Zeit für sie hatte.

Alles in allem mußte man annehmen, daß Otmar mit seinem Leben zufrieden sei. Und so war es auch. Oder schien es nur so?

Darüber grübelte seine Frau nach seinem Verschwinden nächtelang nach. Sie versuchte sich daran zu erinnern, worüber er verärgert gewesen war, wann ungeduldig, wovon belästigt, bei welcher Gelegenheit er Überdruß gezeigt hatte. Aber es fiel ihr nichts ein. Natürlich hatte er hier und da mal über den Geschäftsgang gemeckert, beispielsweise, wenn an einem Tag nur Taschenbücher oder Illustrierte verkauft worden waren, das grämte ihn, und das war sein gutes Recht als Geschäftsmann. Außerdem gehört Meckern zum Habitus eines Händlers, der geistige Ware vertreibt, würde so einer nicht meckern, wäre er nicht normal.

Da er selber anspruchsvolle und vor allem besinnliche Dichtung bevorzugte, verkaufte er nur mit Überwindung jene Bücher, die auf Bestsellerlisten verzeichnet waren, Thriller oder Sexhits waren ihm ein Greuel. Den Verkauf dieser Ware überließ er, wenn es irgend ging, seinen Gehilfinnen, aber die waren im Umgang mit ihm so unerhört hochgestochen geworden, daß auch sie nur mit leicht angeekelter Miene solchem Tun oblagen. Seine Frau war da realistischer. Man solle jedem seinen Geschmack lassen, sagte sie, und außerdem müsse die Kasse stimmen.

Jeder mag nun selbst entscheiden, ob er es für möglich gehalten hätte, daß dieser höfliche, leise Herr mit der goldgefaßten Brille und dem leicht ergrauten Haar eines Tages auf und davon gehen würde.

Dem aufmerksamen Beobachter wären vielleicht einige Anzeichen im Laufe der Jahre aufgefallen. So die Vorliebe für schnelle Wagen, die Otmar eigentlich gar nicht brauchte und die unnötiges Geld verschlangen. Oder die ausgedehnten Reisen, die er unternahm, und zwar stets allein.

Daran war weiter nichts Bemerkenswertes: einer mußte ja im Geschäft bleiben, was seine Frau auch einsah, die sich klaglos damit abgefunden hatte, daß er zweimal im Jahr, immer wenn die Saison abflaute, sein Auto polierte und einfach davonrauschte.

Sie meinte nur, er könnte wenigstens die Kinder oder eins davon mitnehmen. Aber listigerweise ging er immer dann auf Reisen, wenn die Kinder Schule hatten. Auch das ergab sich von selbst, es hing, wie gesagt, mit der Saison zusammen.

Er fuhr immer nach fashionablen Orten, wo der Sage nach das süße Leben praktiziert wurde – nach Sylt oder nach St. Moritz, nach Ascona oder an die Côte d'Azur, um nur einige seiner Reiseziele zu nennen. Oder auch nach Rom, Paris und London, dies der Kunst wegen. Europa jedoch hatte er noch nie verlassen, er sprach auch nicht davon, daß er diesen Wunsch hegte.

Wenn er wieder nach Hause kam, erzählte er von Notre Dame, dem Louvre, der Westminster Abbey, dem Petersdom, von Brandungsrauschen und Sonnenuntergängen, von Museen, Klöstern, Schlössern und Kathedralen. Sonst erzählte er nichts.

Fragte seine Frau Traudl dann (eigentlich Gertraude, aber sie wurde nur Traudl genannt): »Hast du auch ordentlich gewohnt?«, winkte er ab.

»Bescheiden. Ich mache mir nichts aus großen Hotels, das weißt du ja.«

Oder wenn sie sich erkundigte: »Hast du denn ein paar nette Leute kennengelernt?«, hob er abwehrend die Hand.

»Um Gottes willen! Leute! Ich bin froh, wenn ich mal meine Ruhe habe und nicht reden muß. Leute habe ich das ganze Jahr im Geschäft.«

Er schien nicht viel Geld auf diesen Reisen zu verbrauchen, wie Traudl den Kontoauszügen entnehmen konnte. Daher auch immer ihre besorgte Frage nach seiner Unterkunft.
Was sie nicht wußte, was keiner wußte: Otmar wohnte nur in den besten Hotels, das heißt, soweit sie seine Möglichkeiten nicht total überstiegen. Er spielte mit Ausdauer und nicht ohne Glück in jedem Casino, das ihm am Wege lag, und dann reichte es manchmal auch für die ganz große Luxusklasse. Nach ›netten Leuten‹ hielt er immer Ausschau. Um es zu spezifizieren, ausschließlich nach netten Leuten weiblichen Geschlechts. Hier war er nicht immer vom Glück begünstigt. Der große Wagen konnte zwar gelegentlich hilfreich sein, aber zunehmend weniger, nachdem immer mehr Männer große Wagen fuhren und die Frauen, auf die es ihm ankam, ebenso. Kurz, ein erfahrener Beobachter hätte längst feststellen können, daß Otmar zum Doppelleben neigte, daß etwas in ihm herumwurlte, was zu seinem alltäglichen Dasein nicht paßte. Aber wer hätte es beobachten sollen? Er war ja allein auf diesen Reisen.
Lustigerweise lebte er auf diesen Reisen so wie die Helden jener Bücher, die er absolut nicht lesen mochte. Blieb noch die Frage zu klären, wie er sich das finanziell ermöglichte. Die Lösung war ganz einfach: wie er gern im Casino spielte, so spekulierte er leidenschaftlich an der Börse, und auch das mit Glück und mit Hilfe eines gewieften Brokers, der in Frankfurt saß. Ebenda verfügte Otmar über ein Bankkonto, von dem keiner wußte, entstanden aus einem schon Jahre zurückliegenden, relativ bescheidenen Lottogewinn, den er geschickt

vermehrt hatte. Latent war alles, was später geschah, längst in seinem Wesen vorhanden. Was aber keiner wußte, und schon gar nicht seine Frau.
Sie war gewiß nicht dumm, auch nicht über die Maßen harmlos, aber er hatte ihr nie den leisesten Anlaß gegeben, an seiner Aufrichtigkeit, an seiner Treue zu zweifeln. Ein erstklassiger Buchhändler, der seine Arbeit liebte, ein vorbildlicher Ehemann und Vater, bei allen, die ihn kannten, respektiert und angesehen. Sein Sexleben war immer normal und durchaus nicht überdimensional gewesen. Seine Frau konnte sich weder in dieser noch in anderer Beziehung über ihn beklagen, er hatte sie stets wissen lassen, daß er sie schätze und liebe. Traudl war also kein Vorwurf zu machen.
Überdies war sie natürlich restlos ausgelastet – das Haus, der Haushalt, der Mann, die Kinder, das Geschäft, es war ein voll ausgefülltes Leben.
Als Otmar von der Bildfläche verschwand, war er dreiundfünfzig, ein gefährliches Alter, wie jeder weiß. Traudl war genau zehn Jahre jünger und noch sehr ansehnlich. Die Kinder, es waren drei, waren siebzehn, vierzehn und elf Jahre alt.
Nun war es durchaus nicht so, daß seinem Verschwinden anfangs etwas Dramatisches anhaftete. Es war die erste Novemberwoche, und um diese Zeit unternahm er jedes Jahr seine Herbstreise.
Diesmal wollte er nach Sizilien – der Staufer Friedrich II. war sein Studienobjekt.
»Sizilien? Das ist aber sehr weit«, hatte Traudl gemeint. »Du willst wirklich diese Riesenstrecke mit dem Wagen fahren?«

»Um diese Zeit sind die Straßen leer.«
»Da unten wird doch so viel geklaut.«
»Ich werde achtgeben.«
»Und wenn sie dir den Wagen aufbrechen?«
»Ich stelle ihn immer in eine Garage.«
Einige Tage vor seiner Abreise hatte im Kursaal noch eine Lesung stattgefunden. Solche Abende veranstaltete Otmar von Zeit zu Zeit, und sie waren sowohl bei den Kurgästen wie bei den Einheimischen recht beliebt. Die Dame, die diesmal las, war noch nicht sehr bekannt, sie hatte erst zwei Bücher veröffentlicht, die nicht gerade umwerfende Erfolge gewesen waren. Normalerweise wäre die Veranstaltung darum schlecht besucht gewesen, aber da um diese Jahreszeit nicht mehr allzuviel geboten wurde, auch das Fernsehprogramm war an diesem Abend reizlos, waren mehr Leute im Saal, als Otmar erwartet hatte.
Was der Autorin an Berühmtheit fehlte, machte sie durch gutes Aussehen wett. Sie war schlank, bewegte sich mit lässiger Anmut, konnte wunderschön unter ihren langen künstlichen Wimpern hervorblicken und mit lässiger Gebärde das lange blonde Haar erst über die Stirn fallen lassen und dann wieder zurückwerfen. Man war so damit beschäftigt, ihr zuzusehen, daß man weiter nicht darauf achtete, was sie las.
Wie üblich lud Otmar die Künstlerin nach der Lesung zum Abendessen in eine Weinstube ein, natürlich war Traudl dabei, die Erste Gehilfin der Buchhandlung, der Stellvertreter vom Kurdirektor mit Frau, der Herr von der örtlichen Presse – es gab nur einen – und an diesem Abend auch Max Morwitz, der sich selbst eingeladen hatte.

Max war mit Otmar befreundet, obwohl er sich für Literatur nicht im geringsten interessierte, er las so gut wie nie ein Buch. Er besaß ein gutgehendes Textilhaus am Ort und war am Abend gern unterwegs, hier ein Stammtisch, dort eine Runde, ein Club, ein Fest, eine Party, ein paar Ohren voll Kurkonzert – irgend etwas fand er immer, was ihn von zu Hause fernhielt, denn im Gegensatz zu Otmar war seine Ehe nicht die beste.

War im Kursaal etwas los, pflegte er hineinzuschauen; handelte es sich um eine Lesung oder Kammermusik, verschwand er sogleich wieder. An diesem Abend war er geblieben, fasziniert von der blonden Frau, die eigentlich viel zu hübsch war, als daß sie es nötig gehabt hätte, Bücher zu schreiben.

Taktloserweise machte er eine Bemerkung dieser Art, als sie bei der dritten Flasche Wein saßen. Otmar schüttelte indigniert den Kopf, die schöne Autorin lächelte.

»Haben Sie denn immer häßliche Autorinnen hier zu Lesungen gehabt?«

»Keineswegs«, beeilte sich Max zu versichern. »Da waren höchst interessante Frauen dabei. Wobei ich allerdings zugeben muß, gnädige Frau, so attraktiv wie Sie habe ich noch keine am Lesepult erlebt.«

Traudl lachte ihn ungeniert aus.

»Du hast überhaupt noch keine am Lesepult erlebt. Weil du gar nicht gekommen bist.«

»Ich habe immer hineingeschaut«, verteidigte sich Max.

»Aber heute hat er sich hingesetzt und zugehört«, sagte Otmar amüsiert.

»Wahrhaftig?« fragte die Blonde spöttisch. »Richtiggehend zugehört? Das ist mir eine Ehre.«
Max fürchtete, sie könnte ihn fragen, was sie denn gelesen habe, aber das ersparte sie sich, sie wußte ohnedies, daß er *nicht* zugehört hatte. Sie war sich klar über ihre Wirkung auf Männer, genauso klar wie über ihre geringe literarische Präsenz.
Das machte ihr jedoch weiter keine Kopfschmerzen, denn sie war ehrgeizig und fest entschlossen, es auch auf diesem Gebiet noch weit zu bringen.
»Haben Sie denn schon einmal ein Buch von mir gelesen?«
Max schüttelte in übertriebenem Bedauern den halbkahlen Kopf.
»Leider. Ein vielbeschäftigter Geschäftsmann kommt kaum zum Lesen. Aber morgen werde ich mir sofort eins holen, bei meinem Freund Wehlen.«
»Kommen Sie am Vormittag um elf. Da bin ich da und werde Ihnen ein Buch signieren.«
Otmar hatte auch kein Buch von ihr gelesen, sie schrieb diese Art von Büchern, die ihn nicht interessierten. Seine Erste Gehilfin hatte in das neueste Buch hineingeblickt und gemeint, es sei doch recht seicht. Traudl hingegen hatte es mit Vergnügen gelesen.
»Na ja«, hatte sie gesagt, »vielleicht ein wenig oberflächlich geschrieben und sprachlich nicht besonders anspruchsvoll. Aber es stehen allerhand gescheite Sachen drin. Eine Frau, die das Leben kennt.«
An diesem Abend geschah nichts Besonderes, die Autorin flirtete mit Otmar nicht mehr als mit jedem anderen Mann, der am Tisch saß, und den-

noch brachte Traudl später sein Verschwinden mit dieser Frau in Zusammenhang.

Mit seiner Abreise ging es dann auf einmal sehr plötzlich. Schon am nächsten Morgen erklärte er, daß er zwei Tage später reisen werde.

»Ich dachte, erst Ende der Woche«, wunderte sich Traudl.

»Es liegt nichts Wichtiges vor. Ich könnte morgen schon fahren.«

Erstaunlicherweise nahm er weniger Gepäck mit als sonst, und als Traudl meinte, für drei Wochen brauche er doch mehr Wäsche und Oberhemden, sagte er, er könne sich ja unterwegs das Nötigste kaufen.

»Auf Sizilien?«

»Na, warum nicht? Sizilien liegt ja nicht auf dem Mond. Und in Italien gibt es besonders schöne Hemden. Kann sein, ich bleibe diesmal bloß vierzehn Tage.«

Vierzehn Tage bis drei Wochen blieb er immer, rechtzeitig zum einsetzenden Weihnachtsgeschäft war er wieder da.

Diesmal nicht. Er fuhr los, er war weg, und er blieb weg.

Zunächst fand keiner etwas dabei, es war eine weite Reise, und auch daß keine Post kam, irritierte Traudl nicht, man wußte ja, wie das so war mit der Post in Italien.

»Anrufen könnte er wenigstens mal«, sagte sie ungehalten nach zehn Tagen. »Das Telefon wird ja wohl in Italien schon erfunden sein.«

»Wenn ihm was passiert ist, werden wir es schon erfahren«, sagte Monika, die Älteste, wurschtig.

Auch nach vierzehn Tagen gab er nicht Laut, we-

der brieflich noch telefonisch noch telegrafisch, und nach drei Wochen war er noch immer nicht zurück.
Es wurde Dezember, auf der Kurpromenade lag ein wenig dekorativer Schnee, in den Schaufenstern erschienen Kerzen, Engelein und Glitzerzeug, in der Buchhandlung begann das Weihnachtsgeschäft anzulaufen, doch kein Otmar in Sicht. Traudl war nun verständlicherweise sehr beunruhigt. Die Kinder mit Maßen, wie Kinder das so an sich haben. Aber die Freunde und Bekannten fanden es merkwürdig, kamen im Laden vorbei und fragten, ob man etwas gehört hätte. Max Morwitz rief jeden Morgen und jeden Abend an, Traudl telefonierte mit ihrer Mutter, mit ihrer Schwester und mit dem Bruder ihres Mannes, die verstreut im Lande lebten. Otmars Bruder kam dann sogar angereist. Das war am siebzehnten Dezember, Traudl hatte schon einige Male geweint, und bei der Polizei war man auch gewesen, von dort war eine Anfrage an das italienische Konsulat der nächsten größeren Stadt ergangen – ergebnislos. Nichts. Keiner wußte, wo Otmar abgeblieben war.
»Das geht ja komisch zu bei euch«, meinte Otmars Bruder. »Er hätte dir doch zumindest das Hotel nennen müssen, in dem er absteigt.«
»Aber er hatte noch kein Hotel. Er meinte, um diese Jahreszeit brauche er nicht zu bestellen, da finde er immer was.«
Ging es wirklich komisch bei ihnen zu? Darüber dachte Traudl zum ersten Mal gründlich nach. Er hatte ihr auch früher nie gesagt, in welchen Hotels er wohnte. Er hatte angerufen von unterwegs, so

jeden zweiten oder dritten Tag, hatte gefragt: Wie geht's euch denn? Alles in Ordnung? Hatte zugehört, was sie berichtete, sagte dann vielleicht: Mir geht's ausgezeichnet. Interessante Reise. Also denn, tschüs, hören wir auf, sonst wird's zu teuer.
So war das immer gewesen, und sie hatte sich daran gewöhnt. Jetzt sagte sein Bruder: Bei euch geht's ja komisch zu. Traudl fand es auf einmal auch komisch. Er war weg gewesen, und sie hatte nie gewußt, wo er eigentlich war. Nur – er war ja immer wiedergekommen.
Weihnachten saßen sie zusammen wie die begossenen Pudel, die Kinder waren nun auch verstört, Traudls Mutter war gekommen und erging sich in düsteren Andeutungen. Eins stehe fest, sagte sie, wäre er am Leben und könne sich frei bewegen, hätte er ja wohl einen Weg gefunden, ihnen eine Nachricht zukommen zu lassen.
»Vielleicht hat ihn die Mafia entführt«, fürchtete Traudl.
»Blech!« sagte Gunter, der Vierzehnjährige. »Warum sollen die denn Vater entführen? Mit so was geben die sich doch nicht ab.«
»Gunter!«
»Ich meine, finanziell. Die wollen doch Lösegeld. Da muß einer mindestens Millionär sein.«
»Na, und wenn sie ihn entführt hätten«, sagte Monika, »hätten wir ja wohl was gehört. Wegen Lösegeld und so. Und wenn er tot wäre, hätten wir es auch erfahren.«
»Monika!«
»Ist doch logisch, Mutti. Er hat schließlich Papiere bei sich, Paß und Scheckbuch und Führerschein und alles.«

»Man kann ihn ausgeraubt haben.«
Gunter fand es denkbar. Ausgeraubt, alle Papier vernichtet, den Wagen umgespritzt und nach Marokko verhökert, den toten Vater nackt in eine Schlucht geschmissen. Nachdem er das genüßlich ausgemalt hatte, schluchzte seine Mutter. Oma rang die Hände, die elfjährige Babsi starrte ihn entsetzt an.
Nur Monika meinte gelassen: »So könnte es gelaufen sein.«
Das alles spielte sich am Heiligen Abend ab, und es ist leicht vorstellbar, in welchem Zustand sich Traudl befand. Darüber tröstete auch das fabelhafte Weihnachtsgeschäft nicht hinweg. Denn außer den normalen Kunden waren auch viele Neugierige in die Buchhandlung gekommen, die vom Verschwinden des Buchhändlers gehört hatten, es hatte sogar im heimischen Blättchen gestanden, und wer denn mal so vorbeikam, um zu sehen und zu hören, auch wenn er sonst nie eine Buchhandlung betrat, kaufte anstandshalber irgendwas, was den Umsatz zusätzlich erhöhte.
Ein erster Verdacht, daß alles ganz anders war, als sie sich das dachten, dämmerte Traudl in den ersten Tagen des neuen Jahres.
Da kam nämlich an einem trüben, frühdunklen Winternachmittag Max Morwitz, um sie zu besuchen. »Mal sehen, wie es geht und steht«, ließ er händereibend verlauten, und es war ihm deutlich anzumerken, daß er sich unbehaglich fühlte. Aber das war nach Lage der Dinge nur verständlich, und Traudl dachte sich nichts weiter dabei, erst als er ihr zuflüsterte, ob er sie wohl allein sprechen könne, fuhr ihr der Schreck in die Glieder.

Er wußte etwas. Er würde ihr sagen, daß Otmar tot war. Man hatte ihn geschickt, es ihr schonend beizubringen.
Sie wurde blaß, beherrschte sich wegen ihrer Mutter und wegen der Kinder.
Kaffee lehnte Max ab, akzeptierte aber den Cognac, den sie ihm anbot.
Traudl überlegte gerade, ob sie Max begleiten solle, wenn er ging, unter dem Vorwand, sie müsse unbedingt ein wenig an die Luft, aber da ließ ihre Mutter wissen, daß im Fernsehen jetzt eine von ihr geschätzte Serie lief, worauf sich die Familie ins Nebenzimmer vor den Fernseher verzog.
Traudl schenkte Cognac in die Gläser. Ihre Hand zitterte.
»Also! Was wolltest du mir sagen?«
Er warf einen Blick auf die offenstehende Tür ins Nebenzimmer, sie stand auf und schloß sie.
»Es ist mir sehr unangenehm, Traudl«, begann Max, aber sie unterbrach ihn sogleich.
»Schenk dir die Einleitung. Er ist tot, nicht wahr?«
Max schüttelte energisch den Kopf. »Nicht, daß ich wüßte. Ich habe nur etwas erfahren. Man hat seine Freunde, nicht? Also, ich habe etwas erfahren, was mich stutzig gemacht hat.«
Ein eisiges Gefühl stieg in Traudl hoch, eine furchtbare Angst vor dem, was sie zu hören bekommen würde. Sie wußte sofort, daß ihre Welt in Trümmer stürzen würde.
»Was hast du erfahren?«
»Ich sage dir das im Vertrauen. Weil ich meine, du solltest es wissen. Aber eigentlich ist da das Bankgeheimnis.«

»Ich verstehe nicht.«
»Ich bin gut befreundet mit unserem Bankdirektor. Wir sind im gleichen Club, wir spielen Golf zusammen...«
»Mein Gott, laß doch das Herumgerede.«
»Er dürfte nicht darüber sprechen, das ist ja klar. Aber wir waren Silvester zusammen bei einer Party, bißchen getrunken hatte er auch. Und wir sprachen von Otmar, das ist ja klar, alle sprechen von ihm. Und weißt du, was er gesagt hat? Otmar hat bei ihm keine Lire eingetauscht, sondern Dollar. Ich meine, weil er doch nach Italien fahren wollte. Und eine ganze Menge Geld hat er mitgenommen.«
»Lieber Himmel«, sagte Traudl, irgendwie erleichtert, »ich weiß genau, wieviel er mitgenommen hat. Und Lire – na ja, Dollar kann er doch überall umtauschen. Vielleicht ist das günstiger. Soviel ich weiß, darf man auch gar nicht so viel Lire mitnehmen.«
»Sicher. Aber wenigstens doch etwas. Und wozu braucht er Dollar? Er kann D-Mark in Italien eintauschen. Oder normalerweise hat der Mensch ein Scheckbuch. Aber es ist ja nicht ein einziger Scheck von ihm eingegangen. Hm, na ja, und dann, also dann hat er noch gesagt, daß Otmar –« Max zögerte, blickte Traudl unsicher an. »Also er hat gesagt, daß Otmar auf einer anderen Bank ein Konto hat. Er hat manchmal Geld dahin transferiert. Wußtest du das?«
»Nein. Was für eine Bank?«
»Nicht hier bei uns. In einer anderen Stadt. Er wollte mir aber nicht sagen, wo. Das Bankgeheimnis, das mußt du verstehen. Aber er hat auch

gesagt, wenn man weiter nichts von Otmar hört, würde er der Polizei davon Mitteilung machen müssen. Denn angenommen, auf diesem anderen Konto wären Schecks eingelaufen, dann wisse man doch wenigstens, wo er sei. Und ob er noch am Leben sei. Verstehst du?«
»Ich verstehe.«
Sie leerte abwesend ihr Glas, zündete sich eine Zigarette an.
»Wenn ich dich recht verstehe, willst du damit andeuten, daß Otmar absichtlich nicht nach Hause kommt.«
»Ich weiß es nicht. Und ich kann es mir auch nicht vorstellen. Aber irgendwie muß man der Sache auf den Grund gehen. Wir können doch nicht einfach hier sitzen und warten. Vielleicht ist er wirklich verunglückt oder krank, man muß doch etwas unternehmen.«
»Ja«, sagte Traudl langsam, »das muß man. Gunter meint, man könnte ihn ermordet haben. Die Mafia oder so was.«
»Er ist doch kein Objekt für diese Leute. Aber wie schrecklich für die Kinder, sich mit solchen Gedanken zu plagen. Ausgerechnet zu Weihnachten.«
»Das mit dem anderen Konto, das möchte ich wissen. Wenn dein Freund weiß, welche Bank und welche Stadt – also ich meine, dazu braucht er doch keine Polizei, das müßte doch von Bank zu Bank möglich sein. Es werden doch sicher manchmal Auskünfte eingeholt, das kann mir doch kein Mensch einreden, daß man da inoffiziell nicht etwas erfahren kann.«
»Ich werde mit ihm reden.«

Von diesem Tag an war Mißtrauen in Traudls Seele gesät und wuchs und gedieh auf erschrekkende Weise. Hatte sie sich vorher Sorgen gemacht, hatte sie Angst gehabt, unter schrecklichen Visionen gelitten, so dachte sie auf einmal ganz kühl, ganz sachlich über ihren verschwundenen Mann nach.
Und sie dachte, für eine Frau naheliegend, an eine andere Frau.
Sie hatten eine gute Ehe geführt, er hatte ihr niemals Anlaß gegeben, an seiner Treue zu zweifeln.
Treue – was für ein altmodischer Begriff. Also sagte man wohl besser, sie hatte nie an seiner Solidarität gezweifelt, ihr gegenüber, der Familie gegenüber. Daß er sich gern nach hübschen Frauen umsah, daß er eine gutaussehende Kundin gern selbst bediente, das hatte sie ihm nie übelgenommen. Welche Damen hier im Ort hatten sein Interesse erregt? Da war einmal die hübsche Apothekerin in der Marktapotheke, wo er gar zu gern einkaufen ging. Dann die schmale Dunkle, der der Antiquitätenladen auf der Kurpromenade gehörte. Und die fesche Kosmetikerin in der Parfümerie Belle Femme. Es gab mal einen ziemlich intensiven Flirt mit einer Frau, die hier zur Kur war, täglich in den Laden kam und mit der sie ihn auch auf der Terrasse des Kurhotels gesehen hatte. Aber das war zwei Jahre her. Wiedergekommen war sie nicht.
Das nicht, aber er konnte sie anderswo getroffen haben. Wenn er ein Konto auf einer anderen Bank in einem anderen Ort hatte, konnte er auch ein Rendezvous irgendwo haben. Wie oft war er im

letzten Jahr weggefahren, abgesehen mal von den Urlaubsreisen? Zur Erfa-Tagung nach Hamburg, ein Vortrag in der Buchhändlerschule, die Buchmesse. Alles berufliche Reisen. Zwei- oder dreimal nach Frankfurt, auch alles Sitzungen. Und dann natürlich seine Urlaubsreisen. Wer sagte ihr denn, daß er die immer allein gemacht hatte? Warum war sie eigentlich so dumm gewesen, das zu glauben? Er war ein geselliger Mann, er saß abends gern bei einem Glas Wein und wollte sich unterhalten. Und worüber hatte er sich mit ihr unterhalten? Über die Kinder, das Geschäft, die Bekannten aus dem Ort, na ja, die Neuerscheinungen und was eben mit der Arbeit zusammenhing.
Die Apothekerin, die Antiquitätenlady, die Kosmetikerin, sie waren alle noch da. Wenn es eine Frau gab, dann war sie nicht von hier. Und wenn sie von hier war, dann kannte sie sie nicht.
Auf die Autorin, die drei Tage vor seiner vorverlegten Abreise hier gelesen hatte, kam sie zunächst nicht, die hatte sie längst vergessen.
Von ihr sprach Max. Und zwar im Zusammenhang mit den Dollar.
Ende Januar wußten sie nämlich, daß Otmar ein ansehnliches Konto auf einer Großbank in Frankfurt gehabt hatte und daß er einen Tag nach seiner Abreise in Frankfurt gewesen war, das ganze Geld abgehoben und in Dollar umgewechselt hatte.
Und schließlich und endlich, unter Zuhilfenahme polizeilicher Ermittlungen, stellte sich heraus, daß ein Otmar Wehlen vom Rhein-Main-Flughafen nach New York geflogen war.
Daraufhin stellte die örtliche Polizeibehörde weitere Ermittlungen ein.

»Sie werden verstehen, Frau Wehlen«, sagte der Polizeichef der Stadt, der sich persönlich um den Fall kümmerte, weil er die Wehlens kannte, »daß dies kein Fall ist, den wir weiter verfolgen können. Ihr Mann hat Sie über das Ziel seiner Reise getäuscht, er hatte etwas anderes vor, aber weder ist das strafbar, noch liegt der Verdacht einer Entführung oder eines Verbrechens vor. Sie werden abwarten müssen, bis er zurückkommt oder sich meldet.« Mit einem verlegenen Lächeln fügte er tröstend hinzu: »So etwas kommt schon einmal vor, daß jemand, eh . . . nun, sagen wir, aus seinem Alltag ausbricht und etwas Ungewöhnliches unternimmt. Eines Tages werden Sie sicher von ihm hören.«
»Ich danke für Ihre Bemühungen«, sagte Traudl mit steifen Lippen. »Darf ich Sie bitten, diese . . . dieses Ergebnis Ihrer Ermittlungen für sich zu behalten?«
»Selbstverständlich.«
Auch sie sprach zu keinem darüber, weder zu ihrer Mutter, die noch immer da war, noch zu den Kindern oder zu Freunden und Bekannten. Die ewigen Fragen, Mutmaßungen, Mitleidsbekundungen wurden ihr sowieso immer lästiger, und jetzt erst recht.
Sie sprach nur mit Max darüber, er wußte ohnedies schon viel. Sie war sicher, daß sie von ihm Diskretion erwarten durfte.
Sie trafen sich an einem Abend in der Weinstube, die sie früher oft mit Otmar gemeinsam besucht hatten. In einer stillen Ecke, wo keiner sie belauschen konnte, erzählte sie ihm, was sie erfahren hatte.

»Drum die Dollars«, meinte Max versonnen. »Wo hat er bloß das Geld hergehabt? Das in Frankfurt, meine ich.«
Traudl hob die Schultern. Und dann brach es aus ihr heraus.
»Es ist widerlich. Einfach widerlich, wenn man von einem Menschen, mit dem man so lange zusammenlebt, so getäuscht wird. Es ist nicht wegen des Geldes. Aber daß er es verschwiegen hat. Ich traue ihm jetzt einfach alles zu. Fliegt nach Amerika. Einfach so. Mir erzählt er, er fährt nach Sizilien. Was ist eigentlich aus dem Auto geworden? Es war ein ganz neuer Wagen, das weißt du doch. Wie kann ein Mensch so lügen, sag mir das? Was habe ich denn verbrochen? Womit habe ich das verdient?«
Ihre Stimme war heiser vor Wut. Sie bangte nicht mehr um den Mann, sie haßte ihn. Sie fühlte sich zutiefst gedemütigt, und alles, was sie je für ihn empfunden hatte, alle Liebe, alle Gemeinsamkeit war mit einem Schlag vernichtet.
Max legte beruhigend seine Hand auf ihre.
»Ich verstehe es nicht. Im Zusammenhang mit Otmar ist das einfach unvorstellbar. Aber nehmen wir mal an, es ist so. Er ist einfach abgehaun. Ausgebrochen. Wieso und warum? Was war der Grund? War es ein spontaner Entschluß? Hat er es lange geplant? Was war zwischen euch? Ihr habt euch doch immer gut verstanden?«
»Das habe ich mir eingebildet«, sagte Traudl bitter.
»Das Geschäft ging gut, die Kinder sind in Ordnung. Warum also? Man schmeißt doch nicht einfach sein Leben weg.«

»Offenbar ist es möglich.«
»Ich bin bestimmt kein Kind von Traurigkeit, das weißt du. Und meine Ehe – na, schweigen wir davon. Ich habe meine Frau betrogen, ich glaube, das ist dir bekannt, sie trompetet es ja laut genug herum. Aber ich käme doch nie auf die Idee, alles stehen- und liegenzulassen und fortzulaufen. Einfach so. Man hat doch schließlich Aufgaben, Verpflichtungen. Ich verstehe es nicht.«
»Denkst du, daß er mich betrogen hat?«
»Ich hätte es nie gedacht. Es gab nicht den geringsten Anschein dafür. Er mochte hübsche Frauen, ja. Das tut jeder normale Mann. Und lieber Himmel, man macht mal einen Seitensprung, meinetwegen auch. Aber das ist es doch nicht.«
Max nahm grübelnd einen Schluck aus seinem Weinglas und ging im Geiste alle Frauen durch, von denen er wußte, daß sie Otmar gefallen haben könnten. Man sprach ja mal darüber unter Männern.
Schließlich blieb sein Blick an einem größeren Tisch am anderen Ende des Raumes haften.
»Die Blonde«, sagte er.
Traudl sah ihn verständnislos an.
»Was für eine Blonde?«
»Die Blonde mit den Klimperwimpern. Die da bei euch gelesen hat. Da drüben an dem Tisch haben wir gesessen, weißt du nicht mehr? Das war drei Tage bevor Otmar abreiste. Die hat mir erzählt, daß sie den Winter in Florida verbringen würde.«
»In Florida?«
»Ja. Sie hätte dort Freunde, die hätten ein wunderschönes Haus an einer Bucht. Und eine eigene

Yacht und was weiß ich noch. Dort könnte sie bleiben, so lange sie wolle, und dort würde sie in Ruhe ihren neuen Roman schreiben.«
»Das ist absurd!«
»Sicher. Fiel mir nur gerade so ein. Aber die war ein attraktives Frauenzimmer. Und ein Luder dazu. Vielleicht hatte er den Wunsch, mal als Muse zu fungieren. Nicht nur Romane zu verkaufen, sondern an einem mitzuwirken.«
»Du bist verrückt!«
»Eins werde ich jetzt feststellen. Was er mit dem Wagen gemacht hat.«
Er hatte den Wagen in Frankfurt verkauft, das bekam Max heraus. Und auch, daß die blonde Autorin in derselben Maschine geflogen war wie Otmar.
Eigentlich war nun alles klar. Jedenfalls für Traudl. Sie wurde kalt wie Eis. Griff nicht mehr jeden Morgen eilig nach der Post, rannte nicht zum Telefon, wenn es läutete. Und sie sprach nicht mehr von ihrem Mann. Was verständlicherweise die Kinder sehr verwirrte, denn sie wußten ja von alldem nichts.
Wenn sie von ihrem Vater sprachen, wies Traudl sie kurz ab.
»Aber wir müssen doch etwas unternehmen«, sagte Monika.
»Wir können nichts unternehmen«, erwiderte Traudl kühl. »Und ich will auch nicht.«
»Wir haben doch davon gesprochen, daß wir uns an die Deutsche Botschaft in Rom wenden wollen.«
»Ich habe nicht die Absicht, mich lächerlich zu machen.«

»Ich versteh dich nicht, Mutti. Es *muß* ihm doch etwas passiert sein«.
»Es ist ihm nichts passiert. Es geht ihm möglicherweise gut, vielleicht auch nicht, aber es interessiert mich nicht mehr.«
Monika blickte ihre Mutter fassungslos an.
»Was denkst du denn, was geschehen ist? Daß er uns verlassen hat? Absichtlich?«
»Ja. Das denke ich.«
»Aber das kannst du doch nicht denken. Ich finde das nicht richtig von dir.«
»Bitte, Monika, ich möchte nicht mehr darüber sprechen. Ihr solltet euch daran gewöhnen, daß ihr keinen Vater mehr habt.«
»Du machst mir Spaß!«
Monika sprach mit ihren Geschwistern nicht darüber, die erschienen ihr noch nicht reif genug, die ungeheuerliche Beschuldigung der Mutter zu begreifen. Sie sprach auch nicht mit ihrem Freund darüber, sie schämte sich. Sie dachte nur viel darüber nach und kam zu dem Schluß, daß ihre Mutter mehr wußte, als sie sagte.
Traudl reagierte auf die Verständnislosigkeit der Kinder mit Härte. Sie wurde still, abweisend, unfreundlich.
Das war die erste Phase. Oder besser gesagt, die zweite, nach den Sorgen und der Angst der ersten Wochen.
Sie war nun mehr im Geschäft tätig als früher, stellte noch eine Gehilfin an, als die Saison begann, arbeitete mehr denn je und gewann mit der Zeit eine neue Selbstsicherheit, eine kühle Überlegenheit, die sie früher nicht besessen hatte. Das war die dritte Phase. Und nachdem wieder eine

lange Zeit vergangen war, das war die vierte Phase, hatte sie sich innerlich von ihrem Mann gelöst. Oder sie glaubte jedenfalls, daß es so sei. Sie wollte es; und sie tat so, vor sich, vor den Kindern, vor den anderen, als hätte es ihn nie gegeben.
Naturgemäß war das schwer. Viel schwerer, als wenn Otmar eines anständigen Todes gestorben wäre. Eine Witwe zu sein war vergleichsweise eine einfache Position.
In dieser Zeit war sie sehr allein. Hart und unzugänglich war sie geworden, was ihr die Kinder entfremdete. Und später, sehr viel später, das war die fünfte Phase, gewann Traudl eine ruhige Gelassenheit, kein Zorn mehr, kein Gram, kein Haß – das Gefühl, das sie erfüllte, wenn sie an ihn dachte, war schwer zu deuten. Vielleicht konnte man es Mitleid nennen.
Sie dachte manchmal, fast heiter: Was machst du denn? Wo bist du denn?
Denn sie wußte mit Sicherheit, daß er am Leben war.

Als Monika mit der Schule fertig war und die Stadt verlassen wollte, um zu studieren, war ihre Mutter nahe daran, ihr zu erzählen, was sie wußte. Oder besser gesagt, was sie vermutete.
Aber das war noch die Zeit der Abkapselung, der abweisenden Härte, und Traudl brachte es nicht über sich, mit ihrer nun erwachsenen Tochter offen zu sprechen. Es wäre ihr zu albern vorgekommen, jetzt, drei Jahre später, von einer Frau zu sprechen, die einen Abend lang und dann noch zwei Stunden am Vormittag darauf bei ihnen ge-

wesen war, die Otmar allem Anschein nach nicht länger und nicht näher gekannt hatte als sie selbst und mit der er ihres Wissens kein Wort unter vier Augen gewechselt hatte. Es war unglaubwürdig, es war einfach lächerlich zu behaupten, er sei wegen dieser Frau und mit dieser Frau fortgelaufen. Es gab keinerlei Beweise, daß diese Frau schuld war an Otmars Ausbruch.
Monika hätte vermutlich gesagt: Du spinnst.
Traudls einziger Vertrauter in dieser Angelegenheit war Max, und er hatte dichtgehalten. Er hatte mit keinem Menschen über ihre Vermutungen gesprochen, das rechnete ihm Traudl hoch an.
Sie sprach auch mit ihm nicht mehr darüber. Anfangs hatten sie einmal gemeinsam erwogen, einen Privatdetektiv zu engagieren. Aber es würde viel Geld kosten, einen Mann nach Amerika zu schicken.
Und Traudl sagte: »Ich finde das blödsinnig. Das ist doch kein Krimi.«
Lästig waren lange Zeit die Fragen, Mutmaßungen und vor allem die Neugier der Bekannten und der Kunden gewesen. Vor allem den Kunden konnte Traudl nicht ausweichen. Kurgäste, die wiederkehrten und Otmar vermißten und endlose Fragen stellten. Besonders eine, eine ältere Dame, die jährlich wiederkam, gab keine Ruhe.
Sie hatte genügend Romane gelesen, um sich selbst welche auszudenken.
»Ich werde Ihnen sagen, was passiert ist, Frau Wehlen. Er hat einen Unfall gehabt und sein Gedächtnis verloren. Er irrt in der Welt herum und weiß nicht mehr, wer er ist. Glauben Sie mir, solche Fälle gibt es genügend. Erst neulich habe ich

ein Buch gelesen, da war so ein Fall ganz genau geschildert. Das war nämlich so ...«
Traudl hörte sich den Roman geduldig an und sagte dann: »Mein Mann hatte seinen Paß bei sich.«
Mit der Zeit flauten die Gespräche, die Fragen, die Neugier ab. Die Leute hatten sich daran gewöhnt, daß der Buchhändler Wehlen nicht mehr da war.
Der Laden war da. Der Laden ging gut. Traudl hatte sich merklich verändert. Sie war eine erstklassige Geschäftsfrau geworden, sie sah gut aus, kleidete sich außerordentlich geschmackvoll, war freundlich und gelassen, nachdem sie die Phase der Verbitterung überwunden hatte. Von ihrem Mann sprach sie nie.
Übrigens war drei Jahre nach Otmars Verschwinden ein neuer Roman jener Autorin erschienen, der sogar recht erfolgreich war. Das Buch war auch in ihrer Buchhandlung gut verkauft worden, und Traudl hatte es aufmerksam gelesen. Der Roman spielte in New York, Florida und Mexiko, war fesselnd geschrieben und gut zu lesen. Nichts in dem Buch, aber auch gar nichts, wies auf Otmar hin, es gab keinen einzigen Typ darin, der ihm ähnelte, kein winzigstes Handlungsfädchen, das sich an ihn anknüpfen ließ.
Durch den Erfolg des Buches las man gelegentlich in der Presse über die Autorin, einen Bericht, ein Interview, einmal war sie im Fernsehen erschienen.
Traudl hatte sich die Sendung angeschaut. Die Frau sah immer noch blendend aus, sie erzählte von ihren Reisen, sprach von weiteren Plänen, und man erfuhr auch, daß sie vor einiger Zeit geheira-

tet hatte, einen französischen Journalisten, mit dem sie seit Jahren befreundet war.
Und schließlich hatte Traudl kurz darauf die Blonde in Frankfurt auf der Buchmesse gesehen. Sie saß am Stand ihres Verlages, signierte, wurde fotografiert, wirkte genauso rasant wie damals an jenem Abend.
Traudl stand in einiger Entfernung und war versucht, hinzugehen und zu fragen: Was haben Sie mit meinem Mann gemacht? Wo ist er?
Doch dann drehte sie sich abrupt um und ging schnell fort. Alles Hirngespinste, lächerliche Einbildung. Das einzige Indiz, das wirklich einzige, das stichhaltig war: der gemeinsame Flug.
Das konnte Zufall sein, das konnte in Gottes Namen von ihm so arrangiert worden sein, das mußte keinerlei Folgen gehabt haben.

Die Zeit ließ das Gras des Vergessens über Otmar Wehlen wachsen, auch wenn es nicht auf seinem Grab wuchs.
Es vergingen mehr als sieben Jahre, bis sie wieder von ihm hörten.
In der Zwischenzeit war Max Morwitz überraschend an einem Herzinfarkt gestorben, Monika hatte im dritten Semester geheiratet und bereits ein Kind zur Welt gebracht, ihr Bruder Gunter hatte zu Traudls Ärger das Abitur nicht geschafft und machte eine Lehre in der Kurgärtnerei, wobei er sich sehr erfreulich entwickelte. Barbara, die Jünste, hatte gerade ihr Abitur bestanden, und zwar ein frühes und erstklassiges Abitur, und sie hatte sich endgültig dafür entschieden, Buchhändlerin zu werden. Alles in allem lief ihr Leben

in geregelten und ordentlichen Bahnen, wie früher auch, sie waren zufrieden, ausgeglichen, auch Traudl. Jetzt war sie es.
An einem Tag im Mai wurde sie fünfzig. Es war ein Sonntag, ein strahlender Maitag, keine Wolke am Himmel, der Kurpark, an dessen Pracht Gunter schon mitgewirkt hatte, war eine Augenweide. Kastanien und Flieder standen in voller Blüte, Goldregen leuchtete vor dem jungen Grün, die Rhododendren prunkten in den herrlichsten Farben, und auf den Beeten blühten die ersten Pfingstrosen auf.
Pfingstrosen hatten sie auch im Garten, auch Flieder und Schneeballen und Ranunkeln. Ein Strauß von Maiglöckchen, ihre Lieblingsblumen, hatten die Kinder Traudl auf den Frühstückstisch gestellt.
Am Nachmittag war der Kaffeetisch im Garten hinter dem Haus gedeckt, und alles, was an Familie und Freunden vorhanden war, hatte sich zu Traudls fünfzigstem eingefunden, auch ihre Mutter, ihre Schwester und natürlich Monika mit Mann und Baby und Schwiegereltern.
Sie waren vergnügt, festlich gestimmt, gelegentlich gerührt und feierten das Geburtstagskind.
An den verlorengegangenen Mann und Vater dachte keiner. Oder wenn einer an ihn dachte, sprach er nicht davon. Otmar war tot. Er war viel toter, als wenn er draußen auf dem Friedhof gelegen hätte, denn dann hätte man von ihm gesprochen, vermutlich.
Als gerade die Torten angeschnitten wurden und der Kaffee eingeschenkt war, klingelte drinnen im Haus das Telefon. Babsi, wie immer flink und auf-

merksam, verschwand im Haus. Die anderen hatten nicht weiter darauf geachtet, sie tranken den ersten Schluck, steckten die ersten Bissen in den Mund und redeten ansonsten kreuz und quer durcheinander, wie Familienmitglieder das so tun.
Da erschien Babsi unter der Tür, die ins Haus führte, und winkte ihrer Mutter.
»Für dich, Mutti.«
Auch da dachte sich keiner etwas dabei. Noch jemand, der gratulieren wollte, das Telefon hatte an diesem Tag schon oft geklingelt.
Traudl stand auf, ging zur Tür, unter der ihre Tochter stand, mit einem so merkwürdigen Gesichtsausdruck, daß Traudl stockte.
»Wer ist es denn?«
»Erschrick nicht, Mutti. Es ist Vater.«
Leicht gesagt: Erschrick nicht, Mutti.
Traudl wurde blaß, ihr Mund öffnete sich, sie starrte Babsi entgeistert an.
»Nein!«
»Doch. Er hat sich nicht mit Namen gemeldet. Aber ich habe seine Stimme erkannt.«
»Du irrst dich.«
»Nein.«
»Du kannst seine Stimme gar nicht mehr kennen.«
»Ich kenne sie doch. Komm rein! Die anderen brauchen das nicht zu merken.«
Benommen folgte Traudl ihrer Tochter ins Haus. Widerwillig. Sie hätte am liebsten gesagt: Ich will nicht.
Babsi schob ihr vorsorglich einen Sessel hin.
»Setz dich.«

Erst dann nahm sie den Hörer, sagte ruhig: »Ich verbinde mit Frau Wehlen«, und reichte Traudl den Hörer.
Er war es. Seine Stimme hatte sich wirklich nicht verändert.
Er sprach hastig, unsicher, durcheinander, zusammenhanglos. Aber es war seine Stimme.
Er sprach vom Geburtstag und daß er ihr gratulieren wolle, und er hoffe, es gehe ihr gut, und er wünsche ihr Gesundheit, und dann fragte er, schnell und ängstlich: »Du bist doch gesund?«
»Ja, ich bin gesund«, sagte Traudl, und das waren die ersten Worte, die sie sprach.
»Das ist gut«, sagte er. »Ich bin lange krank gewesen. Aber jetzt geht es wieder einigermaßen.« Und dann: »Ich denke so viel an dich.«
Darauf hätte sie ja nun erwidern können, daß sie davon nicht viel gemerkt habe und daß es auch kaum glaubhaft sei oder irgend etwas in dieser Art, aber sie fragte nur, ganz ruhig: »Wo bist du denn?«
»Ach, das ist ja egal«, erwiderte er, und sie darauf sehr bestimmt: »Ich möchte wissen, wo du bist, von wo aus du telefonierst.«
»Aus Frankfurt«, sagte er.
»Was machst du da?« fragte sie in einem Ton, als hätten sie sich vor einer Woche zum letztenmal gesprochen.
»Nichts.«
»Bist du allein.«
»Ich bin allein.«
»Dann steig in deinen Wagen und komm hierher.«
»Ich habe keinen Wagen.«

»Dann geh zum Bahnhof und sieh zu, daß du einen Zug bekommst, der in unsere Richtung fährt. Wir werden dich irgendwo abholen.«
»Das kann nicht dein Ernst sein.«
»Warum nicht? Ich möchte, daß du herkommst. Heute.«
Traudl blickte ihre Tochter Babsi an, die heftig nickte.
»Das kann doch nicht dein Ernst sein«, wiederholte er.
»Du hast eben mit Babsi gesprochen. Sie möchte auch, daß du kommst.«
»Das glaube ich nicht.«
»Möchtest du deine Kinder nicht wiedersehen?«
»Nein. Ich hätte Angst davor.«
»Hättest du auch Angst, mich zu sehen?«
»Ja«.
»Das ist verständlich«, sagte Traudl, und sie lächelte sogar. »Aber jedenfalls hattest du keine Angst, mit mir zu sprechen.«
»Ich wollte deine Stimme hören. Heute. Noch einmal. Es hätte keinen Sinn, dich zu bitten, mir zu verzeihen, das weiß ich.«
»Da hast du recht. Aber komm trotzdem.«
»Nein. Lebwohl. Vergiß mich.«
»Warte –«
»Ich habe keine Mark mehr. Das Gespräch ist gleich zu Ende.«
»Geh zum Bahnhof und komm hierher«, rief sie drängend.
»Ich habe kein Geld, mir eine Fahrkarte zu kaufen.«
Das raubte ihr für einen Augenblick die Fassung, aber gleich danach stieg eine Mischung von Wut

und Trotz in ihr auf, etwas ganz Lebendiges, ganz Stürmisches, wie sie es seit Jahren nicht empfunden hatte, erfüllte sie, machte sie stark und sicher, und sie schrie in den Apparat: »Zum Teufel, nimm dir ein Taxi und komm hierher. Und zwar sofort. Ich will es. Hörst du? Ich will es. Das bist du mir schuldig. Und ich werde . . .«
Da machte es klick, die Verbindung war getrennt.
Traudl hielt den Hörer fest umklammert, preßte ihn an ihr Ohr, als könne sie die Stimme zwingen, wiederzukommen.
»Was hat er gesagt?« fragte Babsi aufgeregt. »Kommt er?«
»Ich weiß nicht.«
»Du mußt den Hörer auflegen. Wenn er noch mal anruft, kriegt er keine Verbindung.«
»Er hat keine Mark mehr.«
»Er kann ja irgendwo wechseln. Wo ist er denn?«
»Angeblich in Frankfurt.«
»Na, da wird er leicht heute noch hier eintrudeln. Aber er kann doch nicht mit dem Taxi fahren, was soll denn das kosten? Da findet er schon noch einen Zug, der in unsere Gegend fährt. So weit ist das doch gar nicht.«
Traudl legte behutsam den Hörer auf die Gabel, sah ihre Tochter an und sah sie dennoch nicht.
»Er hat gesagt, er ist in Frankfurt. Es muß ja nicht stimmen.«
»Denkst du, er hat geschwindelt?«
»Ich weiß es nicht.«
»Das is'n Ding. Glaubst du, daß er kommt?«
»Ich weiß es nicht.« Dann schüttelte sie den Kopf.

»Nein, ich glaube nicht.« Und dann, nachdem sie eine Weile blicklos an die Wand gestarrt hatte: »Doch. Er kommt.«
Monika kam herein.
»Wo bleibt ihr denn? Der Kaffee wird kalt.«
»Moni«, rief Babsi aufgeregt, »was denkst du denn, wer angerufen hat?«
»Keinen Schimmer. Wer denn?«
»Vater.«
»Waaas?«
Traudl stand auf.
»Er hat angerufen, Monika. Das wissen nur wir drei. Ich möchte euch bitten, daß ihr nicht davon redet. Nicht jetzt. Nicht vor den anderen.«
»Was hat er denn gesagt?«
»Mutti hat gesagt, er soll herkommen. Er hat ihr gratuliert, denke ich mir. Und sie hat gesagt, er soll sich ein Taxi nehmen und herkommen.«
»Ein Taxi? Ist er denn in der Nähe?«
»In Frankfurt.«
»In Frankfurt? Babsi, du spinnst. Da kann er doch kein Taxi nehmen, das kostet doch ein Vermögen. Hat er denn keinen Wagen?«
»Eben. Mutti, hat er keinen Wagen?«
»Anscheinend nicht.«
»Kommt er denn nun?«
Traudl schüttelte langsam den Kopf.
»Nein. Er kommt nicht. Und er ist auch nicht in Frankfurt. Er hat gelogen.«
»Na, das paßt zu ihm«, sagte Monika in wegwerfendem Ton. »Konnte er sich die ganze Telefoniererei schenken. Hat er dir bloß die Stimmung verdorben. Von mir aus braucht er nicht zu kommen. Ich kann gut auf ihn verzichten.«

Traudl warf ihrer Ältesten einen kurzen Blick zu, aber sie schwieg. Sie versuchte, das Gespräch zu rekonstruieren.
Ich habe kein Geld, mir eine Fahrkarte zu kaufen. Das war nicht gelogen. Das nicht.
Doch das würde sie den Kindern nicht sagen.
»Kommt, wir gehen Kaffee trinken«, sagte sie ruhig. »Und haltet den Mund. Wir können später noch darüber reden.«
Dann saß sie also wieder im Garten unter den Geburtstagsgästen, sie trank Kaffee, sie aß auch ein Stück Kuchen, sie redete, gab Antwort, wenn auch einsilbig, und blickte in ihren blühenden Garten hinaus.
Er saß in Frankfurt oder wo auch immer, er hatte eine Mark gehabt, um zu telefonieren, aber kein Geld, um sich eine Fahrkarte zu kaufen. Das war absurd.
Wie mochte er aussehen? Vielleicht so, daß kein Taxifahrer ihn ohne Anzahlung eine längere Strecke fahren würde.
War sie nun die Siegerin? Fühlte sie sich großartig? Hatte sie Mitleid und Erbarmen, oder empfand sie Genugtuung? Sie wußte es selbst nicht. Eigentlich empfand sie gar nichts.
Sie sah über den Tisch hinweg, daß Monika mit ihrem Mann flüsterte, sah dessen erstauntes Gesicht. Monika konnte den Mund nicht halten.
Sie dachte an Max Morwitz. Wenn der noch lebte, den hätte sie jetzt angerufen und gefragt, was sie tun sollte. Sie konnte keinen fragen. Keiner konnte ihr einen Rat geben.
Aber plötzlich brauchte sie überhaupt keinen mehr zu fragen, denn sie wußte, was sie wollte.

Sie wollte, daß er kam.
In ihr war keine Spur von Zorn oder Haß, nicht mal Gekränktsein, nicht die winzigste Spur von Gehässigkeit oder Schadenfreude, nur der eine starke, überwältigende Wunsch: Komm!
Sie konnte die Stimmen der anderen nicht mehr ertragen, stand auf, ging durch den Garten bis zu seinem Ende. Dahinter lag eine Wiese.
Komm!
Du mußt kommen. Und zwar gleich. Heute. Sonst kommst du nie. Aber es ist Zeit, daß du heimkommst.
Sie spürte die Blicke der anderen, um den Kaffeetisch war es still geworden. Ihr Schwiegersohn würde es seinen Eltern gesagt haben. Sie wußten es nun alle.
Sie sind mir so was von egal, dachte sie.
Sie drehte sich um, lächelte. Ging lächelnd am Tisch vorbei, jemand sagte etwas zu ihr, sie gab keine Antwort.
Sie ging ins Haus und schloß mit Nachdruck die Tür hinter sich.
Im Wohnzimmer stellte sie sich ans Fenster und blickte auf die Straße hinaus.
Nach einer Weile kam Monika.
»Mutti! Komm raus. Laß dir doch den Tag nicht verderben. Denk nicht mehr dran.«
»Laß mich allein!«
»Mutti, hör doch mal . . .«
»Bitte, Monika, laß mich allein«, sagte sie scharf. »Ich komme später wieder hinaus. Ich muß jetzt eine Weile allein sein.«
»Es ist eine Gemeinheit von ihm«, sagte Monika erbost, »Fred sagt das auch. Eine Unverschämt-

heit, einfach hier anzurufen. Wer will denn von dem noch was wissen.«
Traudl fuhr gereizt herum.
»Raus!« schrie sie.
Monika hob die Schultern und verschwand.
Traudl stand am Fenster und starrte auf die Straße. Ich will, daß du kommst. Wenn du heute nicht kommst, brauchst du nie zu kommen. Morgen nicht. Nie.
Aber wenn du heute kommst, wirst du keinen Vorwurf hören. Keine Frage. Keine Klage.
Es vergingen drei Stunden, dann sah sie das Taxi vorfahren. Sie ging ganz ruhig, gerade aufgerichtet hinaus, ihr Herz klopfte, aber sie sah im Vorübergehen in den Spiegel, griff nach ihrer Brieftasche.
Er stand neben dem Taxi auf der Straße, er war blaß und hager, sein Haar ganz grau.
Sie bezahlte den Taxifahrer und gab ein großzügiges Trinkgeld. Der Wagen fuhr fort. Sie standen sich gegenüber auf der sonntagsstillen Straße, und sie dachte: Ob sie wohl aus den Fenstern sehen in den Nebenhäusern?
Sein Anzug war schäbig. Seine Mundwinkel bogen sich herab, es war kein Lächeln, es war eine Grimasse.
»Jetzt bin ich doch gekommen.«
»Das ist ein schönes Geburtstagsgeschenk für mich.«
»Das sagst *du*?«
»Das sage ich.«
»Das sagst du wirklich?«
Seine Lippen bebten, in seine Augen stiegen Tränen.
Das raubte auch ihr die Fassung. Sie krampfte die

Hände zu Fäusten und versuchte, das Schluchzen zu unterdrücken, das in ihr aufstieg.
Halb über die Schulter, durch einen Tränenschleier, sah sie, daß jemand unter der Haustür erschien.
»Komm«, sagte sie hastig und griff nach seiner Hand. »Laß uns ein paar Schritte gehen. Wird dir guttun nach der langen Fahrt. Und das Haus ist voller Besuch. Wir müssen erst ein paar Worte . . .«
Er ging neben ihr her, ohne sich umzublicken. Wie zwei Kinder, die weglaufen, gingen sie die Straße entlang. Hand in Hand.
»Ich werde nicht hineingehen«, sagte er. »Ich wollte dich nur sehen.«
»Du wirst hineingehen. Mit mir zusammen. Die ganze Familie ist da, und damit hast du es dann auf einmal hinter dir.«
Sie liefen weiter, das vorletzte Haus, das letzte Haus, dann kam die Wiese, drüben der Wald. Ein paar Kurgäste spazierten durch das Grün.
Sie blieben stehen.
»Mein Gott«, sagte er, »es sieht aus wie früher.«
»Warum sollte es anders aussehen? Hier durfte nie gebaut werden, das ist alles Kurgebiet. Warum hinkst du?«
»Ich habe vor zwei Jahren einen Unfall gehabt. Das Bein gebrochen. Es ist schlecht geheilt.«
»Hattest du keinen ordentlichen Arzt?«
»Ich hatte gar keinen Arzt.«
»So.«
»Es war in Kanada. In den Wäldern. Ich lebte dort in einer Blockhütte. Allein.«
»So.«

»Ich werde dir alles erzählen.«
»Du brauchst mir nichts zu erzählen. Aber du kannst es natürlich tun, wenn du willst.«
»Du wirst vor allen Dingen wissen wollen, warum ich fortging«, murmelte er.
»Ach, ich glaube, ich weiß es«, sagte sie leichthin. »Ein bißchen Überdruß, ein bißchen Abenteuerlust und eine Frau.«
»Es begann mit diesen Reisen«, sagte er eifrig. »Ich entfernte mich immer ein Stück mehr. Und es war immer schwieriger, heimzukommen. Ich wollte einmal das Ganze haben, verstehst du?«
Sie legte den Kopf in den Nacken, sie lachte. Sie sah in den Himmel hinauf, der blau und endlos war. »Verstehen? Ich weiß nicht, ob ich es verstehe. Hast du es nun gehabt, das Ganze?«
»Das konnte ich nicht haben. Weil *ich* nicht ganz war. Weil die eine Hälfte hiergeblieben war. Am Anfang dachte ich ja, ich komme zurück. Ein wenig später als gewöhnlich, aber dann komme ich zurück. Und dann war es zu spät. Ich wußte nicht, wie ich es erklären sollte. Ich war feige. Ich hatte Angst.«.
»Vor mir?«
»Hauptsächlich vor dir. Und dann lief die Zeit weiter. Und da wurde es immer schwieriger.«
Sie war versucht zu fragen: Und sie?
Aber sie hatte sich vorgenommen, nicht zu fragen. Nicht dies. Sie würde diese Frage nie stellen.
Doch er antwortete, ohne gefragt zu sein.
»Ich war sehr bald wieder allein.«
Sie schwieg auch darauf, doch er sagte voll Bitternis: »Ich kam mir so lächerlich vor.«
»Und da bist du immer weiter gelaufen.«

»Ja, da bin ich immer weiter gelaufen.«
»Weißt du«, sagte sie nach einer Weile, »das war für mich das Erstaunlichste an der ganzen Sache: daß ich dich nicht kannte. Daß ich so lange Zeit mit dir zusammenlebte und nichts von dir wußte. Ich bin erst später drauf gekommen, daß das so war.«
»Du kannst nicht sagen, daß du mich nicht kanntest. Du kanntest nur nicht alles von mir. Das war auch nicht möglich, weil ich mich selbst nicht kannte. Nicht ganz, meine ich.«
»Ja, das wird es sein.«
»Es war noch ein anderer Mensch in mir.«
»Vielleicht ist in jedem noch ein anderer. Vielleicht ist das so.«
Sie standen nebeneinander, blickten über die Wiese, schwiegen.
»Wollen wir jetzt nach Hause gehen?« fragte sie dann sanft und griff nach seiner Hand.
»Nein, ich kann nicht mitgehen.«
»Warum nicht?«
»Ich – ich schäme mich.«
»Wie dumm!« sagte sie und lächelte und griff seine Hand fester. »Komm!«
»Sie werden mich fragen –«
»Keiner wird es wagen, dich zu fragen. Nur ich habe das Recht dazu, und ich frage nicht. Wenn uns die Familie auf die Nerven fällt, setzen wir uns in den Wagen und fahren irgendwohin, wo wir ungestört sind. Es ist schließlich mein Geburtstag. Ich bin alt genug, zu tun, was ich will.«
»Du hast dich verändert«, sagte er staunend.
»Natürlich.« Sie lächelte. »Auch in mir war noch eine andere. Man kann unter Umständen selb-

ständiger und erfahrener werden, wenn man daheim bleibt in so einem kleinen Kaff, als wenn man weit in der Welt herumkommt.«
Sie sahen sich jetzt in die Augen.
»Äußerlich hast du dich nicht verändert«, sagte er. »Du bist überhaupt nicht älter geworden.«
»Vielen Dank. Aber das kann ich dir kaum glauben.«
»Du solltest mich fortschicken. Jetzt gleich. Aber ich will dir vorher noch eins sagen, auch wenn es unglaubhaft klingt: ich liebe dich.«
Traudl lächelte.
»Aber das glaube ich dir. Und nun komm! Die Familie platzt bestimmt schon vor Neugier.«
Sie gingen langsam die Straße entlang, nicht mehr Hand in Hand, aber dicht nebeneinander. Es dämmerte.
Die Haustür stand offen.
Die Geburtstagsgäste waren im Garten wie zuvor. Stumm und dumm blickten sie ihnen entgegen.
»Also so was!« rief Traudl, als sie in den Garten trat. »Ihr habt ja den Abendbrottisch noch nicht gedeckt. Ich möchte jetzt ein Glas Wein. Und einer muß sich um die kalten Platten kümmern. Mehr gibt es nicht zum Abendessen, ihr habt genug Kuchen gegessen.«
Sie schob ihren Arm unter Otmars Arm und drängte den Widerstrebenden neben sich her auf den Tisch zu.
»Gunter, geh mal in den Keller und hol den Wein. Du weißt ja, dein Vater trinkt am liebsten Frankenwein. Wir haben noch ein paar Flaschen unten. Die zweitoberste Reihe, du weißt ja Bescheid.«

Und sich umblickend, einen nach dem anderen musternd: »Na?«
»Das is'n Knüller«, sagte Gunter.
»Du sagst es. Soll keiner behaupten, ich hätte euch an meinem Geburtstag nichts zu bieten.«
Monika sprang auf und schob heftig ihren Stuhl zurück. »Ohne mich!«
Traudl blickte ihre älteste Tochter kühl an. »Wie du willst. Du bist ein erwachsener Mensch. Aber ich möchte gern, daß du bleibst.«
»Dieser Mann da, mit dem du da ankommst – also, man kommt sich ja wie ein Idiot vor.«
»Nun ja«, sagte Traudl gelassen, »das geht einem manchmal so.« Sie blickte wieder von einem zum anderen. »Hat sonst noch jemand Einwände? Wenn ihr lieber unter euch bleiben wollt, dann gehen wir woandershin zum Abendessen.«
Schweigen.
Und dann plötzlich ein Lachen. Babsi. Sie hatte auf den Stufen gesessen, die zur Terrasse führten, die Arme um die Knie geschlungen. Jetzt sprang sie auf.
»Nö. Bleibt mal lieber. Ich finde das mächtig interessant. Ich bin eben dabei, mich daran zu gewöhnen, einen Vater zu haben. Da kann man mich nicht gleich wieder unterbrechen, das wird mir seelisch zu strapaziös – ihr wißt doch, die junge Generation ist heutzutage nicht mehr so widerstandsfähig. Hallo, Vater. Ich bin Barbara. Und nun hol ich mal die Wurst und den Käse.« Sie lief ins Haus, im Vorüberlaufen knuffte sie ihren Bruder. »Los, du müde Flasche! Der Wein ist dein Job.«
Monika sah ihren Mann an, der hob hilflos die

Schultern. Er kannte natürlich die Geschichte, fand sie so bedeutend auch nicht. Außerdem war er eben dabei, sich daran zu gewöhnen, daß er einen Schwiegervater hatte.

Ehe einer noch etwas sagen konnte, etwas Gescheites oder etwas Dummes, erfüllte lautes Gedröhn den Garten. Babsi hatte ihr Transistorradio ins Küchenfenster gestellt und auf volle Lautstärke gedreht.

# Modell einer Großfamilie

Da hier immerzu von Familie die Rede ist, kann ich Ihnen ja mal meine Familiengeschichte erzählen. Die ist nämlich gar nicht so alltäglich. Am besten fange ich mit der Scheidung an.
Als meine Eltern sich scheiden ließen, war ich zehn. Ein halbes Jahr später heiratete mein Vater wieder, wie ich annehme, den Scheidungsgrund. Zwei Jahre später zog dann meine Mutter Gott sei Dank einen an Land, das war wichtig für ihren Seelenfrieden. So ganz leicht ist nicht mit ihr auszukommen, sie hat reichlich Temperament und kann allerhand laut werden. Das war wohl mit ein Grund, daß mein Vater die Kurve gekratzt hat, er ist nämlich ein Stiller. Jetzt hat er so ziemlich das Gegenteil. Ich habe zwar schon öfter gehört, daß Männer immer auf den gleichen Typ hereinfallen, aber bei meinem Vater ist das anders. Entweder ist er intelligenter als die meisten Männer – sehr intelligent sind sie ja an sich nicht –, oder aber er hatte von der Sorte meiner Mutter ein für allemal die Nase voll.
Die Neue ist so eine Art scheues Reh, sanft und leise, mit großen Unschuldsaugen und weichem braunem Haar. Recht hübsch, nichts gegen zu sagen.

Meine Mutter ist allerdings viel hübscher, sie sieht toll aus, wenn sie sich richtig aufzäumt. Sie ist groß und langbeinig, sehr blond, schräggestellte grüne Augen, klasse Figur. Ehe sie meinen Vater heiratete, hat sie als Mannequin und Fotomodell gearbeitet, was ich mir gut vorstellen kann. Mein Vater muß ganz hin und weg von ihr gewesen sein, er war damals ein junger Dozent und hatte von Frauen sicher keine Ahnung.
Wenn sie nicht so dumm gewesen wäre, zu heiraten und ein Kind zu kriegen, sagt meine Mutter, hätte sie ein Topmodell werden können und jede Menge Geld verdient. Kann durchaus sein. Aber das ist ja nun vorbei.
Die erste Zeit nach der Scheidung hatte ich ein Höllenleben bei ihr, sie war launisch, ständig gereizt, verbiestert, man konnte ihr nichts rechtmachen. Mit einem Wort: sie war unausstehlich. Deswegen blieb wohl auch keiner hängen von den Heinis, die ab und zu aufkreuzten, ein Stück unseren Lebensweg begleiteten und dann wieder in der Versenkung verschwanden. Sie hatte dann einen Job in einer Boutique, die ihrer Freundin gehört, von Mode verstand sie ja was, und dahin kam mal einer, der mit seiner Freundin einkaufen ging, und der Kitty sehen und sich in sie verknallen war eins. Kitty ist Mutter.
Kam wohl daher, daß sie sich den Kunden gegenüber sehr liebenswürdig geben mußte, das gehört ja dazu, dazu schick angezogen und mit ihrem Aussehen, also das funktionierte klaglos. Außerdem war die Scheidung eine Weile her, und sie bekriegte sich so langsam wieder.
Den hat sie dann geheiratet, ziemlich rasch sogar.

Er heißt Berti. Eigentlich Engelbert, echt wahr, der heißt wirklich so. Wir nennen ihn Berti.
Berti war auch schon mal verheiratet, da lebte er in Essen, Kinder sind irgendwo auch da. Aber von früher spricht er nicht gern. Jedenfalls, als wir ihn übernahmen, war er gerade dabei, sich eine neue Existenz aufzubauen. So nannte er das.
Er hatte eine Reinigungsfirma gegründet, falls Sie sich darunter etwas vorstellen können. Da beschäftigt er Leute, meist Türken und Jugoslawen und so, die kommen, wenn man sie bestellt, und machen sauber. Das ernährt einen Mann ganz gut. Macht aber auch Ärger, wie wir oft zu hören bekommen. Allein immer das Personal zusammenzukriegen und daß es dann auch anständige Leute sind, auf die man sich verlassen kann, und ordentlich bezahlen muß er sie auch, also wie gesagt, er muß sich da ziemlich dahinterklemmen. Aber die Sache läuft nicht schlecht, wir kommen ganz gut über die Runden. Finanziell, meine ich.
Mein Vater ist Professor an der Universität. Germanist. Kluger Mann, echt wahr.
Soweit meine Eltern. Jetzt kommen die Kinder. Verena, die Neue von meinem Vater, hat ziemlich schnell ein Kind gekriegt, da waren sie noch keine sechs Monate verheiratet. Es war ihr erstes Kind überhaupt, und sie tat sich ab damit, daß man nur den Kopf schütteln konnte. So was von einer Affenmutterliebe habe ich im Leben noch nicht gesehen. Um keinen Irrtum aufkommen zu lassen, ich mag Verena recht gern. In der ersten Zeit nach der Scheidung war ich immer froh, wenn ich meiner Mutter entkommen konnte. Ich habe damals viel geschwindelt, denn natürlich wollte sie nicht,

daß ich zu Paps und Verena ging oder höchstens ganz, ganz selten. Aber ich ging manchmal gleich nach der Schule hin, und Kitty erzählte ich dann, ich hätte noch Extrastunden gehabt oder ich wäre bei einer Freundin gewesen, Schularbeiten machen, oder wir wären mit der Schule zum Schwimmen gegangen, irgendwas in der Art. Mir fällt da mühelos was ein. Außerdem hat sie sich noch nie für meine Schule interessiert und sowieso keine Ahnung, wie der Unterricht läuft und wie lange. Sie war damals so ausführlich mit sich selbst und ihrer gekränkten Eitelkeit beschäftigt, daß sie nicht besonders auf mich achtgab.
Bei Verena bekam ich immer gut zu essen, und ich konnte mich auch prima mit ihr unterhalten. Sie hat Verständnis für Kinder. Damals war ich ja noch ein Kind. Oft war auch mein Vater da, wenn er nicht in der Uni zu tun hatte. Und mit meinem Vater bin ich sowieso unheimlich gern zusammen. Ist echt wahr, so komisch es klingt.
Eigentlich sollte ich ihn nur einmal im Monat, und zwar an einem Sonntag besuchen, das war bei der Scheidung so abgemacht worden.
Wir beide, mein Vater und ich, waren uns von vornherein darüber klar gewesen, daß wir uns daran nicht halten würden, also hatten wir Kitty den Spaß gelassen. Selbst diesen einen einzigen Sonntagsbesuch boykottierte sie nach Kräften, jedenfalls am Anfang. Da mußte sie unbedingt mit mir zum Wochenende wegfahren, oder es käme Besuch, erklärte sie, und wenn es gar nicht anders ging, stellte sie fest, daß ich schlecht aussähe und wohl krank sein müßte. Ich gab meist nach, ich sah Vater oft genug.

Als sie dann wußte, daß die Neue ein Kind bekam, wollte sie mir die Sonntagsbesuche ganz verbieten.
»Warum?« fragte ich.
»Es paßt mir nicht, daß du dahin gehst, wenn die in anderen Umständen ist.«
»Warum?«
»Es gehört sich nicht.«
»Warum?«
»Sag doch nicht immerzu warum. Warum! Darum. Ich will es eben nicht, und damit basta. Basta! Hast du gehört?«
Basta sagte sie, weil sie damals gerade mit einem Italiener verbandelt war. Es war die erste Affäre nach der Scheidung, und es bedeutete viel für sie, wieder einen Mann herumwimmeln zu haben und dazu noch einen feurigen Südländer. Wie die so sind, machen sie sich ja ziemlich breit im Leben einer Frau. Jedenfalls so lange sie an ihr interessiert sind. Dieser war es fünf Monate und sechs Tage. Dann fuhr er mal nach Hause zu seiner Mamma und kehrte nicht zurück. Ob er zu Hause vielleicht Weib und Kind oder zumindest eine Verlobte hatte, wissen wir nicht. Oder ob es Mamma war, die ihm die deutsche Amore ausgeredet hat. Italienische Mütter sind da ja eigen, wie man weiß. Daß es genau fünf Monate und sechs Tage waren, weiß ich deshalb, weil um die Zeit gerade mein Geburtstag war. Er beschenkte mich reichlich und küßte mich zärtlich, er war überhaupt immer riesig nett zu uns beiden. Und er sagte: »Cara mia, jetzt sind fünf Monate, wir kennen. Cinque mesi. Ich dich lieben noch fünf Jahre, fünfzig Jahre. Cinquanta anni.«

Sechs Tage später, wie gesagt, rauschte er ab nach Neapel und ward nicht mehr gesehen.
Als Kitty kapiert hatte, daß sie ihn los war, wurde es wieder ziemlich schwierig mit ihr.
Aber vorher hatte Verena noch ihr Kind bekommen. War das ein Theater!
Meinen Vater hätten Sie sehen sollen.
Es war an einem Samstagabend, und ich war mal schnell abgehaun, denn Kitty war mit ihrem Italiener ausgegangen. Sie dachte, vor dem Fernseher bin ich bestens aufgehoben, aber ich mach mir da nicht viel draus. Was ich mir so ausdenke, ist meist viel spannender als das, was die da von sich geben.
Also ich mal eben schnell zu Paps und Verena, kleinen Abendbesuch, mit dem Rad ist es ungefähr eine Viertelstunde, und es war noch hell. Wie ich da ankomme, steigt er gerade aus dem Auto, ganz grün im Gesicht.
»Is was?« fragte ich.
Er hatte Verena gerade in die Klinik gebracht, weil es nun soweit war. Aber dort hatten sie ihn gleich wieder hinausbefördert, weil es eben doch noch nicht soweit war. Er solle sich einen gemütlichen Abend machen, hatten sie ihm geraten. Ich kam ihm gerade gelegen.
Er saß auf der Sesselkante im Wohnzimmer, trank Wodka und rauchte eine Zigarette nach der anderen. »O Gott, wenn das nur gutgeht!«
Ich betrachtete ihn voll Interesse. So hatte ich ihn noch nie gesehen, er ist nämlich im allgemeinen ein sehr ruhiger, sehr beherrschter Mensch.
»Wieso? Das ist doch nicht weiter gefährlich, ein Kind zu kriegen.«

»Sie ist so zart«, sagte er, »und so jung.«
Soo jung ja nun auch nicht mehr. Sechsundzwanzig zu jener Zeit. Ganz normales Alter, um ein Kind zu kriegen.
Acht Jahre jünger als Kitty ist sie immerhin. Auch das wohl ein Grund, daß Kitty so furchtbar sauer war, denn nichts ist für eine Frau schlimmer, als wenn eine andere jünger ist. Hübscher darf sie sein, klüger, reicher, koketter, nur nicht jünger.
Er zündete sich eine neue Zigarette an, und dann sagte er:
»Ich habe sie nämlich sehr lieb.«
»Ich weiß«, antwortete ich. »Und ich kann es verstehen.«
Das sagte ich, um ihm eine Freude zu machen. Aber auch, weil ich es meinte.
Er sah mich an und lächelte.
»Ich bin sehr froh darüber, daß ihr euch so gut versteht.«
Jetzt hatte er erst so richtig entdeckt, daß ich vorhanden war, denn er fragte: »Wieso kommst du eigentlich so spät am Abend?«
»Mutsch ist mit ihrem neuen Freund ausgegangen, und mir war langweilig.«
»Hat sie endlich einen?« Es klang gleichgültig, und er wollte auch gar nicht wissen, was das für einer sei. Er machte sich wohl wirklich nichts mehr aus Kitty.
»Willst du was essen? Was trinken?«
»Gegessen habe ich schon. Eine Limo, wenn du eine hast.«
Wir holten sie gemeinsam aus dem Kühlschrank, dann trabte er pausenlos im Zimmer hin und her, was mich ganz nervös machte.

»Wir können ja mal zur Klinik fahren und fragen, wie es steht«, schlug ich vor.
Das taten wir, aber es gab weiter keine Neuigkeiten. Dann fuhr er mich nach Hause, das Rad sollte ich mir am nächsten Tag holen.
»Ob es ein Junge wird? Oder ein Mädchen?«
»Das ist mir egal«, sagte er.
Aber ich wußte, daß er gern einen Jungen gehabt hätte. Es wurde dann auch einer, er kam am nächsten Tag, früh um neun. Ein Sonntagsjunge.
Irgendwie fand ich es komisch, daß ich auf einmal einen kleinen Bruder hatte.
Aber das war nur der Anfang.
Schon anderthalb Jahre später bekam Verena wieder ein Kind, diesmal ein Mädchen. Und jetzt vor kurzem hat sie noch einen Buben zur Welt gebracht.
Den wollte er eigentlich gar nicht mehr, sagt Paps, ihm hätte es gereicht. Aber sie wollte. Sie hat Kinder so gern.
Aber dazwischen kriegten wir dann auch noch ein Kind, jawohl. Da müssen Sie sich mal hineindenken. Ich meine, in meine Situation. Falls Sie das können. Erst haben wir geheiratet, und wir führen eine ziemlich stürmische Ehe. Berti ist nämlich mindestens so temperamentvoll wie Kitty, und es geht manchmal hoch her. Ich habe allerhand Bedenken, wie lange das gutgehen wird.
Und dann bekam doch Kitty wirklich ein Kind. Ich glaube, sie hat das nur aus Daffke getan, denn so viel macht sie sich ja gar nicht aus Kindern. Aber weil Verena zwei hatte, wollte sie ihr mal zeigen, daß sie das auch kann. Ein Mädchen haben wir. Ich hätte viel lieber einen Hund gehabt.

Nun stellen Sie sich das mal richtig vor: ich habe jetzt sage und schreibe vier kleine Geschwister, zwei Mädchen, zwei Jungen. Die sind alle viel jünger als ich. Bei der Scheidung haben sie sich um mich gekloppt, auf einmal bin ich die große Schwester, und wenn sie sich auch sonst in nichts einig sind, in einem Punkt sind sich beide Parteien einig: nämlich daß es für mich kein größeres Vergnügen geben könnte, als ihre Kinder zu hüten.
Als Verena neulich mit dem neuen Kind nach Hause kam, habe ich meinen Standpunkt mal klargemacht.
»Also daß wir uns recht verstehen«, habe ich gesagt, »von sofort an sieht das so aus: Babysitten pro Kind und pro Stunde ein Mark. Nach neun Uhr abends zwei Mark.«
»Verlangst du das deiner Mutter auch ab?« fragte Paps.
»Klar. Und für eine Stunde im Park rumlatschen kassiere ich drei Mark von ihr. Sonja ist ein gräßlicher Balg, sie kloppt sich auf dem Spielplatz mit sämtlichen Kindern. Vorige Woche hat ein Hund sie gebissen, weil sie ihn am Schwanz gezogen hat.«
»Um Gottes willen!« rief Verena. »Ist es schlimm?«
»Gar nicht. Kaum der Rede wert. Aber sie hat den ganzen Park zusammengebrüllt. Ich hoffe, es wird ihr eine Lehre sein.«
Kitty hat sich wahnsinnig aufgeregt und mir ein Riesentheater gemacht, ich hätte nicht richtig auf das Kind aufgepaßt und so.
Aber da war sie bei mir an der richtigen Adresse. Ich sagte, dann sei es wohl am besten, sie würde

sich hinfort selber um ihre Tochter kümmern, es läge sowieso nicht in meiner Absicht, Kindergärtnerin zu werden.
Aber jetzt hören Sie mir genau zu, jetzt kommt der Clou. Drei Kinder bei Paps und Verena, eins bei uns, Sie haben mitgerechnet, ja? Zusammen sind es sechs. Ob ich nicht rechnen kann, fragen Sie? Es sind bloß vier? Denkste. Da sind noch zwei, die gehören Berti. Jaha! Ich habe Ihnen doch erzählt, daß er verheiratet war und Kinder hat, nicht? Zwei hat er. Macht zusammen sechs mit unseren vier.
Was mich dem seine Kinder angehen? Na, dann passen Sie mal gut auf. Die kommen nämlich jetzt zu uns. Da ich inzwischen alt genug bin, um so was zu kapieren, hat Berti mir selbst die ganze Geschichte erzählt.
Als er sich scheiden ließ, blieben die Kinder bei seiner Verflossenen.
»Was mir gar nicht recht war, weißt du. Denn meine Frau – meine frühere Frau, also das ist schwer zu erklären, aber sie war nie eine gute Mutter. Ich ließ die Kinder nicht gern bei ihr. Aber die Scheidung war teuer, und es gab 'ne Menge Ärger, deswegen wollte ich erst mal fort. Dann habe ich hier die Firma angefangen. Mußte ja erst laufen, nicht? Ich brauchte die Piepen ja für alles, was so anfiel. Und was sollte ich da ohne Mutter mit den Kindern anfangen.«
Geld verdient er ja heute ganz ordentlich, tüchtig ist er, da gibt es gar nichts. Seine frühere Frau besucht er manchmal, und da kommt er jedesmal ziemlich genervt zurück. Bisher wußte ich nicht, warum, aber jetzt hat er es mir gesagt. Die trinkt nämlich. Die ist das, was man eine Alkoholikerin

nennt. Und das ist jetzt so schlimm geworden, daß man sie in eine Anstalt gebracht hat und daß man ihr das Sorgerecht für die Kinder abgesprochen hat. So was gibt es. Ich sehe ein, daß das für Berti schwierig ist. Und Kitty erst – die ist völlig aus dem Häuschen.
»Das kommt nicht in Frage«, hat sie gesagt. »Was gehen mich deine Kinder an?«
So ist sie manchmal. Berti senkt dann den Kopf ein bißchen und schiebt die Unterlippe vor. Und dann sieht er sie an, also schon sehr seltsam sieht er sie an.
Der Junge ist acht und das Mädchen elf. Sie sind beide sehr schlecht erzogen, das gibt Berti ganz ehrlich zu.
»Das kann ich mir denken«, sagt Kitty höhnisch.
»Aber es sind meine Kinder.«
»Na und?«
Sie sehen sich böse an. Im Augenblick sind sie Todfeinde.
»Dann müssen sie eben in ein Internat«, sagt Berti. »Kommt teuer. Aus dem Hausbau wird dann wohl nichts werden.«
Wir wollen nämlich ein Haus bauen, nächstes oder übernächstes Jahr. Oder kaufen, falls sich was Geeignetes findet.
»Das ist mir schnurz«, sagt Kitty kalt. »Aber kein Mensch kann von mir verlangen, daß ich anderer Leute Kinder aufziehe.«
»Anderer Leute?« fragt Berti mit schmalen Augen.
»Meine sind es nicht.«
In dieser Minute fängt Sonja an zu plärren. Denken Sie vielleicht, Kitty schaut nach ihrem Bams?

Ich laufe ins Kinderzimmer. Auf einen Stuhl ist sie geklettert, weil sie oben aus dem Regal ein Spielzeug holen wollte, das wir dort versteckt haben. Weil es nämlich kaputt ist und sie sich daran verletzen könnte.
Sie liegt auf dem Boden und brüllt wie am Spieß. Eine Beule hat sie sich geschlagen, sonst ist ihr weiter nichts passiert. Ich stelle sie auf die Beine und zwicke sie kräftig in den Arm, sie stößt einen schrillen Schrei aus, dann ist sie still. Sie weiß Bescheid.
Wenn ich sie zwicke, ist Sense.
Nebenan knallt eine Tür. Dann die Wohnungstür. Einer von den beiden hat Zimmer und Wohnung verlassen. Sonja hinter mir herzerrend, kehre ich ins Wohnzimmer zurück. Kitty war es. Berti ist noch da.
Er sieht grimmig aus. Und ein bißchen unglücklich auch.
»Was hat sie denn?« fragt er.
»Nichts weiter. Hingefallen. Ist Kitty weg?«
»Sie geht zu ihrer Freundin.«
»Aha.«
Schweigen. Er steht auf, geht in die Küche, kommt nach einer Weile mit einer Flasche Wein und zwei Gläsern zurück.
»Willst du auch?«
»Klar.«
Ich bin alt genug, daß man mir ein Glas Wein anbieten kann. Nach einer Weile sagt er: »Daß du es weißt, ich lasse mich scheiden.«
»Von wem?«
»Na, von wem wohl?«
»Von meiner Mutter?«

»So ist es.«
»Kommt dich das nicht wieder sehr teuer?«
»Das werden wir sehen. Ich nehme mir einen guten Anwalt.«
»Der kommt erst recht teuer.«
»Ich halte das nicht mehr aus.«
»Ach, du hältst das schon aus. Soo zartbesaitet bist du nicht.«
Er sieht mich verblüfft an.
»Wie redest du denn mit mir?«
»Stimmt's vielleicht nicht? Irgendwie paßt ihr doch ganz gut zusammen. Jedenfalls paßt du besser zu ihr als mein Vater.«
»Ja, dein Vater. Der hat's gut.«
Berti seufzt und gießt sich wieder ein. Er kennt meinen Vater nämlich, ich habe ihn einfach mal mit hingenommen, und es ging ganz gut mit den beiden. Berti sieht sich suchend um, er will eine Zigarette. Aber die haben wir versteckt, er ist nämlich dabei, sich das Rauchen abzugewöhnen. Drei Wochen hat er durchgehalten, aber jetzt wäre der Moment, rückfällig zu werden.
»Wir müssen überlegen, was wir mit deinen Kindern anfangen.«
»Was gibt es denn da zu überlegen? Wenn sie doch nicht will.«
»Geschieden werden will sie auch nicht. Außerdem liebt sie dich.«
»Was du nicht sagst.«
»Doch, ich weiß das.«
»Du Grünschnabel, du wirst das gerade beurteilen können.«
Ich gebe ihm einen hoheitsvollen Blick und erspare mir die Antwort. Ich habe Erfahrungen ge-

nug gesammelt in den letzten Jahren, das könnte er wissen.

»Reden wir lieber von deinen Kindern. Was wir mit denen machen.«

»Liebe haben sie bis jetzt wenig gekriegt. Von mir auch nicht. Das heißt, Liebe schon, aber ich habe mich wenig um sie gekümmert. Geld allein tut es ja nicht. Oder?«

»Nö. Tut es nicht. Und wenn sie in ein Internat kommen, kriegen sie auch keine Liebe. Eigentlich sind sie auch noch zu klein für ein Internat.«

»Was sollen wir denn machen?«

Er sieht mich an, wie ein hilfloser kleiner Junge sieht er aus. Plötzlich merke ich, daß ich ihn eigentlich sehr gern habe. Da hat er nun zweimal die falsche Frau geheiratet. Und eine dritte kann er sich nicht leisten.

Ich süffle langsam meinen Wein aus und denke nach. Nicht daß ich eingebildet bin, aber die Klügste in dieser Familie bin ich nun mal. Und offenbar haben mich die Götter doch zur Kindergärtnerin bestimmt. »Eins bei uns, zwei von dir, drei bei Paps«, fange ich an zusammenzuzählen. »Macht zusammen sechs. Vom Baby bis zu elf.«

Er lacht. »Mit dir zusammen sieben.«

»Na, mich kannst du ja kaum mehr als Kind bezeichnen. Ich bin fünfzehn. Demnächst sechzehn.«

»Entschuldige.«

»Bitte.«

Wir schweigen und trinken.

»Direkt 'ne Großfamilie«, sage ich dann. »Davon schwärmen sie doch immer. Wie fein das früher war, als es so was gab. Da hatten viele Leute sechs

Kinder oder meinetwegen sieben. War ganz normal, nicht?«
Er sieht mich mißtrauisch an.
»Worauf willst du hinaus?«
»Ich rede bloß so ins unreine. Wie wär's denn, wenn wir alle zusammenschmeißen?«
»Zusammenschmeißen?«
»Paps und Verena reden auch immer davon, daß sie ein Haus haben wollen. Mit dem neuen Kind ist ihre Wohnung jetzt wirklich zu klein. Er hat 'n Bausparvertrag. Du doch auch, nicht?«
»Und?«
»Nehmen wir halt ein großes Haus, wo alle Platz haben. Deine Kinder auch. Ein Haus mit Garten.«
Ich finde mich echt gut.
»Die Kinder erziehen sich dann gegenseitig, das sagt man doch immer. Ich kümmre mich dann schon drum. Nicht pausenlos. Aber immerhin. In die Schule muß ich schließlich auch gehen.«
»Du bist verrückt.«
»Ein Haus mit zwei Stockwerken, wo jeder seine Wohnung hat. Und ein großer Garten. Und ein Hund muß her, das mache ich zur Bedingung. Sonst rühre ich keinen Finger. Wir machen so 'ne Art Kommune.«
»Eine verrückte Idee.«
»Nur verrückte Ideen führen zum Erfolg. Wie heißt deine Tochter?«
»Brigitte.«
»Siehst du, Brigitte kann schon sehr gut mit auf die Kleinen aufpassen, das gibt ihr Verantwortung, und das wird ihr guttun. Ich helfe ihr dafür bei den Schularbeiten.«

»Und was, denkst du, wird deine Mutter dazu sagen?«
»Zuerst wird sie toben. Aber ich glaube nicht, daß sie gern allein zurückbleiben möchte. Wenn es ihr gar nicht paßt, kann sie ja wieder in der Boutique arbeiten. Und wir leisten uns für das Geld, das sie verdient, ein Hausmädchen. Oder eine nette Rentnerin, die Kinder mag und Oma spielen möchte. Da wird uns schon was einfallen.«
»Dir bestimmt«, sagt Berti. Es klingt respektvoll.
»Dir fällt immer was ein.«
»Tja! Hier muß man es eben haben.« Ich klopfe an meine Stirn. Dann halte ich ihm mein Glas hin.
»Gibt mir noch einen Schluck. Und dann fahren wir zu Paps und erzählen ihm das.«
»Jetzt gleich?«
»Klar doch. Jetzt gleich. Sie sind zu Hause, das weiß ich. Er bastelt an seiner Vorlesung für morgen.«
»Da dürfen wir ihn doch nicht stören.«
Berti, der Geschäftsmann, hat immer sehr viel Respekt vor der geistigen Arbeit meines Vaters. Was ich ganz in Ordnung finde.
»Das macht ihm gar nichts aus«, erkläre ich großspurig. »Er ist so gescheit, daß er auch auswendig eine Vorlesung halten kann.«
»Aber kannst du dir vorstellen, daß er das mitmachen würde? Ich meine, dieses ... dieses Arrangement. Das stört ihn doch bei seiner Arbeit.«
»Er kriegt ein schönes Studierzimmer unterm Dach. Alle Kinder haben dort Zutrittsverbot. Und wer Krach macht, wenn er arbeitet, kriegt von mir eine geschmiert.«
Ich sehe das alles schon deutlich vor mir. Je mehr

ich mich hineindenke, um so fabelhafter finde ich meine Idee. Eine Großfamilie. Wie in der guten alten Zeit. Verena ist sanft und nachgiebig und kann gut kochen. Im Garten müßte man Gemüse und Salat haben, das kann Kitty machen, wenn sie nicht lieber wieder Pullover verkaufen will. Die Männer haben ihren Beruf, müssen Geld verdienen und werden froh sein, wenn ich ihnen allen Ärger vom Hals halte.
Denn ich werde der Boss von dem Ganzen sein, daran ist nicht zu zweifeln. Ich werde schon dafür sorgen, daß die Kinder parieren. Und sie werden sich von mir mehr gefallen lassen als von sämtlichen Elternteilen zusammen.
»Los, komm«, sage ich und stehe auf. »Wir fahren jetzt zu Paps und verklaren ihm das mal.«
Gehorsam erhebt sich Berti.
»Du bist einmalig«, sagt er.
»Sicher, weiß ich.«
Ob Sie das nun glauben oder nicht, nächsten Monat ziehen wir in das Haus. Ein schönes Haus mit einem großen Garten. Wie das gehen wird, weiß ich natürlich auch noch nicht. Aber falls es Sie interessiert und wir sprechen uns wieder mal so nächstes oder übernächstes Jahr, dann werde ich Ihnen erzählen, was daraus geworden ist.
Tschüs für heute.

# Geborgte Familie

Carlotta Maria wurde im Jahr 1852 als drittes Kind des Max Joseph von Leinfeld und seiner Gattin Teresa Sophia in München geboren. Ihre Schwester Emma Sophia war sechs Jahre, ihr Bruder Max Ludwig vier Jahre älter als sie. Drei Jahre später gebar Teresa ein viertes Kind, wieder einen Knaben, er wurde Ernst Rudolf getauft.
Zur Zeit von Carlottas Geburt war Max Joseph von Leinfeld Majorauditor, später avancierte er zum Generalauditor in der Armee des bayrischen Königs Maximilian II. Joseph.
Es ließ sich recht angenehm leben zu jener Zeit in München. Nach den Revolutionstagen des Jahres 1848 und der darauffolgenden Abdankung König Ludwigs I. hatten sich die Wogen geglättet, und König Max verstand es, seinen Bayern das zu geben, was sie vor allem anderen schätzten: ein ruhiges, friedliches Dasein. Darüber hinaus bemühte er sich jedoch, die Bedeutung der bayrischen Hauptstadt weiterhin zu heben; war sein Vater der Kunst und dem Bauwesen zugeneigt gewesen, so galt sein Hauptinteresse den Wissenschaften und dem Fortschritt. Das begann, als er in Berlin studierte und dort einige der bedeutendsten Männer des deutschen Geisteslebens kennen-

lernte. Seit er König war, ging sein Bestreben dahin, solche Männer in seine Stadt und an seine Universität zu holen.
Gebaut hatte Ludwig genug. Er hatte München über die bisherige Stadtgrenze hinaus erweitert, womit sich die Münchner noch immer nicht recht anfreunden konnten. Ludwigs Prachtboulevard, der vom ursprünglichen Stadtrand hinaus nach Norden führte, die Ludwigstraße, wurde zwar von den Fremden bestaunt, von den Münchnern weniger. Des hätt's net braucht, befanden sie, ihre Stadt war groß genug gewesen, so wie sie war. Da draußen waren doch nur Wiesen und Felder, und noch weiter draußen, das Dorf Schwabing, war die Fahrt hinaus nicht wert.
Mit König Max wären sie durchaus zufrieden gewesen, hätte er nur nicht so viele Preußen ins Land geholt. ›Nordlichter‹ nannte man verächtlich die Professoren und Wissenschaftler, die Dichter und Literaten, die dem Ruf des Königs gefolgt waren und nun ein fremdes Element in der Stadt bildeten. Zwar gewann die neue Ludwig-Maximilian-Universität, auch da draußen an der Ludwigstraße gelegen, sehr rasch an Ansehen und Bedeutung, aber nebenbei entwickelte sich ein ganz ungewohntes gesellschaftliches Leben, das bisher nur dem Hof vorbehalten gewesen war. Jetzt führten manche der Zugereisten einen ›Salon‹, und die Münchner fragten sich kopfschüttelnd, was denn dies wieder für ein neumodischer und fremdländischer Schmarrn sein mochte. Mißtrauisch vermuteten sie, daß dort aufs neue revolutionäre und anarchistische Ideen ausgebrütet wurden, von denen sie gar nichts hielten, und der König hätte gut

daran getan, sich die fremden Läuse gar nicht erst in den Pelz zu setzen.

Das Interesse des Königs an Geschichte brachte den Historiker Heinrich von Sybel nach München, empfohlen von Ranke, der selbst einen Ruf abgelehnt hatte; auch Karl Adolf von Cornelius, aus Bonn gekommen, lehrte zur gleichen Zeit an der Universität dieses Fach. Eine wichtige Erwerbung war der Kunsthistoriker Wilhelm Heinrich Riehl, der später die Leitung des Nationalmuseums übernehmen sollte. An bedeutenden Juristen kamen Bernhard Windscheid aus Greifswald und Johann Kaspar Bluntschli aus Zürich nach München. Der Mathematiker Seidel und der Physiker Jolly und noch viele andere gehörten zu dem Kreis berühmter Gelehrter, die König Max nach München holte. Am interessantesten für die Münchner aber war vom ersten Tag an der Chemiker Justus von Liebig, dem ein beträchtlicher Ruf vorausging, dessen erstaunliche Experimente und dessen rabiates Wesen bald Stadtgespräch wurden. Es gehörte zum Dernier cri, seine abendlichen Vorlesungen zu besuchen. Friedlich und vornehm hingegen ging es im ›Münchener Dichterkreis‹ zu, der sich um den Lübecker Emanuel Geibel sammelte und bald mit Paul Heyse, dem Novellendichter, ein weiteres Glanzlicht aus dem Norden hinzugewann.

Mit einem Wort, München entwickelte sich nun endgültig aus einer liebenswerten Provinzstadt zu einer beachtenswerten Metropole.

Aber sei dem, wie ihm wolle, die Münchner blieben bei ihrer Ablehnung der Neubürger und bei dem Ausspruch: Soviel Preißn hätt's net braucht.

Als Preuße wurde jeder pauschal bezeichnet, der außerhalb der bayrischen Grenzpfähle geboren war, und die Vorliebe des Königs für all diese Ausländer, mutmaßten die Münchner, kam wohl daher, daß er selbst mit einer preußischen Prinzessin verheiratet war.

Auch Max Joseph von Leinfeld hatte sich seine Frau von fern her geholt, allerdings nicht aus dem Norden, sondern aus dem Süden. Teresa war Italienerin, Venezianerin genau, eine schöne Frau mit goldblondem Haar und dunklen Augen, als junges Mädchen graziös, später wurde sie rundlich, noch später füllig. Doch sie behielt lange ihr glattes Gesicht mit dem Porzellanteint. Richtig glücklich wurde sie zeitlebens in Bayern nicht, die Sehnsucht nach der Heimat verlor sich nie, aber natürlich war sie Max Joseph, der wesentlich älter war als sie, eine liebende, treue und gehorsame Frau, wie sich das gehörte.

Drei Reisen hatte er nach Italien unternommen, die erste, um seine Mutter, die zweite, um seine Schwester zu begleiten. Auf dieser zweiten Reise lernte er Venedig kennen, von dem er übrigens geradezu verzaubert gewesen war. Sich dort zu verlieben fiel ihm leicht. An sich war er Frauen gegenüber immer etwas scheu gewesen, ein stiller, zurückhaltender Mann, dem Causerie nicht lag. Teresa war die erste wirkliche Liebe seines Lebens, obwohl er schon Mitte Dreißig war, als er sie kennenlernte. Aber nun packte es ihn auch ganz gewaltig, er dachte sofort an Ehe, und er hatte keinen schlechten Griff getan, es wurde eine gute Ehe für beide, die während seiner dritten Italienreise geschlossen wurde.

Sie stammte aus verarmtem adligem Haus, und da außer ihr noch drei Töchter verheiratet werden mußten, waren die Venezianer ganz froh, daß sich für Teresa, die kaum achtzehn war, so schnell ein ernsthafter Bewerber gefunden hatte, auch wenn das bedauernswerte Geschöpf in eine fremde rauhe Welt jenseits der Alpen verschlagen wurde.
Keiner von Teresas Familie machte jemals die Reise nach München, wenn Teresa sie sehen wollte, mußte sie nach Venedig fahren. Das geschah nicht allzuoft, da waren die Schwangerschaften, da waren ein großer Haushalt, Mann und Kinder zu versorgen, dazu kam Teresas angeborene Trägheit, eine gewisse dekadente Passivität, die ihrer ganzen Familie zu eigen war.
So wurde Teresa zu einer Fast-Münchnerin, die allerdings immer ein wenig unter Heimweh litt. Ihr Deutsch blieb mangelhaft, mit den Kindern sprach sie nur italienisch. Was den Vorteil hatte, daß die Kinder zweisprachig aufwuchsen.
Das fünfte Kind, das sie zur Welt brachte, war eine Totgeburt, die sechste Schwangerschaft wurde durch eine Fehlgeburt vorzeitig beendet, und damit hatte Teresa dieses Kapitel ihres Lebens abgeschlossen. Sie kränkelte eine Weile, erholte sich aber wieder, hielt jedoch an einem bequemen Leben fest, sie lag viel, stand spät auf, trank sehr gern ein Glas süßen Wein und knabberte Gebäck. Mit der Zeit sah man es, wie gesagt, ihrer Figur an.
Das einzige ihrer Kinder, das sie jemals auf eine Reise nach Venedig mitgenommen hatte, war ihr ältester Sohn Max Ludwig, die Familie hatte ihn mit Wohlgefallen betrachtet, doch die Verbindung zu ihrer Heimat wurde immer loser, die Schwe-

stern waren verheiratet, eine war ins Kloster gegangen, die Eltern starben. So ergab es sich, daß für die Kinder der Leinfelds der Familienteil mütterlicherseits ganz wegfiel, sie sprachen zwar alle vier fließend italienisch, aber Italien spielte in ihrem Dasein keine Rolle, sie waren echte Bayern, geborene Münchner.

Sie bewohnten ein hübsches altes Haus im Lehel, und dem Haushalt gehörten außer der Köchin, den beiden Dienstmädchen, dem Kindermädchen noch ein Kutscher und der persönliche Bedienstete des Generalauditors, ebenfalls eine militärische Person, an.

Die Töchter wurden, als sie jeweils das passende Alter erreicht hatten, dem Max-Joseph-Stift, der Erziehungsanstalt für Töchter der Höheren Stände, wie es genau hieß, zur weiteren Ausbildung anvertraut, das sich ebenfalls in der Ludwigstraße befand, direkt gegenüber der Universität, und auch eine Schöpfung Ludwigs I. war.

Ursprünglich war die Rede davon gewesen, die Mädchen in die ebenso renommierte Klosterschule Zangberg zu geben, denn Teresa war sehr fromm, doch Herr von Leinfeld, der seine Kinder allesamt sehr liebte, auch wenn er es nicht zeigte, hatte bestimmt, daß sie in München bleiben sollten.

Beide Mädchen wurden ganz ansehnlich, ohne so schön zu sein wie die Mutter. Oder wie die Mutter einst gewesen war.

Carlotta hatte von irgendeinem italienischen Ahnen tiefschwarzes Haar geerbt, dazu aber die sehr hellen Augen des Vaters, was einen reizvollen Kontrast ergab. Sie war für ein Mädchen leider

ziemlich groß gewachsen und viel zu dünn. Weibliche Formen entwickelte sie erst spät und auch dann nur spärlich. Ihre Mutter hielt sie dazu an, sich rechts und links ein Taschentuch unter die Bluse zu stecken, was Carlotta höchst albern fand. Kaum außer Sichtweite, zog sie die Fetzen wütend heraus. Sie war eine hervorragende, schneidige Reiterin, was ihren Vater freute, ihre Mutter weniger, die Pferde für wilde und gefährliche Tiere hielt und niemals auf einem gesessen hatte. Selbst die Kutschpferde mußten ruhige und fromme Tiere sein, die dem ständig wachsenden Verkehr der bayrischen Hauptstadt mit Gelassenheit entgegentrabten, darauf legte sie besonderen Wert. Einmal, als junge Frau, kaum in München angelangt, wäre sie beinahe aus dem Wagen geschleudert worden, als die Pferde durchgingen. Das vergaß sie nie. Ihr Leben lang bestieg sie nur mit Mißtrauen die Kutsche und fragte jedesmal den Kutscher: »Hast du Pferde gefahren ab?«, was soviel hieß, ob er die Pferde vorher tüchtig herangenommen hatte, ehe sie einstieg, damit sie möglichst müde und langsam durch die Gegend zockelten. Sie fuhr sowieso nur aus, wenn es gesellschaftliche Anlässe erforderten, Einladungen, ein Empfang bei Hof, ein Hofball, eine Vorstellung in der Oper. Zur Messe ging sie die wenigen Schritte zu Fuß, begleitet von der Duenna, denn ihr Haus lag in unmittelbarer Nachbarschaft von St. Anna.
Ihr Mann neckte sie anfangs wegen ihrer Ängste, er sagte beispielsweise: »Zu schad', daß es in München keine Kanäle mit Gondeln gibt«, später ärgerten ihn die lahmen Gäule, eine Weile hielt er

ein zweites Gespann, doch das überstieg seine Verhältnisse, so hochdotiert war seine Position im Dienst des Königs nicht.
Carlotta, wie gesagt, war eine gute Reiterin, genau wie ihr Vater und ihre Brüder, auch Emma ritt gelegentlich im Englischen Garten mit ihnen spazieren, jedoch ohne die Passion der jüngeren Schwester.
Emma war recht hübsch. Sie hatte das blonde Haar der Mutter, braune Augen, eine schmale Taille und bemerkenswert schöne Hände, mit denen sie ebensogut klavierspielen wie feine Handarbeiten machen konnte.
Schöne Hände hatte Carlotta auch. Mit dem Klavier kam sie ganz gut zurecht, Handarbeiten aber verabscheute sie. Dafür malte sie. Malte so talentiert, daß man sie fast eine Künstlerin nennen konnte. Bei einiger Ausbildung hätte niemand sie als Dilettantin bezeichnet, doch die Ausbildung ging über den Rahmen des Üblichen nicht hinaus, und so blieb ihr größter Traum unerfüllt: Malerin zu werden.
Nun wäre dies durchaus eine berufliche Möglichkeit für eine Tochter aus gutem Hause gewesen, schließlich lebte man in modernen Zeiten, und im Max-Joseph-Stift, wo man ihr Talent erkannt und gefördert hatte, war man fortschrittlich und aufgeschlossen genug, eine Laufbahn dieser Art in Erwägung zu ziehen.
Nicht in ihrem Elternhaus, dort fand Carlotta kein Verständnis für ihre Wünsche.
Ihr Vater gab gern zu, daß München eine Kunststadt sei und Malen eine achtbare Beschäftigung, jedoch nur für Männer. Was sich so, mit dem ab-

fälligen Ausdruck ›Malweiber‹ bedacht, in der Gegend tummelte, war nicht gesellschaftsfähig und daher für seine Tochter indiskutabel. Außerdem stand eine Ausbildung zu einem Beruf für die Tochter des Generalauditors sowieso nicht zur Debatte. Sie durfte zu ihrem Vergnügen malen, soviel sie wollte, sie bekam sogar eine Zeitlang, als sie das Stift verlassen hatte, privaten Unterricht, den sie allerdings selbst als mittelmäßig ansah.
Im übrigen würden die Töchter hoffentlich heiraten. Dies würde zwar nicht so einfach sein, denn die Mitgift, die der Generalauditor für seine Töchter übrig hatte, war bescheiden genug. Zwei Söhne standesgemäß zu erziehen und auszubilden kostete gerade Geld genug.
Emma nahm ihr Schicksal ergeben an, Carlotta meuterte innerlich und manchmal auch mit Worten. Ihr Kopf war immer voller Pläne und Ideen, und der Gedanke an ein biederes Eheleben mit Mann und Kindern fand sich darin so gut wie gar nicht.
Mit Emma klappte es dann auch relativ leicht. Zwar war ihre Einführung in die Gesellschaft um ein Jahr verzögert worden, denn als sie das Stift verließ, starb König Max, und dann führten die Preußen und die Österreicher auch noch Krieg gegen die Dänen, in einem fernen Land namens Schleswig-Holstein, das die Münchner nicht im geringsten interessierte. »Schlimme Zeiten kommen, ich sag's euch«, pflegte Onkel Franz zu prophezeien, »ihr werd's an mich denken.«
Onkel Franz besaß einen schönen Hof in der Gegend von Rottalmünster und war der Mann von

Max Josephs einziger Schwester. Jeden Sommer machte die Familie Ferien auf dem Hof, um einige Wochen in gesunder Landluft zu verbringen. Das heißt, die Kinder reisten mit der Kinderfrau, der Vater begleitete sie für eine Woche, auch für zwei Wochen, Teresa nie mehr, nachdem sie einmal dort gewesen war. Kein Mensch verstand sie dort, und sie verstand keinen, das Landleben war zu unruhig, sie vermißte ihre gewohnte Bequemlichkeit, es gab Fliegen, Wespen und Mücken und noch viel mehr Pferde, die sogar frei herumliefen, auch sonstiges lästiges Getier, Kühe, Ochsen und stinkende Schweine. Sie stand jedesmal Todesängste aus, bis die Kinder wieder heil zu Hause waren.
Die Kinder fuhren gern zu Onkel Franz und Tante Amalie, sie fanden das Leben auf dem Land reizvoll. Carlotta konnte reiten, soviel sie wollte, sogar im Herrensitz, das störte hier keinen; sie lernte schwimmen in der Rott, das brachte ihr einer der Vettern bei, und Teresa fand das so ungeheuerlich, daß sie in Ohnmacht fiel, als sie davon hörte.
Mit fünfzehn verliebte sich Carlotta leidenschaftlich in einen Bauernsohn vom Nachbarhof, einen zwanzigjährigen braungelockten Jüngling, der sie aber gar nicht beachtete, dünn wie sie war. Auch mit ihren Reitkünsten konnte sie ihm nicht imponieren, und sie kam mit gebrochenem Herzen nach München zurück.
Zu jener Zeit war Emma bereits verlobt mit einem Leutnant des 10. Infanterieregiments Prinz Ludwig, das in Ingolstadt stationiert war, und drei Jahre später konnte sie ihn, ganz unerwartet und zu aller freudigem Erstaunen, heiraten.

Denn inzwischen waren all die schlimmen Dinge passiert, die Onkel Franz prophezeit hatte.
Erst hatten diese schrecklichen Preußen mit ihrem noch schrecklicheren Bismarck Krieg mit den Österreichern geführt und auch noch gewonnen. Und da die Bayern natürlich ihren alpenländischen Nachbarn zur Seite gestanden hatten, wie sich das gehörte, hatten sie einen Krieg verloren.
Und schließlich und endlich hatte man einen Krieg mit den Franzosen am Hals, an dem die armen unschuldigen Bayern auch noch teilnehmen mußten, widerlicherweise an der Seite der Preußen.
»Was gengan uns die Preißn an, des sagt's mir«, meinte Onkel Franz, »soll'n die doch ihre depperten Kriege allein führen.«
Aber so war es eben nicht mehr, das 19. Jahrhundert hatte allerorts das nationale Bewußtsein geweckt und gefördert, sogar im störrischen Bayern, man wollte jetzt Deutscher sein, nicht mehr nur Bayer oder Preuße oder Hesse. Jedenfalls manche wollten das, durchaus nicht alle.
König Ludwig II. bewunderte Bismarck, und darum mußten seine Bayern, die ihn doch so liebten, Seite an Seite mit den Preußen gegen die Franzosen kämpfen. Siegreich, wie sich erwies, und das war dann doch eine feine Sache. Weniger fein war es, daß daraus ein Deutsches Reich entstand mit einem Kaiser vorndran, der natürlich ein Preuße war.
»Des ham's davon«, kommentierte Onkel Franz grimmig. »Aber für mich bleibt's wia's is. Ich brauch kein' Kaiser. Mir genügt der Ludwig.«
Immerhin hatte der Krieg das Gute gehabt, daß

Emma ihren Leutnant heiraten konnte und ihr eine vieljährige Verlobungszeit erspart blieb. Denn wie sollte der mittellose junge Mann das Geld aufbringen, um die Kaution zu stellen, die eine Ehe ermöglichte. Aber in Kriegszeiten wurde man großzügiger, er war ein Held, einer, der fürs Vaterland kämpfte, da durfte er auch heiraten, und zwar ziemlich schnell und ohne große Vorbereitungen.

Gott sei gepriesen, Emma war verheiratet, nicht sehr glänzend, aber immerhin, nun galt es, für Carlotta einen Mann aufzutreiben.

Das erwies sich als schwierig, sie hatte immer noch so wenig Busen, war zu hoch aufgeschossen, auch die Nase war ein wenig groß geraten, aber das machte nichts, man schwärmte für römische Profile, ihr Mund war zwar wunderschön, aber dem Schönheitsideal der Zeit widersprechend zu groß und weitgeschwungen. Die hellen Augen konnten sehr kühl, sehr distanziert blicken, sie besaß nämlich etwas sehr Unpassendes für ein weibliches Wesen, sie besaß kritischen Geist. Sie war überhaupt zu klug, sie war von allen Kindern, ihre Brüder eingeschlossen, das klügste.

Mit Italienisch war sie aufgewachsen, aber sie sprach ebenso fließend französisch und sogar englisch, ungewöhnlich für ein Mädchen in dieser Zeit, sie hatte unendlich viele Bücher gelesen und hatte weitgehende historische und kunsthistorische Kenntnisse. In München gab es kein Museum, das sie nicht Raum für Raum auswendig kannte, und sie träumte davon, eines Tages Museen in anderen Städten zu besuchen.

Überdies war sie, um es milde auszudrücken, sehr

eigenwillig. Es war schwer, ihr etwas ein- oder auszureden, sie bildete sich ihr Urteil selbst und konnte gelegentlich recht arrogant sein. Und sie malte.

Malte Bild auf Bild, das ganze Haus hing voll davon. Während des Krieges wurden es hauptsächlich Szenen aus demselben, Soldaten auf Pferden, die mit wehenden Fahnen Attacke ritten, sterbende Krieger, rot von Blut überströmt.

»Madonna mia!« sagte Teresa schaudernd. »Come è terribile!« Und sie gebot ihrer Tochter, freundlichere Bilder zu malen.

Dann war der Krieg endlich aus, und wieder wimmelten lauter Preußen im Bayernland herum, weil sie sich einbildeten, jetzt dazuzugehören. Und dazu noch die Sorgen mit dem König, der sich immer seltsamer entwickelte.

Nichtsdestotrotz machten die Brüder die vorgeschriebene Karriere, Max Ludwig hatte natürlich in Frankreich gekämpft, passiert war ihm Gott sei Dank nichts, er war zum Oberleutnant befördert worden und wurde nach dem Krieg zum Hofdienst kommandiert. Ernst Rudolf, der jüngste, war für den Krieg noch zu jung gewesen, aber er hatte immerhin die Schule beendet und würde Jura studieren.

Emma war in Ingolstadt und erwartete fristgerecht ihr erstes Kind. Carlotta lebte im Elternhaus, las, musizierte, malte und malte und ging mit mäßigem Vergnügen auf Empfänge und Bälle, auf denen sie einen Mann finden sollte, der sie heiratete.

Sie fand keinen. Sie wollte gar keinen finden. Sie hielt das alles für albern und unter ihrer Würde. Jedoch war es für sie nicht unter ihrer Würde, sich zum zweitenmal in ihrem Leben zu verlieben, und wiederum auf total unpassende Weise: in einen Künstler, einen Maler.

Da sie öfter mit einem Zeichenblock bewaffnet oder mit einer Staffelei vor der Nase irgendwo in der Gegend herumsaß, natürlich immer begleitet von der Duenna, traf es sich, daß sie einen erblickte, der dasselbe tat wie sie. Es war auf dem Monopteros im Englischen Garten, und jeder mußte zugeben, daß die Silhouette von München, von hier aus gesehen, besonders schön war.

Carlotta saß also malend auf einem Stühlchen, vor sich die Staffelei, die Dienerin döste ein Stück entfernt im Schatten vor sich hin, der junge Mann saß noch ein Stück weiter entfernt, ebenfalls eine Staffelei vor sich. Es war ein traumhaft schöner Tag Ende Mai, der Himmel aus dem blauesten Blau, das sich denken ließ, die Wiesen, Büsche und Bäume in zartestes Grün gehüllt, die Türme der Ludwigskirche und der Theatinerkirche, spitz die einen, bayrisch barock die anderen, standen wie Kerzen der Lebensfreude im Münchner Himmel, auch die Türme der Frauenkirche, etwas entfernter, waren deutlich zu sehen. Es war so ein Tag, von dem eine spätere Generation sagen würde: München leuchtet.

Natürlich blickte man gelegentlich von diesem Stühlchen zu jenem Stühlchen, der junge Mann verhielt sich außerordentlich manierlich, kaum der Anflug eines Lächelns erschien unter seinem kurzen braunen Bärtchen, wenn ihre Blicke sich trafen. Carlotta hingegen, die ja ein etwas außergewöhnliches Mädchen war, stand schließlich auf

und ging ungeniert die fünf Schritte, die sie von dem jungen Mann trennten, trat hinter ihn und sagte: »Lassen Sie mich mal sehen.«
Der junge Mann sprang auf, machte einen Diener und blickte dann erwartungsvoll in ihr Gesicht.
Sie legte den Kopf auf die Seite, besah sich kritisch die Arbeit der Konkurrenz und machte dann: »Na ja!« Dann betrachtete sie mit ihren kühlen hellgrauen Augen sein hübsches Gesicht mit dem zu langen braunen Haar, das ihm in die Stirn hing, und fragte: »Wollen Sie meins auch sehen?«
»Gern, wenn ich darf«, erwiderte er und folgte ihr zu ihrer Staffelei.
»Oh!« rief er anerkennend. »Das ist wirklich fabelhaft. Viel besser als das meine.«
Carlotta nickte. »Finde ich auch.« Und dann, mit einem raschen, freundlichen Lächeln, fügte sie hinzu: »Aber wissen S', ich mach das schon zum zehntenmal. Mindestens.«
»Ja, dann. Ich zum erstenmal.«
Die Duenna war aufmerksam aufgestanden und nähergetreten. Carlotta würdigte sie keines Blickes, sondern fragte den Kollegen freimütig, wer er sei und woher er komme. Er war ein Franke, wie sie erfuhr, kam aus Coburg und besuchte im ersten Semester die Akademie, hieß schlicht und einfach Binder, Karl Binder, und durfte, was sie nicht durfte: die Malerei ordentlich studieren.
Wie das weiterging, ist schnell erzählt. Sie malten beide beträchtliche Zeit an dem Blick vom Monopteros, sie trafen sich dort an schönen Tagen, ohne sich verabredet zu haben, vorausgesetzt, er hatte keine Lektionen in der Akademie oder sie war nicht anderweitig verhindert.

Dann regnete es eine ganze Woche lang, das war übel, und währenddessen kam Carlotta zu der Erkenntnis, daß sie dem Mann ihres Lebens begegnet sei.

Am ersten einigermaßen sonnigen, wenn auch kühlen Tag, fanden sich beide auf dem Hügel ein, obwohl das Gras noch feucht war.

Wieder ging die Initiative von ihr aus. Man könne ja gemeinsam eine Ausstellung besuchen oder in ein Museum gehen. Auch gebe es in München noch viel, was des Malens würdig sei.

Zu Hause erfuhr natürlich die übrige Dienerschaft von dieser Affäre, doch da man Carlotta mochte, blieb ihr Geheimnis gewahrt. Die Eltern hatten keine Ahnung, was die Tochter trieb.

Aber dann erwischte Bruder Max Ludwig das junge Paar. Er ritt mit einem Kameraden durch den Englischen Garten, es war nun schon Anfang September, erspähte zunächst die Duenna, die müßig auf einer Parkbank saß und sich mit einer anderen Frauensperson unterhielt.

Max Ludwig hielt seinen Rappen an und fragte: »Wo ist meine Schwester?«

Die Duenna sprang auf, wurde rot, stammelte Unsinn, und nun wurde Max Ludwig mißtrauisch. Er mußte eine ganze Weile reiten, bis er die beiden fand, auf einem einsamen Seitenpfad, Lippe an Lippe.

Die Duenna flog am gleichen Tag aus dem Haus, die Mutter weinte, der Vater grollte, Max Ludwig empörte sich – es war ein herrlicher Familienkrach.

Carlotta war die Ruhe selbst. Dazu trotzig und frech, wie ihr Bruder es nannte. Denn sie verkün-

dete unverfroren, daß sie Carl Binder liebe und ihn heiraten werde. Ihn oder keinen.
Am nächsten Tag wurde sie nach Ingolstadt verfrachtet, zu ihrer Schwester, die ihrer baldigen Niederkunft entgegensah.
In München zog man indessen Erkundigungen über diesen Binder ein, es ergab sich, daß er keinesfalls in Frage kam, er stammte aus kleinen Verhältnissen, war Protestant, und in der Akademie hielt man von seinem Talent nicht viel. Und Tür an Tür mit ihm, in einer Dachkammer der Amalienstraße, hauste so ein Malweib. Rothaarig. Aus Halle an der Saale stammend.
Ende. Vorhang zu!
Carlotta litt. Sie weinte nicht, aber sie war zutiefst verbiestert und verbittert, haderte mit ihrem Schicksal, aß nicht und wurde noch dünner, und Ingolstadt gefiel ihr gar nicht. Dann bekam Emma das Kind, und es war eine so schwere Geburt, daß sie nur mit Mühe und Not mit dem Leben davonkam. Noch lange danach lag sie krank und schwach danieder, und es war wirklich ein Glück, daß Carlotta im Haus war und sich um alles kümmern konnte, denn Emma hatte nur ein dummes kleines Dienstmädchen, das eher eine Plage als eine Hilfe war. Carlotta mußte den kleinen Haushalt führen, sich um den Schwager kümmern und das Baby versorgen. Immer wieder Emma trösten, die unausgesetzt weinte und total verstört war. Nie wieder, sagte sie, nie wieder solle ihr Mann sich ihr nähern. Das verstörte diesen nun wieder zutiefst, und Carlotta, die ihn bisher nicht sonderlich anziehend gefunden hatte, mußte sein Seelenleben wieder geradebürsten. Mit einem Wort:

Sie war vollauf beschäftigt. Das verdrängte nicht die Gedanken an Carl aus ihrem Kopf und nicht die Liebe zu ihm aus ihrem Herzen, aber nach und nach verblaßte sein Bild. Kam dazu, daß sie durch das, was sie im Haus ihrer Schwester miterlebt hatte, nicht viel Erstrebenswertes in einer Ehe sehen konnte.
Kinderkriegen war jedenfalls fürchterlich. Und wenn die Liebe unweigerlich darin mündete, konnte kein Mensch begreifen, warum die Frauen partout einen Mann haben wollten. Ein paar Küsse hinter den Büschen des Englischen Gartens, nun ja, das war sehr nett. Aber wenn es so endete...
Malen war besser.
Carlotta holte ihren Zeichenblock hervor, den sie monatelang nicht in der Hand gehabt hatte. Es war gar nicht so einfach, ein Baby zu konterfeien, man mußte es immer und immer wieder probieren. Und wie entzückt Emma davon war! Sie erholte sich langsam, bis das nächste Frühjahr kam, war sie wieder gesund. Doch in ihrer Ehe kriselte es, denn noch immer wich sie jeder Annäherung ihres Mannes ängstlich aus.
»Du hast es gut«, sagte sie zu Carlotta. »Du bist nicht verheiratet.«
Das Verhältnis zwischen den Schwestern, das, durch den Altersunterschied bedingt, immer ein distanziertes gewesen war, hatte sich vertieft, war herzlich geworden.
»Aber du bist nun mal verheiratet«, sagte Carlotta sachlich. »Du kannst doch deinen Mann nicht ganz im Stich lassen.«
»Im Stich lassen? Aber ich bin doch da.«
Viel wußte Carlotta nicht von ehelichen Bezie-

hungen, aber immerhin so viel, daß es einem Mann nicht genügte, wenn die Frau ihm die Suppe auf den Tisch stellte und abends mit einer Stickerei neben ihm saß. In der Beziehung war sie, obwohl jünger und unerfahrener, reifer als ihre verheiratete Schwester.
Emma ging so weit, Carlotta anzuvertrauen: »Geliebt habe ich ihn nie. Es war mir immer widerlich, das ... na, du weißt schon. Vorher wußte ich ja nicht, wie das ist. Aber du kannst mir glauben, es ist greuslich. Wenn ich gewußt hätte, wie das ist, hätte ich nie geheiratet.«
Wenn Carlotta gewollt hätte, wäre möglicherweise in Ingolstadt auch für sie ein Mann zu ergattern gewesen. Ein Kamerad ihres Schwagers, der öfter zu Besuch kam, machte einen Versuch, sich ihr zu nähern. Er war etwas kleiner als sie, hatte eine Knubbelnase, und ihrer Meinung nach roch er schlecht. Sie ließ ihn so arrogant abblitzen, daß er nie wieder wagte, das Wort direkt an sie zu richten. Der Arme konnte nicht wissen, was für ein hübscher Mensch der Carl Binder aus Coburg gewesen war, wie frisch sein Atem roch und wie samten sein Blick sein konnte.
Nach einiger Zeit wußte es Carlotta selbst nicht mehr.
Sie war sich nur klar darüber geworden, daß sie überhaupt nicht heiraten wollte. Wenn sie den nicht bekam, den sie wollte, bekam ein anderer sie nun erst recht nicht.

Zwei Jahre später trat sie ihre erste Stellung als Gouvernante auf einem Schloßgut im Niederbayrischen, nahe der österreichischen Grenze, an.

Gouvernante zu werden war immer noch die reputierlichste Arbeitsmöglichkeit für ein Mädchen aus gutem Hause, das nicht geheiratet hatte. Das Max-Joseph-Stift und der Priester, bei dem Teresa zur Beichte ging, waren bei der Beschaffung der Position behilflich gewesen.

Sie kam also in ein gut christkatholisches Haus, das die Gewähr bot, sie gut zu behüten. Es war auch ein sehr lebendiges, um nicht zu sagen unruhiges Haus, in dem manches geschah, was ihren Horizont in menschlichen Dingen wesentlich erweiterte.

Der Hausherr hatte zwei ausgeprägte Neigungen: die Jagd und die Frauen. Oder genauer gesagt: Er hatte eine große Leidenschaft, das war die Jagd, und außerdem war er von geradezu strotzender Potenz. Das hatten weder das Stift noch der Pfarrer gewußt.

Für Carlotta war es eine lehrreiche Zeit. Nicht, daß sie irgendwelche unpassenden Erfahrungen machte. Das verhinderte ihre selbstsichere Haltung, ihre Arroganz, die kühle Abwehr, die ihre hellen Augen ausstrahlten. Und die Tatsache, daß sie dem Herrn des Hauses, Emmanuel von Retzing, viel zu dünn war. Er bevorzugte Frauen mit üppigen Formen, er liebte schwellende Busen, runde Hüften, kräftige Schenkel. Das bot ihm seine Frau Anna, die denn auch von einer Schwangerschaft in die andere geriet, was ihr aber gar nichts auszumachen schien. Und das fand er rundherum, sowohl auf dem eigenen Besitz wie auch in den Dörfern der Nachbarschaft. Irgendeine der Mägde auf dem Gut war immer von ihm schwanger, jedermann hatte sich daran gewöhnt, auch seine Frau. Sie konnte beim besten Willen nicht mehr als einmal im Jahr gebären.

Als Carlotta zu den Retzings kam, fand sie sieben Kinder vor, und die beiden ältesten, der zehnjährige Sebastian und die neunjährige Bärbel, wurden ihr zur weiteren Erziehung anvertraut, im nächsten Jahr kam dann die siebenjährige Sissy dazu.

Die Kinder waren allesamt derb, fröhlich und ungezogen, und Carlotta, die noch keinerlei Erfahrung in diesem Beruf aufweisen konnte, hatte es nicht leicht mit ihnen. Zum Lernen waren die Kinder schwer zu bewegen, sie trieben sich am liebsten im Freien herum, hatten ewig zerrissene Kleider und Strümpfe, aufgeschlagene Knie und Beulen am Kopf. Von Vorteil war es, daß Carlotta selbst so jung und durchaus sportlich war. Daß sie schwimmen und reiten konnte, war hier sehr von Nutzen und verschaffte ihr Respekt. Mit Fremdsprachen versuchte sie es erst gar nicht, sondern bemühte sich zunächst nur, das Bayrisch der Kinder ein wenig hochdeutsch einzufärben, sie im Lesen und Schreiben zu fördern und wenigstens erste Kenntnisse der Landesgeschichte zu vermitteln. Bisher waren sie vom Pfarrer der Gemeinde unterrichtet worden, der sehr erleichtert war, sich nun auf den Religionsunterricht beschränken zu können, er war ein stiller, lebensfremder Mann, dem die Kinder der Familie Retzing schlicht auf die Nerven gegangen waren. Carlotta fand also in ihm keinen kritischen Gegner, sondern einen Helfer und Berater. Außer, daß sie ständig die drei Großen um sich hatte, fand es Frau von Retzing auch selbstverständlich, daß Carlotta ihr weitgehend

die kleineren Kinder abnahm und sich auch sonst in dem riesigen, immer etwas unordentlichen Haushalt nützlich machte. Zwar war genug Personal da, aber es gab auch viel Wechsel.
Das Kindermädchen zum Beispiel verließ die Stellung, kaum daß Carlotta vier Wochen im Hause war, und natürlich war Herr von Retzing daran schuld, er hatte das Mädchen verführt, aber schnell herausgefunden, daß es nicht sein Typ und ihm lästig war, zumal das arme Wesen ständig heulend in der Gegend herumlief.
Also fort mit ihr! Frau von Retzing suchte eine Weile, suchte mit mehr Sorgfalt als früher, weil sie diesmal fest entschlossen war, eine Kinderfrau zu finden, die mindestens fünfzig Jahre alt war. Nicht aus Eifersucht, nur weil sie fand, daß der häufige Wechsel für die Kinder von Übel war.
Es dauerte immerhin fast zwei Monate, bis sie glaubte, die Richtige gefunden zu haben, währenddessen wurde Carlotta auch als Kindermädchen benötigt. Nun kamen ihr die Erfahrungen, die sie bei ihrer Schwester gesammelt hatte, zugute. Dann erschien die Neue, Ida mit Namen, sie hatte das richtige Alter, war auch sonst nicht mit Schönheit geschlagen, kurz, ein ausgesprochener Drachen.
»Greislich!« sagte der Hausherr nur und zog sich auf seine Jagdhütte zurück.
Carlotta wurde von Ida sofort entschieden aus dem ihr nicht zustehenden Aufgabenbereich vertrieben, worüber Carlotta nicht böse war. Gleich darauf bekam Frau von Retzing ihr achtes Kind, und im Gegensatz zu dem, was Carlotta bei ihrer Schwester miterlebt hatte, erledigte Anna von

Retzing diese Angelegenheit im Handumdrehn, so ganz nebenbei.

Schon vierzehn Tage später empfing sie frisch und blühend aussehend die Jagdgäste ihres Mannes, eine recht große Gesellschaft, die auf Schwarzwild gehen wollte.

Es war immer etwas los in diesem Haus, man kam kaum zur Besinnung und, soweit es Carlotta betraf, kaum zum Lesen, geschweige denn zum Malen. Ihr Versuch, den Kindern erste Fingerübungen auf dem Klavier zu entlocken – ein Flügel befand sich immerhin im Haus –, war kläglich gescheitert.

»Ja, ja, ich weiß«, sagte der Pfarrer, dem sie an einem ruhigen Nachmittag bei Kaffee und Apfelkuchen ihr Leid klagte, »es ist hoffnungslos. Ich hab alles getan, was ich konnte, um ein wenig – nun ja, edlere Gefühle in den Kindern zu wecken. Aber sie sind wie die Wilden. Aber verzagen Sie nicht, liebes Kind, so lange sind Sie ja noch nicht da. Vielleicht schaffen Sie es mit der Zeit.«

»Nein«, erwiderte Carlotta mit Bestimmtheit, »ich schaffe es nicht. Und ich muß Ihnen gestehen, Hochwürden, ich habe auch nicht viel Lust dazu. Was soll man von den Kindern erwarten, wenn die Eltern selber so . . . so grobschlächtig sind. Wenn ihnen alles Schöne auf dieser Welt verschlossen ist.«

»So hart dürfen Sie nicht urteilen, mein Kind. Man muß den Menschen nur Gelegenheit geben, das bessere Selbst in sich zu finden.«

Aber das sagte er nur pflichtgemäß, weil es sein Beruf war, nicht aus Überzeugung. Das Treiben des Herrn von Retzing mußte ihm ein Greuel sein,

und die Duldung, die seine Frau dem entgegenbrachte, konnte der Pfarrer gewiß nicht billigen.
Er hatte genug Kinder getauft, deren Vater in Retzing saß, und bei aller Großzügigkeit, die man in diesem Landstrich übte, war es eben doch außerordentlich sündhaft. Natürlich kam die Familie jeden Sonntag in die Kirche, Frau Anna regelmäßig zur Beichte, Emmanuel von Retzing allerdings sehr selten, aber was er dann von sich gab, trieb dem Pfarrer die Röte der Scham und des Zorns in die Stirn. Dieses junge und, wie er erkannt hatte, kluge und feinsinnige Geschöpf aus München paßte nicht in diesen Rahmen. Überdies hatte er ständig Angst, Emmanuel von Retzing könne sich an diesem Mädchen auch vergreifen, es war ja möglich, daß es für ihn eine Abwechslung bedeutete.
Einige Male schon hatte der Pfarrer sehr verschlüsselte, sehr vorsichtige Warnungen ausgesprochen, doch Carlotta lachte ihn eines Tages freimütig an und sagte: »Keine Angst, Hochwürden, *der* tut mir bestimmt nichts. Dem tät ich's zeigen.«
Allein schon, daß er solche Dinge mit dem jungen Mädchen erörtern mußte, verärgerte und störte den Pfarrer.
»Sie sollten seine Schwester sehen«, sagte er eines Tages, »die ist so ganz anders. Eine edle Frau, sehr belesen, sehr gebildet. Aber sie kommt leider gar nicht mehr zu Besuch. Es gefällt ihr nicht mehr in Retzing. Verstehen kann man's ja.«
Auf Carlottas Frage berichtete er, daß Elisabeth von Retzing nach Wien geheiratet hatte und dort

in allerhöchsten Kreisen verkehrte und einen weithin angesehenen Salon unterhielt.

Glücklicherweise kam die Wienerin dann doch zu einem Besuch, und zwar als ihr Patenkind Sissy zur Erstkommunion ging.

Elisabeth war wirklich das genaue Gegenteil ihres Bruders, schön, zart, hoheitsvoll, dabei herzlich und sehr charmant. Carlotta hatte noch nie eine Frau gesehen, die ihr auf den ersten Blick so gut gefiel, und Elisabeth von Wieden erwiderte diese Sympathie.

Nachdem sie eine Woche auf Retzing verbracht hatte, sagte sie zu Carlotta: »Sie passen hier nicht her, Fräulein von Leinfeld. Ich glaube nicht, daß Sie sich auf die Dauer wohl fühlen werden.«

Carlotta senkte den Blick, ein wenig verlegen um die Antwort, doch dann sagte sie ehrlich: »Nein. Sie haben recht. Ich möchte nicht sehr gern noch lange hier bleiben.«

Zu diesem Zeitpunkt hatte sie es immerhin zwei Jahre bei den Retzings ausgehalten.

Elisabeth spielte ausgezeichnet Klavier, und als sie merkte, daß es für Carlotta nichts Schöneres gab, als ihr zuzuhören, zogen sich die Damen manchmal am späten Nachmittag in den kleinen Saal zurück, wo der Flügel stand, und Elisabeth spielte dann nur für Carlotta, am liebsten Schubert oder Chopin. Sonst hörte sowieso keiner von der Familie zu.

Am letzten Tag, ehe sie abreiste, hatten sie wieder so eine stille Stunde zusammen verbracht, und als Elisabeth aufgehört hatte zu spielen, brach es aus Carlotta hervor: »Es wird schrecklich für mich sein, wenn Sie nicht mehr hier sind.«

»Aber!« sagte Elisabeth. Doch mehr sagte sie nicht. Ihre langen schlanken Finger glitten spielerisch über die Tasten, den Kopf hielt sie leicht geneigt, ihr Blick war nachdenklich.
Carlotta sah sie unverwandt an, das schmale Gesicht mit den leicht betonten Backenknochen, die dunklen Augen unter langen Wimpern, das dunkelbraune hochgesteckte Haar. Ihr kam es vor, als hätte sie noch nie eine so schöne Frau gesehen. Sie verspürte den brennenden Wunsch, dieses Gesicht festzuhalten auf ihrem Zeichenblock. Sie hatte lange nicht mehr gemalt. Sie kam nicht dazu, auch hätte man es hier vermutlich befremdlich gefunden.
»Ich hätte eine ganz, ganz große Bitte«, stieß sie hervor.
Elisabeth wandte ihr Gesicht ihr zu. »Ja? Was denn?«
»Darf ich eine Skizze von Ihnen machen?«
Elisabeth zog die Brauen hoch. »Jetzt?«
»Bitte. Das Licht ist noch gut. Und wir haben noch eine Stunde bis zum Abendessen.«
»Können Sie denn so etwas?«
»Ich konnte es früher. Ich habe lange nicht mehr gezeichnet. Aber ich möchte Ihr Gesicht gern hier behalten. Sie sind so schön.«
Elisabeth lächelte. »Na gut. Versuchen Sie es.«
Carlotta lief mit wehendem Rock hinaus und kehrte kurz darauf mit ihrem Skizzenblock zurück.
Das kleine Porträt gelang vortrefflich, und Elisabeth sagte überrascht: »Aber Sie sind ja begabt.«
»Ich wäre so gern Malerin geworden«, rief Carlotta stürmisch.

Am nächsten Tag, ehe Elisabeth abreiste, kam es zu folgendem, hastigem Gespräch.
»Ich habe keine Kinder, Fräulein von Leinfeld, wie Sie wissen. Aber vielleicht besteht dennoch die Möglichkeit, daß ich Ihnen zu einer anderen Position verhelfen könnte. Und zwar zu einer sehr guten. Bitte, ich kann nichts versprechen, aber ich werde nachfragen.«
»Und . . . und was wäre das?«
»Ich habe eine gute Freundin, die Contessa Ciavani. Es ist sehr amüsant, ich habe sie gewissermaßen von meiner Schwiegermutter geerbt. Die Mutter meines Mannes und die Mutter der Contessa wurden im gleichen Pensionat erzogen, und daraus ergab sich eine Freundschaft fürs Leben. Sie wissen ja vielleicht, daß Venetien bis vor zehn Jahren zu Österreich gehörte. Erst nach dem Krieg mit Preußen, den Österreich ja verlor, kam Venetien zum Königreich Italien. Das Schloß der Ciavani liegt in der Nähe von Vicenza. Die Freundin meiner Schwiegermutter stammte von dort. Nun ja, die Verbindung zu Österreich war verständlicherweise eng. Die Contessa Lenora kommt heute noch gern nach Wien, besonders um die Oper zu besuchen. Ihre Mutter lebt leider nicht mehr.«
»Und Sie meinen, daß dort für mich . . .«
»Möglicherweise. Sie sprechen ja italienisch, wie Sie mir gesagt haben, das wäre von Vorteil. Die Contessa hat drei Kinder, und als ich sie das letztemal sah, erzählte sie mir, daß sie eine Erzieherin für die Kinder sucht. Kann sein, sie hat inzwischen gefunden, was sie suchte, ich weiß es nicht. Aber ich werde ihr schreiben.«
»Aber ob die mich gerade haben wollen?«

»Wenn ich Sie empfehle, Carlotta, gewiß. Es ist ein herrlicher Besitz. Lenora ist reizend, und ihr Mann, der Conte, ist ein Gentleman. Ich werde bestimmt schreiben, Carlotta, ich verspreche es Ihnen.«

Ein halbes Jahr später siedelte Carlotta nach Italien um, auf das Schloß der Ciavani. Es war ein herrlicher Besitz, genau wie Elisabeth gesagt hatte, ein Märchenschloß, ein Renaissancebau von seltener Schönheit, mit hohen feierlichen Räumen, gefüllt mit Kunstschätzen, wie sie Carlotta noch nie erblickt hatte. Umgeben war das Schloß von einem weiten endlosen Park, eine Pappelallee führte schnurgerade hindurch und mündete direkt vor den Stufen des Hauptportals.
Außerhalb des Parks war weites ebenes Land, im Süden begrenzt von den Hügeln der Monti Berici. Es war fruchtbares Land, und so weit das Auge reichte, gehörte es den Ciavani; Weizen, Mais, Zuckerrüben wurden angebaut, auch eigene Weingärten gehörten dazu.
Was Carlotta nicht wissen konnte, als sie hier einzog: sie hatte eine Lebensstellung gefunden und überdies einen Lebensinhalt.
Zuvor hatte sie die Familie in München besucht, zur Hochzeit ihres Bruders Max Ludwig. Schon jetzt fühlte sich Carlotta ein wenig überflüssig in ihrer Familie, aber noch waren sie einander nahe, die Entfremdung, die später eintreten würde, war noch nicht zu spüren. Teresa freute sich, daß ihre Tochter nach Italien ging, gar nicht weit von ihrer Heimat entfernt. Carlottas Vater war weniger erbaut, er war enttäuscht, daß sie nicht heiraten

wollte, und er meinte, auf die Dauer könne sie doch auf diese Weise nicht glücklich sein.
Carlotta hob leicht die Schultern.
»Ach, glücklich«, sagte sie leise.
Nach langer Zeit dachte sie wieder einmal an Carl Binder, den Maler aus Coburg, es schien ihr endlos lange her zu sein, die Verliebtheit eines kurzen Sommers kam ihr so unwirklich vor.
Glücklich war ihre Schwester Emma auch nicht, obwohl sie verheiratet war. Sie hatte nun doch ein zweites Kind bekommen, wieder war es eine komplizierte Angelegenheit gewesen, und Emma hatte noch immer keinen Geschmack an der Liebe und an der Ehe gefunden, wie sie Carlotta gestand.
Das Mädchen, das ihr Bruder heiratete, gefiel Carlotta gar nicht, eine nichtssagende kleine Gans, allerdings aus wohlhabendem Hause.
Max Ludwig sagte gönnerhaft: »Wenn es dir mal keinen Spaß mehr macht, anderer Leute Bamsen zu hüten, wir werden auch welche haben. Du kannst immer zu uns kommen. Wir werden ein großes Haus führen. Für dich ist immer Platz.«
»Danke für das Angebot«, sagte Carlotta mit ihrer arrogantesten Miene. Sie erkannte sehr deutlich, daß sie zu dem geworden war, was alle Mädchen fürchteten: eine übriggebliebene Verwandte, eine alte Jungfer.
Sie war fünfundzwanzig Jahr alt.
Aber das Schicksal meinte es gut mit ihr. Nicht nur daß sie von nun an in einem wundervollen Schloß wohnte, in zwei prachtvollen Zimmern, ein eigenes Mädchen zur Bedienung hatte, sie bekam eine Familie.

Es war nicht ihre eigene Familie. Es war eine fremde Familie, eine geborgte Familie, noch dazu in einem fremden Land. Aber nirgends auf der Welt, das erkannte sie bereits nach wenigen Wochen, hätte sie sich geborgener, heimatlicher fühlen können als bei den Ciavani. Und sie fügte nach einiger Zeit ihrem Abendgebet die Worte an: Bitte, lieber Gott, mach, daß ich lange hierbleiben kann.
Und dann sagte sie noch, ganz leise: Danke, Elisabeth.
Hier im Schloß Ciavani, freundlich aufgenommen und zunächst weitgehend sich selbst überlassen, so daß sie Zeit hatte, sich zurechtzufinden und einzugewöhnen, begann ihr eigentliches, ihr wirkliches Leben.
Nach dem Staunen der ersten Tage, nach der Scheu, die überwunden werden mußte, bei der Begegnung mit einer vollkommen fremden Welt, ging Carlotta schon sehr bald durch die hoheitsvollen Räume des Schlosses, als sei sie hier aufgewachsen.
Die Dimensionen waren gewaltig: die riesige Halle, die man als erstes betrat, die zweigeteilte Treppe, die sich im ersten Stock zu einer breiten Ballustrade vereinigte, die endlosen Gänge, all die Zimmer und Säle, die nicht zu zählen waren, kaum vorstellbar, daß sich jemand darin zurechtfand. Alles war weit, hoch, lang, alles war von unvorstellbarer Pracht und einem unendlichen Reichtum der Ausstattung. Und all dies war durchaus geeignet, einen Fremdling einzuschüchtern und zu verwirren.
Nicht so Carlotta. Sie war bewegt, sie war hinge-

rissen von all dem Schönen, das sie sah, und sie empfand es vom ersten Augenblick an als unverdientes Glück, daß sie hier sein durfte.

Sie hatte immer schon schöne und freie Bewegungen gehabt, nun gewöhnte sie sich ein stolzes Schreiten an, trug den Kopf noch höher, die Schultern gerade, die Säume ihrer Röcke schleiften mit lässiger Grandezza über den Marmorboden. Und ständig stand sie und schaute: Bilder, Skulpturen, Fresken und Gobelins, prachtvolle Deckengemälde, goldene Geländer, schwere Portieren. Und dann machte sie Entdeckungen, fand in einer Nische eine vergessene Bronzefigur, hinter einem Vorhang ein verblaßtes Porträt, sah eine edle alte Vase, geschliffene Gläser, altes Gerät – Dinge, die längst keiner mehr beachtete in diesem Bau, die ihr Künstlerauge neu entdeckte.

Der Conte freute sich über ihr Entzücken, ihr Verständnis, ihre Kenntnisse, er sagte, er sehe alles ganz neu, was er doch schon seit seiner Kindheit kenne, sehe es nun mit ihren Augen. Und scherzend fügte er hinzu, er hätte allerdings nicht erwartet, daß man ihm statt einer Gouvernante einen Museumsdirektor ins Haus schicken würde. Solche Bemerkungen gingen ihm leicht über die Lippen, waren ohne Schärfe, ohne Ironie, stets begleitet von dem Charme seines Lächelns.

Sie war eine Angestellte in diesem Haus, die Erzieherin der Kinder, aber sie hätte genausogut die Schloßherrin sein können, so sicher, so selbstverständlich bewegte sie sich bereits nach kurzer Zeit darin, und zweifellos trug das dazu bei, daß man sich so schnell und leicht an sie gewöhnte: der Conte, die Contessa, die Kinder, der Vater der

Contessa, der gelegentlich zu Besuch kam, und nicht zuletzt die Dienerschaft.
Letzteres war nicht unwichtig. Es gab unendlich viel Bedienstete im Schloß, für jede Aufgabe und für jede Verrichtung, noch die allergeringste, standen zahlreiche Hände zur Verfügung, und es war genau geregelt, wer was tun durfte, jeder hatte seinen Bereich und seine Pflichten, und jeder wachte eifersüchtig darüber, daß keiner ihm von den seinen eine stahl, denn hier im Schloß zu dienen begriffen sie ausnahmslos als hohe Ehre und Auszeichnung, ein Geschenk der gütigen Madonna persönlich, denn es erhob sie über alle anderen Menschen rundherum im Land, ließ sie teilhaben an der Pracht und Herrlichkeit dieses Lebens und ersparte ihnen die Armseligkeit und die Not, in der gewöhnliche Menschen leben mußten. Denn das Volk war arm, lebte mehr als bescheiden. Gehörte man auch nur zu den Landarbeitern der Ciavani, war man schon privilegiert, denn der Conte behandelte seine Leute gut und bezahlte sie vergleichsweise hoch. War man jedoch im Schloß beschäftigt, gehörte man zu den Auserwählten, war schon auf Erden dem Himmel nahe.
Herr über das Ganze war Signor Diego, dessen Rang die Bezeichnung Diener nicht gerecht geworden wäre. In England hätte man ihn möglicherweise einen Butler genannt, aber auch das wäre zu wenig gewesen. Am besten konnte man ihn als Haushofmeister bezeichnen, ein Majordomus, dem alle Obliegenheiten des Hauses anvertraut waren und der diesem Haushalt, wenn man schon diesen simplen Begriff gebrauchen wollte, vorstand wie ein Dirigent seinem Orchester.

Er war, wie Carlotta bald erfuhr, schon bei dem Vater des Conte in Diensten gewesen, und als sie ihre Stellung antrat, war er ein würdiger Herr von Anfang Sechzig, eine schlanke, imponierende Erscheinung, das schwarze Haar von dekorativen Silberfäden durchzogen, sich seiner Würde durch und durch bewußt. Irgendeine Arbeit selbst zu verrichten wäre verständlicherweise unter dieser Würde gewesen, hätte seine Untergebenen außerdem zutiefst verstört. Er war für sie eine weitaus wichtigere Person als der Conte oder die Contessa, an ihm hingen ihre Blicke – ein leichtes Heben seiner Augenbraue, eine winzige Handbewegung, ein Zucken der Mundwinkel, das genügte zumeist schon für die Dienerschar, das ihre zu tun.
Er wurde mit Herr angesprochen – Signor Diego oder einfach Signore, und respektiert wurde er nicht nur von den Dienern, sondern auch von den Kindern, ja selbst von dem Conte und der Contessa. Mit einem Wort: Signor Diego stellte in diesem Haus eine große Autorität dar.
Das hatte Carlotta zuvor keiner gesagt, damit wurde sie konfrontiert, und zwar vom Augenblick ihres Eintreffens an. Wäre sie von ihm nicht akzeptiert worden, so wäre ihr Verbleiben im Schloß Ciavani sicher nicht von Dauer gewesen. Aber nach einigen Tagen des Abwartens war Signor Diego zu dem Schluß gekommen, daß sie hierherpaßte – ihre Art, sich zu geben und zu bewegen, die selbstverständliche Gelassenheit, mit der sie sich in dieser feudalen Welt zurechtfand, natürlich auch ihr perfektes Italienisch, die Bestimmtheit, mit der sie die ihr zukommenden Ansprüche vertrat, all das hatte ihn überzeugt.

Nach einer Woche bereits tauschte er das Mädchen aus, das sie bediente. War es zunächst ein dummes kleines Ding gewesen, noch nicht lange vom Dorf ins Schloß gekommen, so erhielt Carlotta nun eine perfekte Kammerfrau zur Bedienung, Margarita mit Namen, die nur für sie und ihre Angelegenheiten zuständig war; sie hielt Carlottas Sachen in Ordnung, sorgte dafür, daß immer frisch gewaschene und gebügelte Blusen bereitlagen, pflegte ihre Wäsche, besorgte die beiden Zimmer, die Carlotta bewohnte, was nicht hieß, daß Margarita in diesen Zimmern saubermachte, dafür waren andere Kräfte vorhanden, die ihrerseits von Margarita beaufsichtigt wurden, und schließlich und endlich war Margarita die Verbindungsperson zwischen Carlotta und den übrigen Bediensteten des Schlosses. Wollte Carlotta beispielsweise einen Wagen haben, um auszufahren, allein oder mit den Kindern, so war es Margarita, die den Befehl an den Stall weitergab. Auch reiten durfte Carlotta ohne weiteres, nachdem man teils mit Erstaunen, teils mit Anerkennung, dies von seiten des Conte, ihre Fertigkeiten auf diesem Gebiet entdeckt hatte. Nur durfte sie niemals allein reiten, das hätte sich nicht gehört, ein ›groom‹ mußte sie, in gebührendem Abstand, begleiten. Zumeist war auch Sandro dabei, der bereits sehr sicher im Sattel saß.

Contessa Lenora ritt nicht, sie fuhr höchstens in einem geschlossenen Wagen aus, wie sie überhaupt verdunkelte, abseits gelegene Zimmer bevorzugte. Sie war eine zierliche, feingliedrige Person, mit ernsten dunklen Augen und dunklem Haar, das so voll und schwer war, daß man oft das

Gefühl hatte, ihr dünner Hals müsse unter der Last abbrechen. Sie wirkte ein wenig kränklich, obwohl keiner von Krankheit sprach. Ihre regelmäßigen Besucher waren der Priester und der Arzt, ansonsten hatte man das Gefühl, sie war froh, wenn keiner sie behelligte. Davon abgesehen war sie von großer Liebenswürdigkeit, von ausgesuchter Höflichkeit zu jedem, mit dem sie sprach, ob es ihr Mann war, die Kinder oder die Zofe.

Oft sah man sie den ganzen Tag nicht, sie blieb in ihren Räumen und erschien erst zur Cena, der abendlichen Mahlzeit, die immer sehr feierlich zelebriert wurde, ganz gleich, ob sich Gäste im Haus befanden oder ob der Conte und die Contessa sich allein zu Tisch begaben.

Dann war sie immer sehr elegant gekleidet und hatte einzelne Stücke ihres wundervollen Schmuckes angelegt; sie besaß Juwelen von ausgesuchter Schönheit, Edelsteine, Brillanten, Perlen, und immer neue Kostbarkeiten kamen dazu, der Conte brachte von jeder Reise eine Gabe mit, aber mehr noch wurde sie von ihrem Vater beschenkt. Er lebte in Verona und kam mindestens einmal im Monat für einige Tage zu Besuch, und jedesmal hatte er für seine Tochter ein neues Geschmeide dabei.

Carlotta mochte den Marchese Volmone, obwohl er sich ihr gegenüber zunächst sehr kritisch und reserviert gegeben hatte. Doch er unterzog jeden, der in den Lebenskreis seiner Tochter trat, einer strengen Prüfung, denn er liebte nichts auf Erden so sehr wie Lenora, das einzige, was zu lieben ihm geblieben war, wie Carlotta mit der Zeit erfuhr.

Seine Frau war schon gestorben, die beiden Brüder der Contessa überlebten die Kinderjahre nicht, und der einzige Bruder des Marchese, an dem er sehr gehangen hatte, war in der Schlacht bei Solferino 1859 gefallen. Es blieb ihm nur die Tochter, und er hatte sie behütet und verwöhnt, vor der rauhen Wirklichkeit beschützt, zumal sie, wie sich herausstellte, das schwache Herz der Mutter geerbt hatte.

Das alles erfuhr Carlotta nicht sogleich, erst nach und nach und manches viel später. Lenora selbst erzählte ihr einmal, in einer ihrer seltenen mitteilsamen Stunden, daß ihr Vater unbeschreiblich gelitten hatte, als sie heiratete und ihn verließ, auch wenn sie sich glücklicherweise nicht allzuweit entfernte. Und was für Qualen er ausgestanden hatte, als sie die Kinder gebar. In Verona bewohnte er einen schönen alten Palazzo, ganz allein, auch er besaß wundervolle Bilder und vor allem eine berühmte Bibliothek voller Erstausgaben. Wenn die Contessa ihren Vater besuchte, wurde sie meist von Carlotta und den Kindern begleitet, und obwohl es keine weite Reise war, ging sie stets mit großem Aufwand vonstatten. Um seiner Tochter jede Mühe und jede Anstrengung zu ersparen, kam der Marchese lieber nach Vicenza. Manchmal brachte er seinen Hausarzt mit aus Verona, weil er befürchtete, Lenora werde nicht richtig umsorgt und behandelt, und dann war jedesmal der Arzt der Familie, der ohnedies jede Woche zweimal aus Vicenza heraus zu ihnen kam, tödlich beleidigt. Der Marchese erklärte geduldig und langatmig dem Vicenser, daß der Veroneser schließlich Lenora seit ihrer Geburt kenne und allerbestens wisse,

was ihr fehle und was ihr guttue. »Aber mir fehlt gar nichts, Papa«, sagte die Contessa und lächelte ihren Vater an. »Es geht mir gut.«
Carlotta kam nie dahinter, ob die Contessa wirklich krank war oder ob sie nur so ein Treibhauspflänzchen war oder zu einem gemacht worden war, durch die übergroße Fürsorge ihres Vaters. Tatsache war, daß sie niemals ernsthaft krank war, solange Carlotta sie kannte, sie bekam nicht einmal das Fieber, das hier in der Ebene sehr leicht einen Menschen befallen konnte.
Der Conte beteiligte sich nie an den sorgenvollen Fragen und Befürchtungen seines Schwiegervaters, er war höflich und liebevoll zu seiner Frau, versuchte jedoch nie ihre geliebte Einsamkeit zu stören und lebte sein Leben, wie es ihm paßte.
Als Carlotta zu den Ciavani kam, war Lenora achtundzwanzig Jahre alt, also nicht viel älter als Carlotta selbst. Um die Kinder kümmerte sie sich kaum, die hatten ihre eigenen Leute.
Ganz anders der Conte. Wenn er nicht verreist war, was öfter vorkam, dann war er immer und überall zugegen. Er war ein schlanker Mann, groß für einen Italiener, hatte ein scharf geschnittenes, ausgeprägtes Gesicht und war von lebhaftem Temperament und fröhlicher Gemütsart. Ging etwas nicht nach seinen Wünschen, konnte er ungeduldig werden, auch zornig, aber er war niemals nachtragend oder ungerecht. Um seinen großen Besitz kümmerte er sich gern selbst, auch wenn natürlich die Verwaltung des Gutes in besten Händen lag. Noch weit entfernt vom Schloß, außerhalb des Giardino, wie der riesige Park genannt

wurde, gehörten alle Ländereien den Ciavani. Der Conte ritt gern selbst hinaus oder fuhr mit dem Einspänner über sein Land und informierte sich über den Stand der Arbeiten, ganz im Gegensatz zu den meisten seiner Standesgenossen, die sich um die Wirtschaft gar nicht kümmerten und nur am finanziellen Ertrag interessiert waren. Und da der Conte, auch wieder im Gegensatz zu anderen Feudalherren, sein Personal, sei es der Verwalter, sei es der letzte Landarbeiter im Maisfeld, gut behandelte, war er überall beliebt.

Auch Carlotta verfiel seinem leicht dekadenten Charme vom ersten Tag an. Sie freute sich, wenn sie ihn sah, und sie sah ihn oft, er kam vorbeigeritten, wenn sie mit den Kindern im Park war, er sprang vom Pferd, setzte sich zu ihnen, scherzte, lachte, war immer unterhaltend.

Die Kinder liebten ihn sehr. Es waren drei. Für Carlotta zunächst nur zwei, der achtjährige Alessandro und die siebenjährige Gabriella. Das jüngste Kind, Francesca, war erst drei Jahre alt und noch in der Obhut der Kinderfrau.

Mit den Kindern hatte Carlotta keine Schwierigkeiten, sie waren wohlerzogen, leise und höflich, hörten aufmerksam zu, wenn Carlotta ihnen etwas erklärte, und waren bemüht, zu lernen und zu verstehen. Es war alles in allem das genaue Gegenteil von Retzing, und anfangs dachte Carlotta manchmal, es könne nur ein Traum sein, soviel Vollkommenheit könne es auf Erden nicht geben.

Angeregt von allem, was sie sah, besonders von den Kunstschätzen im Schloß, begann Carlotta wieder zu malen, und zwar mit jener Hingabe, die

sie als sehr junges Mädchen empfunden hatte, als sie noch von dem Beruf einer Malerin träumte. Hier nun fand sie Interesse, Verständnis, Anteilnahme an ihrer Arbeit. Conte Claudio ermunterte sie, nachdem er ihre Zeichnungen und Aquarelle betrachtet hatte, doch auch einmal in Öl zu malen, und er erbot sich, ihr die nötigen Utensilien aus Vicenza oder Verona mitzubringen. Oder ob sie ihn begleiten wolle? Dann könne sie sich selbst aussuchen, was sie brauche.
Im Laufe der Zeit lernte sie, mit ihm als sachkundigem Führer, die Städte der Umgebung kennen, kam endlich auch nach Venedig. Sie waren selbstverständlich nie allein, wurden begleitet von den Kindern und deren Kinderfrau, von einem Diener, und sogar Signor Diego war einige Male mit von der Partie, beispielsweise wenn wichtige Einkäufe zu tätigen waren, die er selbst überwachen wollte.
Daß Carlottas Mutter Venezianerin war, Carlotta selbst also eine halbe Italienerin, fanden alle im höchsten Grad erfreulich und sahen nicht zuletzt darin den Grund für das gegenseitige gute Verstehen.
Natürlich drängte es sie, ihrer Familie in München von diesem neuen herrlichen Leben, in das sie geraten war, Mitteilung zu machen, und sie schrieb lange und begeisterte Briefe nach Hause, die zumeist von ihrer Mutter beantwortet wurden, die ihrerseits sehr befriedigt war, die Tochter in Italien zu wissen.
Ihr Vater war davon weniger entzückt und ließ einige Male verlauten, er hoffe, Carlotta werde in nicht zu ferner Zukunft zurückkehren. Von ihren

Brüdern bekam Carlotta nie Post, das Verhältnis zu ihnen war nie ein sehr nahes gewesen. Aber Emma schrieb gelegentlich, so zum Beispiel, daß sie Carlotta beneide, sie würde auch viel lieber dieses Leben führen als ihr eigenes. Emma starb zwei Jahre später, bei der Geburt ihres dritten Kindes. Die Ehe, die sie nicht glücklich gemacht hatte, war schließlich ihr Tod gewesen. Carlotta kam aus diesem Anlaß das erstemal wieder nach München, zu spät allerdings, um an der Beerdigung in Ingolstadt teilzunehmen.

Max Joseph von Leinfeld legte Carlotta dringlich nahe, nun zu bleiben und sich statt um fremde Kinder lieber um die verwaisten Kinder ihrer Schwester zu kümmern. Carlotta lehnte ab, klar und unmißverständlich, nicht einmal um beschönigende Ausreden bemüht. Die Kinder ihrer Schwester waren ihr fremd, die Kinder der Ciavani liebte sie. Sie begriff auch durchaus, was ihr Vater dachte, wenn auch nicht aussprach, daß der Witwer nun vielleicht die jüngere Schwester heiraten würde, da er ja eine Frau und eine Mutter für die Kinder brauchte. Für Carlotta unvorstellbar, sie hatte ihren Schwager nie gemocht, seine Frau zu werden war das letzte, was sie sich wünschte.

Teresa war ganz auf der Seite ihrer Tochter. Wenn sie so ein wunderbares Leben dort in Italien hatte, solle sie dort bleiben.

»Racconti!« bat sie immer wieder, und Carlotta erzählte vom Schloß, vom Park, von den Menschen, mit denen sie lebte. Und geübt, wie sie jetzt wieder mit dem Zeichenstift war, hielt sie für ihre Mutter alles in Skizzen fest, das Schloß, die Auffahrt, die Pappelallee, die Zypressen im Park, den

Blick hinüber zu den Monti Berici, auch Porträts des Conte und der Contessa, der Kinder gingen ihr leicht von der Hand, so vertraut waren ihr diese Gesichter.

Mit Max Ludwig und seiner Frau gab es kaum Berührungspunkte, er hatte seine Karriere im Sinn, die Frau war die gleiche Gans geblieben, Kinder hatte sie noch nicht, was Max Ludwig zu ärgern schien.

Der jüngere Bruder studierte noch immer in Heidelberg und sei leider ein etwas verbummelter Student, wie Carlotta erfuhr, aktiv nur in seiner Verbindung und auf dem Paukboden.

Emmas Mann heiratete übrigens nach der kürzest möglichen Frist, nach einem Jahr, wieder, eine einigermaßen erträgliche Person, wie Teresa schrieb, ›non è bella ma molto cordiale‹, weswegen man hoffen könne, die Kinder seien bei der neuen Mutter gut versorgt. Offenbar hatte Emmas Mann, inzwischen Hauptmann, nun eine Frau, der die Liebe nicht ein Greuel war, denn sie bekam hintereinander selbst drei Kinder.

Dann starb, zwei Jahre später, Max Joseph von Leinfeld, und danach drängte keiner mehr Carlotta, heimzukehren. Nichts gefährdete Carlottas Bleiben bei den Ciavani. Die einzige Gefahr, die drohte, war sie selbst, oder besser gesagt, ihr Gefühl.

Denn wie nicht anders zu erwarten, war sie von der dritten und größten Verliebtheit ihres Lebens befallen worden, und diesmal war es Liebe, leidenschaftliche Liebe, unerfüllbare Liebe, unglückliche Liebe, hoffnungslose Liebe – sie liebte den Conte Claudio. Wie hätte es nicht geschehen sol-

len? Ein Mann wie er, mit seinem Aussehen, seinem Charme, seiner Warmherzigkeit – wie hätte Carlotta mit ihren ungenutzten Gefühlen ihn nicht lieben sollen?
Es war ein Stück Hölle in diesem Paradies, in dem sie lebte. Aber selbst diese Hölle war so süß, daß sie nicht gewußt hätte, wie sie ohne sie weiterleben sollte.
Wenn sie manchmal daran dachte, ihre Stellung zu kündigen, fortzugehen, um ihn nie, nie wiederzusehen, so wußte sie doch gleichzeitig genau, daß es müßige Gedanken waren, Gedankenspielereien, denn lieber leiden und ihn sehen als Frieden haben und ihn nicht mehr sehen. Es wäre der Frieden eines Kirchhofes, denn auch wenn man litt, lebte man.
Und sie sah ihn oft. Bereits am Morgen, wenn sie aufstand, wenn sie mit den Kindern frühstückte, wenn die ersten Lektionen begannen, wartete sie auf ihn.
Er kam, oft schon während sie beim Frühstück saßen, trank eine Tasse Kaffee mit ihnen, hatte irgendeine amüsante Geschichte zu erzählen, die die Kinder zum Lachen brachte, und nie versäumte er, in ihr Gesicht zu sehen, ob sie auch lachte. Oder er kam während der Unterrichtsstunden, gab sich als gelehriger Schüler, stellte sich dennoch absichtlich dumm, wenn sie im Scherz eine leichte Frage stellte, auf die ihm partout keine Antwort einfallen wollte. Und dann lachten sie alle vier. Oder er kam aus den Weingärten, erzählte, wie weit sie mit der Lese waren, manchmal wußte er auch eine Geschichte aus dem Dorf, von den Leuten dort, und immer waren es lustige Geschichten,

so zum Beispiel, daß der Hütejunge Giuseppe ein ganzes Pfund Käse auf einmal gegessen habe, und gut bekommen sei es ihm auch.

Vom Ernst des Lebens erfuhren die Kinder nichts, denn traurige oder böse Ereignisse, die es im Dorf zweifellos ja auch geben mußte, wurden ihnen nicht berichtet.

Höchstens die dramatische Geschichte bekamen sie vorgesetzt, wie das neue junge Pferd des Contes mit seinem Herrn durchgegangen war und sie dann beide, der Conte und das Pferd, mitten im Gemüsegarten der Signora Battista gelandet waren. Immer wußte er etwas zu erzählen, und immer brachte er seine Zuhörer zum Lachen. War er schlecht gelaunt oder verärgert, zog er sich zurück, nur Signor Diego wurde dann gerufen, um den Ärger mit ihm zu besprechen. Andere behelligte er damit nicht.

Manchmal dachte Carlotta, daß es nicht ganz die richtige Art von Erziehung für die Kinder sei, wenn sie immer nur eine Seite des Lebens kennenlernten, die helle, sonnige, fröhliche. Aber möglicherweise, das dachte sie auch, gewannen sie dadurch die Kraft und auch die Ausgeglichenheit, um später, wenn sie erwachsen sein würden, mit den Schwierigkeiten ihres Lebens besser fertig zu werden. Mit anderen Kindern kamen sie selten zusammen; da der Conte keine Geschwister hatte und die Brüder der Contessa jung gestorben waren, fehlte die Verwandtschaft, wie sie sonst in italienischen Familien so zahlreich war. Mit den Kindern des Dorfes kamen sie überhaupt nicht in Berührung. Es gab zwei Familien in Vicenza, die Kinder hatten, doch alle älter als Sandro und Ga-

briella, die gelegentlich eingeladen wurden, aber es blieb bei einer flüchtigen Bekanntschaft, kam zu keiner Freundschaft. Carlotta machte dem Conte gegenüber einmal eine Bemerkung, ob es denn gut sei, daß die Kinder gar so abgeschlossen von der Welt aufwüchsen, und er meinte daraufhin, es komme alles noch zur rechten Zeit, Sandro werde auf die Militärakademie gehen und später ein wenig studieren, und Gabriella einige Jahre in ein Pensionat. Dann würden sie rechtzeitig genug mit anderen Menschen zusammentreffen.
Es wird auch wieder eine abgeschlossene, sehr lebensferne Welt sein, dachte Carlotta. Aber es war nicht ihre Aufgabe, den Lebensstil dieser Klasse in diesem Land zu kritisieren. Zumal die Kinder eins gewiß von ihrem Vater und auch von ihrer Mutter lernten: daß man Untergebene freundlich behandelte und als Mitmenschen respektierte. Dies war durchaus nicht die Regel in diesen Kreisen.
Gesellschaftliches Leben auf dem Schloß gab es kaum. Außer Priester und Arzt, außer jenen wenigen befreundeten Familien, hatten sie selten Gäste, doch keiner schien es zu vermissen. Elisabeth von Wieden kam jedes Jahr zu Besuch, immer zu Carlottas großer Freude, einmal begleitet von ihrem Mann, einem etwas zugeknöpften Herrn, zu dem auch Elisabeth in nicht gerade zärtlicher Beziehung zu stehen schien.
Die Contessa ihrerseits begab sich jedes Jahr nach Wien, das heißt, sie tat es während der ersten vier Jahre, die Carlotta in Ciavani weilte, später reiste sie gar nicht mehr. Der Conte reiste oft und gern, auch ins Ausland, nach Frankreich, nach Deutschland, einmal sogar nach England.

Österreich wurde kaum als Ausland betrachtet, denn bis zum Jahr 1866 hatte Venetien ja noch dem Habsburger Reich angehört, und die Verbindung zu Wien, auch zum Wiener Hof, war immer noch eng, jedenfalls in diesen Kreisen.
Einmal fuhr Carlotta noch nach München, das war, als ihre Mutter krank war und noch während ihres Aufenthaltes in der Heimat starb.
Damit war eigentlich jede Verbindung zu ihrer eigenen Familie beendet. Ihre Familie waren die Ciavani, waren es mit jedem Jahr mehr geworden. Nach einem eigenen Mann, nach eigenen Kindern verlangte es Carlotta nie. So wie sie Conte Claudio liebte, würde sie einen anderen Mann nie lieben können. Und welcher Mann auf Erden hätte neben ihm bestehen können? Das Glück und die Qual dieser Liebe, von der keiner wußte, nie einer wissen durfte, am wenigsten er selbst, waren Inhalt ihres Lebens geworden.
Und so wie sie ihn liebte, liebte sie seine Kinder. Mit größter Sorgfalt und Hingabe widmete sie sich ihrer Erziehung und Ausbildung, auch später, als ein Hauslehrer ins Schloß kam, der zusätzliche Fächer übernahm, sich aber niemals in ihre Kompetenzen mischte, weil er sofort erkannt hatte, welch wichtige und beherrschende Rolle sie in dieser Familie spielte. Er respektierte Carlottas Rechte, war fast ein wenig servil ihr gegenüber, machte auch einen schüchternen Versuch, sich ihr zu nähern, beides übersah sie souverän.
Er wurde nach nicht allzu langer Zeit gegen einen anderen Lehrer ausgetauscht, der wirklich einen hervorragenden Unterricht gab, wie Carlotta anerkennen mußte, sich aber sonst nur um seine ei-

genen Angelegenheiten kümmerte, er schrieb an einem umfangreichen Buch über die römischen Kaiser, sein Lebenswerk, wie er es selbst nannte, und das erfüllte ihn restlos und machte ihn außerhalb der Unterrichtsstunden für die übrigen Bewohner unsichtbar.

Noch mehr Freude an ihrer Arbeit, falls das überhaupt möglich war, empfand Carlotta, jedenfalls anfangs, als sie begann, das jüngste der Kinder, die kleine Francesca, zu unterrichten. Francesca war ein Kind von engelhafter Schönheit, von bezaubernder Anmut. Carlotta hatte die Kleine unzählige Male gezeichnet und gemalt in jeder nur denkbaren Pose, und es war eine der wenigen Gelegenheiten, bei denen der Conte eine sanfte Mahnung aussprach, dahingehend, sie solle das Kind nicht allzu eitel machen.

Diese Mahnung war berechtigt. Das Kind war eitel. Das Kind war überdies selbstsüchtig und berechnend, was es allerdings geschickt hinter Schmeicheleien verbarg. Francesca verstand es, und zwar ganz bewußt, sich bei jedermann beliebt zu machen, im Laufe der Jahre mit wachsender Routine. Leider, das mußte sich Carlotta nach einiger Zeit widerstrebend eingestehen, hatte Francesca nicht die guten Charaktereigenschaften der beiden älteren Kinder, sie log, sie war kaltherzig, sie konnte hinterhältig sein. Und machte es wieder gut mit überströmender Zärtlichkeit, mit so süßen Worten, daß man ihr immer wieder vergab. Mit einem Wort, Francesca war ein wenig problematisch und bereitete Carlotta manchmal Kopfzerbrechen.

Ein weiteres Kind hatte Contessa Lenora nicht

mehr bekommen, obwohl sie jung genug gewesen wäre. Carlotta fragte sich manchmal, allein schon bedingt durch ihre Liebe zu dem Conte, wie wohl das Verhältnis zwischen dem Ehepaar war. Liebte sie ihn? Liebte er sie? Sie begegneten einander mit ausgesuchter Höflichkeit, aber ein wenig kühl war die Atmosphäre doch. War die Contessa nicht eifersüchtig, wenn ihr Mann für Wochen verschwand? Carlotta war es, und sie quälte sich damit, daß er irgendwo eine Geliebte haben könne, eine Frau, die er liebte, die mehr von ihm wußte, als Carlotta je von ihm wissen würde.

Contessa Lenora schien sich in dieser Richtung keinerlei Gedanken zu machen. Kam er zurück von einer Reise, war ihr Verhalten wie stets, liebenswürdig, doch ein wenig uninteressiert. Der Conte verteilte seine Geschenke, auch Carlotta bekam immer etwas mitgebracht, und sie bebte im wahrsten Sinn des Worts jedesmal dem Moment entgegen, wenn sein Blick endlich wieder auf sie gerichtet war. Die Zeit seiner Abwesenheit war schwer zu ertragen, aber auch wieder wichtig für sie, damit sie Gelegenheit fand, zur Besinnung zu kommen. Manchmal dachte sie: Soll es ewig so weitergehen? Ich muß fort von hier, ich gehe kaputt an dieser Liebe. Aber ohne ihn zu leben, ihn nicht mehr zu sehen, war ein so unvorstellbarer Gedanke, daß sie sofort beschloß, zu bleiben und ihr Schicksal zu tragen.

In all den Jahren hatte er kaum ihre Hand berührt, war nie die geringste Vertraulichkeit zwischen ihnen gewesen, außer seinen Blicken, seinem Lächeln, und beides konnte intensiver sein als eine Berührung.

Ganz verborgen blieb Carlottas Geheimnis nicht. Sie befand sich seit etwa sieben Jahren bei den Ciavani, da war wieder einmal Elisabeth zu Besuch.
An einem Frühsommerabend, sie saßen für eine Weile allein auf der Terrasse, sagte Elisabeth auf einmal: »Wollen Sie noch immer hierbleiben, Carlotta?«
Carlotta hob überrascht den Blick. »O ja. Warum nicht?«
»Ich denke mir, daß es vielleicht ganz gut für Sie wäre, sich nach einer neuen Stellung umzusehen. Ich will Ihnen gern behilflich sein.«
»Warum sollte ich fort? Ich bin so gern hier.«
»Wirklich? Ist nicht manches hier für Sie auch – ein wenig belastend?«
Carlotta wußte nicht, was sie sagen sollte. Aber sie begriff, daß Elisabeth ihre Gefühle erkannt hatte. Und das führte zu der Frage: Nur sie? Wußten andere auch, wie es um sie stand?
Carlotta war sicher, daß sie sich vorbildlich zu beherrschen verstand, es gab keinen unbedachten Blick, kein unüberlegtes Wort, sie bestand nur aus Selbstbeherrschung, aus Selbstkontrolle, und wie zerstörend das auf die Dauer wirken mußte, daran dachte sie nicht. Aber Elisabeth schien es zu denken.
Elisabeth hatte auf ihre Frage keine Antwort bekommen. Carlotta blickte an ihr vorbei, in den dunkelnden Park hinaus, bemüht, die Tränen zu unterdrücken, die ihr in die Augen gestiegen waren. Sie weinte jetzt manchmal, ganz ohne Grund. Nachts, wenn sie im Bett lag.
»Ich habe Sie gestern angesehen, Carlotta, als ich

spielte«, sagte Elisabeth nach einer langen Weile des Schweigens.

»Sie haben wunderschön gespielt«, sagte Carlotta leise.

»Ich habe Tränen in Ihren Augen gesehen, Carlotta.«

»Die Musik war so schön.«

»War das allein der Grund? Musik kann die Schmerzen einer wunden Seele vergrößern, das ist wahr.«

Im Saal waren Schritte zu hören, sie würden nicht mehr lange allein bleiben.

»Sie sollten mich in Wien besuchen, Carlotta. Ich finde, Urlaub steht Ihnen längst zu. Wir könnten in die Oper gehen und sonst noch einiges unternehmen. Und vor allem einmal in Ruhe über Sie reden. Über Ihre Zukunft.«

»Meine Zukunft? Ich habe keine.«

»Sie sind jung genug, um eine zu haben. Vielleicht sollten Sie heiraten.«

Carlotta lachte unsicher. »O Gott, nein. Ich wüßte nicht, wen.«

Elisabeth dachte: Ich werde einen Mann für dich finden. Ich habe dich hierhergebracht, ich werde dich wieder von hier wegbringen.

Der Conte trat zu ihnen auf die Terrasse, rasch, lebhaft, ein Bonmot auf den Lippen.

Elisabeth lächelte zu ihm auf, unbefangen, aber wachsam. Carlotta saß still, mit freundlicher Miene, sie war ganz sicher, daß keiner ihr anmerkte, wie sich die Welt für sie veränderte, wenn *er* auftrat.

Elisabeth dachte: Heiraten! Welcher Mann könnte ihr etwas bedeuten, nachdem sie nun seit Jahren diesen hier um sich hat. So etwas wie den kann ich nicht für sie finden. Sie wird ihn lieben, bis ihr Herz in tausend Teile zerbrochen ist, und ich bin schuld, ich habe sie hierhergebracht. Aber das werde ich gutmachen. Zunächst werde ich dafür sorgen, daß sie mich in Wien besucht, und zwar für längere Zeit, und dann werde ich mit ihr sprechen, und zwar in aller Deutlichkeit. Vielleicht kann man mit ihren Bildern etwas machen, die sind wirklich sehr gut. Vielleicht finde ich jemand, der eine Ausstellung für sie macht, irgend etwas, das sie ablenkt, das ihr einen neuen Lebensinhalt gibt. Ja, das ist es. Vielleicht wird es eine Arbeitsmöglichkeit auf diesem Gebiet für sie geben. Und vor allem werde ich ihr erzählen, daß er vergangenen Herbst auch in Wien war. Seine Freundin, die Patucci, hat in Wien gastiert. Sie war eine hinreißende Violetta. Sie hat im Sacher gewohnt, er auch. Er saß jeden Abend in der Oper, wenn sie sang. Im Jahr zuvor war es Lady Jane, eine blonde Engländerin, die nur kühl auf jene wirkt, die von Frauen nichts verstehen. All das werde ich ihr erzählen, erbarmungslos. Auch daß es in Venedig eine Signora Gianna gibt, die seit sieben Jahren seine Mätresse ist und die zwei Kinder von ihm hat. Ich möchte wissen, ob Lenora es weiß. Sicher weiß sie es. Nur ist es ihr gleichgültig. Italienischen Frauen ist so etwas immer gleichgültig. Ihre Position ist unerschütterlich, genauso wie das Recht der Männer auf ihre Amouren. Außerdem wäre es Lenora lästig, einen Mann wie diesen allein zu bedienen.

Sie mußte auflachen bei diesem letzten Gedanken.

»Was amüsiert Sie, amica?« fragte Claudio und beugte sich über sie.
»Die Gedanken, die Frauen über Männer haben«, erwiderte Elisabeth prompt und blickte ihm spöttisch in die Augen. »Oder noch genauer: wie Männern wohl zumute wäre, wenn sie wüßten, was Frauen über sie denken.«
»Würden Sie es mir verraten?«
»Gewiß nicht.«
»Auch nicht, wenn wir allein wären?« fragte er mit einem Blick auf Carlotta. »Wenn wir nicht unschuldige Ohren damit behelligen würden?«
»Ach, so unschuldig sind Carlottas Ohren bestimmt nicht. Und es kann durchaus sein, daß ich es *ihr* verrate. Gerade ihr. Aber noch lange nicht Ihnen, Claudio.«
»Sie haben mich neugierig gemacht, Elisabeth. Wenn ich das nächstemal in Wien bin, darf ich auf das Thema zurückkommen?«
»Wir werden erst abwarten, womit Sie beschäftigt sind, wenn Sie das nächstemal in Wien sind, Claudio.«
Sie wich seinem Blick nicht aus, ihr Spott war offensichtlich. Sie war seinem Charme nie erlegen, sie war stets immun dagegen gewesen.
»Ich fürchte, Sie sind auf dem Wege, eine emanzipierte Frau zu werden, Elisabeth.«
»Und das ist für einen Mann Ihrer Art eine schreckliche Vorstellung.«
»Allerdings. Aber da ich alles an Ihnen liebe, werde ich es lieben müssen, wenn Sie emanzipiert sind.«
»Dann werden Sie auch lieben müssen, daß ich Ihnen Carlotta für eine Weile entführe.«

»O nein. Warum?«
»Ich habe sie eingeladen. Ich möchte, daß sie einen längeren Urlaub bei mir verbringt.«
Der Conte sah Carlotta an, mit jenem eindringlichen Blick, der einen Eisberg zum Schmelzen gebracht hätte. »Signorina, ist das wahr? Sie könnten sich von uns trennen?«
Carlotta beherrschte sich vorbildlich, ein kleines Lächeln, ein gleichmütiger Tonfall.
»Nur für einen kurzen Urlaub, Conte.«
»Für einen langen Urlaub«, verbesserte Elisabeth. »Darauf bestehe ich.«
Er weiß es, dachte Carlotta. Er weiß es, genauso, wie Elisabeth es weiß. Alle wissen es. Ich muß fort von hier. Bald. Für immer.

Aber es kam nicht einmal zu der Urlaubsreise, die Elisabeth angeregt hatte. Ehe Carlotta nach Wien fahren konnte, war Elisabeth tot, bereits wenige Wochen nach diesem Besuch. Ein Blinddarmdurchbruch.
Es blieb alles, wie es war; Sandro kam aus dem Haus, später auch Gabriella. Die Reisen des Conte wurden immer länger, man sah ihn manchmal monatelang nicht.
Francesca wurde immer schöner und immer unausstehlicher. Waren in früheren Zeiten ihre schlechten Eigenschaften noch als kindlich zu entschuldigen, so machte sie sich die Mühe nun nicht mehr. Sie war das einzige Mitglied der Familie, das bei der Dienerschaft unbeliebt war. Wenn sie in Wut geriet, ohrfeigte sie ihre Zofe oder warf ihr etwas an den Kopf. Sie schlug ihr Pferd und ihren Hund. Die einzige, der sie halbwegs gehorchte,

vor der sie Respekt hatte, war Carlotta, die ihr nichts durchgehen ließ und sie oft streng behandelte. Dann zog Francesca hochmütig die Oberlippe hoch, aber noch wagte sie es nicht, gegen Carlotta ernstlich aufzumucken. Ihre Mutter kümmerte sich um Francesca genausowenig, wie sie sich um die anderen Kinder gekümmert hatte, und wenn Carlotta einmal über das schwierige Mädchen mit ihr sprechen wollte, wehrte sie ab. »Oh, no, cara, das ist Ihre Aufgabe. Sie werden es schon richtig machen. Sie haben es immer richtig gemacht.«

Manchmal fragte sich Carlotta, nun ein wenig erbost, warum eine Frau überhaupt Kinder bekam, wenn sie so offensichtlich überhaupt kein Interesse an ihnen hatte. Der Conte, mit dem sie auch einmal über Francesca sprach, meinte leichtherzig: »Wir werden sie früh verheiraten.«

Zu diesem Zeitpunkt war Francesca gerade zwölf Jahre alt. Doch die Hochzeit dieser Tochter erlebte der Conte nicht mehr. Er war noch dabei, als Gabriella heiratete, mit neunzehn, aber im Jahr darauf fiel er in einem Duell, seltsamerweise im hohen Norden, in Berlin.

In Berlin war er früher nie gewesen, doch in letzter Zeit öfter, weil, wie er sagte, diese Stadt außerordentlich lebendig und amüsant sei. Aber soviel Verständnis für Amüsement hatte man in Berlin offenbar doch nicht, daß man seine Liaison mit der Frau eines hohen Offiziers widerspruchslos hinnahm. Der betrogene Gatte war ein guter Schütze. Der Conte Ciavani kam als Toter in seine Heimat zurück.

Das brachte Schmerz und Trauer ins Schloß, alle weinten um Claudio Ciavani, nur die Contessa nicht. Sie schien so unberührt von seinem Tod, wie sie in all den Jahren unberührt von allem geblieben war, was geschah.
Carlotta war zu diesem Zeitpunkt fast vierzig Jahre alt. Und nun gab es für sie keine Lösung von den Ciavanis mehr, sie blieben ihr Schicksal, ihre Familie. Da kurz nach Claudios Tod der Vater der Contessa starb, was dieser weitaus näherging, war es für Carlotta unmöglich, Lenora zu verlassen, die sich jetzt mehr an sie anschloß als je zuvor, jedenfalls für einige Zeit.
Dann bekam Gabriella ihr erstes Kind, im Jahr darauf das zweite, Sandro verlobte sich, und zwar mit einem Mädchen aus höchsten Kreisen, und Francesca wurde im Zimmer des neuen, noch jungen Hauslehrers erwischt, zwar noch gerade ehe etwas Nichtwiedergutzumachendes passiert war, aber immerhin kurz davor. Sie kam sofort in eine strenge Klosterschule, aus der sie ein halbes Jahr später ausriß, von dort nach Rom gelangte, nun mit der Absicht, Schauspielerin zu werden. Sie wurde zurückgeholt und zu ihrer Schwester Gabriella gebracht, die in einer sehr guten Ehe lebte, in Verona, und sehr tugendhafte, dabei aber liebenswerte Schwiegereltern hatte. Sie wohnten alle in einem schönen alten Palazzo, und zwar friedlich und in gegenseitigem Einvernehmen, und dort wurde die ungebärdige Francesca nun untergebracht, um bewacht und behütet und womöglich gebessert zu werden.
Dorthin zog nun auch Carlotta, denn ihre Hilfe schien vonnöten. Auch konnte man Sandro, wenn

er erst verheiratet sein würde, nicht zumuten, die schwierige Schwester im Haus zu haben.

So kam Carlotta ganz von selbst zu neuen Aufgaben, die Familie Ciavani blieb ihre Familie, die Sorgen der Ciavani blieben ihre Sorgen, die Kinder, die sie hatte aufwachsen sehen, blieben ihre Kinder, und die Kinder, die diesen Ehen entsprangen, wurden ihr abermals anvertraut. Es gelang schließlich auch, Francesca zu verheiraten, und daß sie später aus dieser Ehe ausbrach und nach Paris ging mit einem Liebhaber, war nicht mehr Carlottas Schuld.

Carlotta von Leinfeld kam 1919, nach dem Ende des großen Krieges, nach München zurück. Sie war einmal für kurze Zeit in Italien interniert gewesen, aber die Familie hatte das in Ordnung gebracht, und sie konnte weiter mit ihnen leben, sah Gabriellas Kinder, Sandros Kinder aufwachsen. Sie war streng geworden; sehr aufrecht und gerade ging sie immer noch, auch wenn die Knie sie schmerzten.

Die Ciavani, denen sie ein Leben lang treu gedient hatte, zahlten ihr eine Rente, die allerdings durch die Inflation, die dem Krieg folgte, immer mehr an Wert verlor. Sie bewohnte zwei kleine Zimmer in Schwabing, lebte allein und bescheiden, lebte von ihren Erinnerungen, die so reichhaltig waren, wie kaum eine eigene Familie sie ihr hätte bescheren können. In ihren Gedanken ging sie immer noch und immer wieder durch die herrlichen Räume des Schlosses, und immer noch lebendig, jetzt wieder mehr als in den vergangenen Jahren, war in ihrem Herzen das tiefe Gefühl, das sie für Conte Claudio empfunden hatte.

Sie saß an warmen Sommertagen auf einer Bank im Englischen Garten, ein altes weißhaariges Fräulein, ohne Besitz, ohne Familie, ohne einen Menschen, der zu ihr gehörte. Ihr Leben war vorbei. Aber es war ein reiches Leben gewesen.
Von ihrer eigenen Familie lebte nur noch ihr jüngster Bruder, doch der war schon Anfang des Jahrhunderts nach den Vereinigten Staaten ausgewandert, sie wußte nicht, wo er war und wie er lebte.
Die Ehe von Max Ludwig war kinderlos geblieben, so gab es nicht einmal Nichten oder Neffen, die manchmal nach ihr gesehen hätten. Emmas Kinder, einst in Ingolstadt, nun längst erwachsen, waren irgendwo. Carlotta hatte sich nie um sie gekümmert, warum sollten sie sich um Carlotta kümmern, die sie gar nicht kannten.
Sie war sehr einsam. Aber sie war nicht unglücklich. Um sie und in ihr war und blieb Schloß Ciavani, der Park, die Menschen, die ihr Leben gewesen waren.
Gabriella schrieb regelmäßig, ihre Kinder, nun auch schon verheiratet, schrieben.
Sie müssen uns bald wieder einmal besuchen, Carlotta, schrieben sie.
Carlotta zählte verwirrt die Millionen und Billionen, die ihr durch die Finger glitten.
Eine Fahrkarte nach Verona? Sie war froh, wenn es für die Miete reichte, für Tee, für eine Buttersemmel, einen Teller Suppe.
Aber sie war nicht unglücklich. Sie war zufrieden mit ihrem Leben, so wie es gewesen war. Und vielleicht würde sie Schloß Ciavani doch noch einmal wiedersehen. Das dachte sie jedes Früh-

jahr, und wenn die Sonne wieder wärmte, schritt sie langsam die Wege des Englischen Gartens entlang, sah die Türme der Theatinerkirche und dachte: Früher habe ich das gemalt. Aber das war lange her. Die Bilder von Schloß Ciavani waren näher. Viele Bilder von ihr waren im Schloß geblieben. Das hatten sie von ihr behalten, und vielleicht würden sie an sie denken, wenn sie die Bilder sahen. Sie las jeden Tag aufmerksam die Zeitung, um zu wissen, was in der Welt vorging. Aber die Welt war so verwirrend geworden, es geschah so viel, was man nicht mehr verstehen konnte.

Der einzige Mensch, der sich um sie kümmerte, war die Hausmeisterin in ihrem Haus, die fragte manchmal, ob sie etwas brauche, sie kaufte die wenigen Dinge ein, wenn sich Carlotta nicht wohl fühlte. Und sie saß eine Weile bei Carlotta und redete in dem vertrauten Bayrisch ihrer Kindertage.

Im November des Jahres 1923 hatte sich Carlotta nicht wohl gefühlt. Sie mußte einige Tage mit einer Erkältung im Bett liegen, sie hustete, sie fühlte Stiche in der Lunge. Krank zu sein war ihr verhaßt. Sie war es kaum je in ihrem Leben gewesen.

An einem Tag stand sie auf, die ewig geübte Disziplin und Selbstbeherrschung zwangen ihren schwachen Körper, sich aufrecht zu halten.

Sie würde einen kleinen Spaziergang machen, die Luft konnte ihr nur guttun.

Sie ging das kleine Stück zum Englischen Garten, die Wege waren leer, die Bäume schon fast kahl. Der Winter stand vor der Tür.

An den Winter in München hatte sie sich nie mehr gewöhnen können, sie sehnte sich nach Wärme und Sonne. Nächstes Frühjahr, dachte sie, fahre ich bestimmt. Ich werde sie besuchen. Sie würden mir das Geld ja schicken, wenn ich ihnen schreibe. Aber ich schaffe es auch so. Sie mußte stehenbleiben, ein Hustenanfall trieb ihr die Tränen in die Augen.
Wie leer alles war! Und klang das nicht eben wie Schüsse? Weit entfernt. Seltsam. Ob sie doch noch Fieber hatte?
Als sie heimkam, müde und mühselig, stand die Hausmeisterin mit ihrem Mann vor der Tür.
»Mei, o mei«, rief sie aufgeregt. »Ja, was glauben S' denn, was heit los is in der Stadt drin.«
So erfuhr Carlotta von dem Marsch zur Feldherrnhalle, der jedoch vom bayrischen Militär rechtzeitig aufgehalten worden war.
»An Putsch«, rief die Hausmeisterin, »hat er machen wolln, der Hitler.«
»Wer?« fragte Carlotta.
»Hitler hoaßt er. Adolf Hitler. Ja, haben S' denn von dem noch nie was gehört?«
»Nein«, sagte Carlotta. »Muß man sich den Namen merken?«

Sie mußte ihn sich nicht merken. Sie starb drei Tage später an einer Lungenentzündung.
Sie starb leicht, mit einem Lächeln auf den Lippen. Ganz zuletzt war sie noch auf Schloß Ciavani gewesen, war die große Treppe hinuntergeschritten, ihr Rock schleifte über den Boden, und mitten in der Halle stand der Conte und blickte ihr lächelnd entgegen.

»Come sta, Signorina?« fragte er, und seine Stimme klang so zärtlich, so warm.
»Va bene«, erwiderte Carlotta und lächelte. »Va bene, Conte.«
Immer noch lächelnd streckte sie ihm die Hand entgegen, was sie in Wirklichkeit nie getan hätte, und er nahm ihre Hand, es war ein warmer, fester Griff, es war die Seligkeit, es war das höchste Glück, seine Hand zu spüren.
Und so, an seiner Hand, ihm zulächelnd, starb sie.

# Liebe

Liebe geschieht, man weiß nicht, warum und wieso. Wie ein Blitz, der vom Himmel fährt, wie ein Erdbeben, das Häuser zum Einsturz bringt, wie ein Vulkanausbruch, der ringsum Gras und Blume und Baum vernichtet. Denn Verhängnis ist sie allemal, die richtige Liebe.

Gemeint ist nicht das, was die meisten Leute unter Liebe verstehen, die ja in vielen, wenn nicht in den meisten Fällen auf Einbildung beruht. Es tut ja gut, ein bißchen Sex, ein bißchen Romantik, ein kuschliges Beieinander, das geht mit diesem und jenem, mit dieser und jener, wie es sich eben gerade so ergibt. Die Partner sind austauschbar. Und das macht das Leben abwechslungsreich.

Aber wenn es wirklich Liebe ist – Gott soll schützen! Unergründlich wie eh und je ist das Geheimnis der Liebe, wie der Traum, wie der Tod, wie alles, was jenseits unseres Begreifens liegt.

Die zwei, von denen hier erzählt werden soll – und die Geschichte hat sich genauso zugetragen –, sind Cousin und Cousine ersten Grades, sein Vater und ihre Mutter sind Geschwister.

Ganz verständlich daher, daß sie sich als Kinder schon kannten, erst war sie in ihn verliebt, dann er in sie, aber das war es noch nicht. Das war noch

gar nichts. Wie es wurde, was es geworden ist? Keine Erklärung gibt es dafür.
Eine Großkaufmannsfamilie aus Hamburgs feinster Tüte, echte Hanseaten von bester Tradition, Haus am Harvestehuder Weg, Segelboot, Anglo-German-Club, so in der Größenordnung. Eine Tochter fiel aus dem Rahmen, die Jüngste. Als sie achtzehn war, kam sie eine ganze Nacht nicht nach Hause, und als sie am nächsten Tag aufkreuzte, erklärte sie seelenruhig: »Ich werde wohl ein Kind bekommen, aber das macht nichts, braucht ihr euch nicht drum zu kümmern, wir wollen sowieso auswandern. Tom will nicht länger in St. Pauli kellnern, sondern lieber eine eigene Kneipe aufmachen. In Kalkutta.«
Die Wände der Villa am Harvestehuder Weg bebten vor Entsetzen, die Familie erstarrte zu Stein. Doch damit war zunächst das Schlimmste vorüber – sie bekam kein Kind, und Tom ließ nie wieder von sich hören.
Das war aber nur der Anfang. Bei anderer Gelegenheit brachte man sie eines Nachts total betrunken von der Reeperbahn ins stilvoll väterliche Heim, dann hatte sie einen Kommunisten, mit dem wollte sie nach Rußland – das alles ereignete sich Anfang der zwanziger Jahre –, und dann bekam sie wirklich ein Kind, einen Sohn. Sie sagte nie, wer der Vater sei, sondern erklärte frech: »Das weiß ich nicht.«
Schließlich hatte der Himmel ein Einsehen, der ja die Hanseaten nie verkommen läßt, es fand sich einer, der sie für ganz wollte, der sie nahm, wie sie war, mit dem Kind und der monströsen Vergangenheit. Es war ein junger Lehrer, einer, der gar

nicht zu ihr paßte, ein schmaler Blonder mit Brille und Idealen und höherem Streben, sanftmütig und edelsinnig, nicht dumm, wenn man den Intellekt meint, aber harmlosen Gemütes wie ein neugeborenes Kind. Den zu betutteln und zu beputteln machte ihr richtig Spaß, sie wurde eine brave Lehrersfrau in einem Dorf im Lauenburgischen und gab nie wieder zu Klagen Anlaß. Sie bekam noch einen Sohn, bald darauf eine Tochter, und schließlich wieder einen Sohn, sie war eine vorbildliche Mutter, eine erstklassige Hausfrau, eine treue Gattin.
Ende gut, alles gut.
Die Familie in Hamburg brauchte noch eine Weile, bis sie wirklich aufatmete, sie traute dem Frieden lange nicht. Doch dann wurde sie wieder in den Schoß der Familie aufgenommen, und gab es was zu feiern, wurde sie eingeladen und durfte Mann und Kinder mitbringen. Nette Kinder, manierlich und wohlerzogen.
Als sie Kinder waren, lernten sie sich kennen, Johannes, der Sohn ihres älteren Bruders, und Karin, ihre Tochter. Johannes war das Supermodell eines hanseatischen Nachwuchses, adrett angezogen, tadellos gescheitelt, hochnäsig und von seiner eigenen Wichtigkeit überzeugt.
Karin war eine Deern vom Dorf, blonde Zöpfe, rote Backen, porzellanblaue Augen, niedlich, ein bißchen wild, das machte der Umgang mit drei Brüdern. Den feinen Cousin in Hamburg, fünf Jahre älter als sie, staunte sie mit großen Kulleraugen an, schon als sie noch ganz klein war. Mit zwölf war sie so verliebt in ihn, daß sie ständig einen Zettel mit seinem Namen unter dem Hemd über

dem Herzen trug. Ihre Phantasie kannte keine Schranken, wenn sie sich ausmalte, was alles passieren würde, wenn er erst entdeckte, daß sie auf der Welt war.
Davon konnte zunächst keine Rede sein, für ihn war sie ein Dorftrampel, mit dem er nichts zu reden hatte.
Als der Krieg begann, fuhr er nicht zur See, obwohl er ein fabelhafter Segler war, er wurde Flieger.
Im Jahr 43 wurde er abgeschossen, brachte noch eine Notlandung auf deutschem Boden zustande, überlebte, war aber verwundet und lag lange im Lazarett.
Doch er wurde wieder einigermaßen heil, und als er zu einem Genesungsurlaub nach Hamburg kam, auf das pausenlos die Bomben fielen, kam seine Mutter auf die Idee, er solle sich zu seiner Tante im Lauenburgischen begeben. Da sei es schön ruhig, gerade richtig zum Erholen, zu essen gab es auch genug, die tüchtige Lehrersfrau hatte unzählige Gläser mit Eingemachtem, sie hatte Hühner, Enten und mästete jedes Jahr ein Schwein.
Karin war siebzehn. Keine Zöpfe mehr, blondes Haar, das ihr lockig auf die Schultern fiel, die Augen immer noch unwahrscheinlich blau, aber das Gesicht schmal und rassig, eine süße Figur, lange Beine, ein bißchen schlaksig noch, aber alles in allem das Idealbild eines nordisch-germanischen Mädchens, grad so, wie Hitler, der Führer, es gern hatte.
An dieser Stelle sollte vielleicht eingefügt werden, daß nach einer langen Zeit des friedlichen Zusammenlebens die Atmosphäre im Lehrerhaus uner-

freulich geworden war. Dies hatte politische Gründe.
Der Lehrer, Karins Vater also, ein braver, anständiger, keineswegs dummer Mensch, wie schon einmal geschildert, hatte sich zu einem begeisterten Anhänger der Nazis entwickelt, seltsamerweise im Laufe der Jahre immer mehr. Zu einer Zeit, als selbst alte Kämpfer kalte Füße bekamen, hing er mit unerschütterlicher Treue an seinem Führer. Karins Mutter hingegen, des Lehrers brave Frau, hatte den Hitler zu keiner Zeit ausstehen können, als dann ihre älteren Söhne einrücken mußten, war der Ofen bei ihr ganz aus. Auf einmal gab es Auseinandersetzungen im Lehrerhaus, und es kam zu einem großen Krach, als die blonde Karin, die natürlich im BDM war, in ebendemselben zur Führerin avancieren sollte.
Die Mutter verbot es schlicht und einfach, und wer sich ein wenig in diese Zeit hineindenken kann oder sie gar selbst erlebt hat und dann noch hinzuzählt, daß dies in einem Dorf passierte und ausgerechnet bei Lehrers, der wird begreifen, wie ungeheuerlich das war.
Zweifellos wäre Karin vom Typ her eine großartige BDM-Führerin gewesen, eine, die dem Hitler einen Blumenstrauß hätte überreichen dürfen, falls er je in ihr Dorf gekommen wäre. Zufällig hatte sie jedoch selbst nicht die geringste Lust dazu, plärrende Mädchen um sich und unter sich zu haben, sie war sehr besinnlich zu jener Zeit, ging gern im Wald spazieren und las viele dicke Bücher.
Dem Lehrer war das peinlich, der Lehrer fand es unerhört, daß seine Tochter, von seiner Frau be-

einflußt, das ehrenvolle Amt ausschlug. Glücklicherweise wurde er dann doch noch eingezogen, er hatte sich schon oft freiwillig gemeldet, er war nicht mehr der Jüngste und auch ziemlich kurzsichtig, aber nun nahmen sie ihn doch, sie waren nicht mehr wählerisch. Er durfte für Führer und Vaterland kämpfen und wenn möglich auch siegen, seine Frau ließ ihn mit unbeteiligter Miene von dannen ziehen, ins Lehrerhaus kam ein netter älterer Herr, längst pensioniert, der nun die Schule übernahm und von Karins Mutter mitversorgt wurde.

Das war die Situation, als Johannes, der einst so heiß geliebte, nun leicht angeknackste Cousin, für einige Wochen zur Erholung ins Lehrerhaus kam.

Erst lag er meist im Garten herum, dann machte er kleine Spaziergänge, dann größere, Karin begleitete ihn, und obwohl sie längst über ihre Kinderschwärmerei lächeln konnte, gefiel er ihr immer noch. Nun endlich entdeckte Johannes die Cousine. Er verführte sie, ohne auf viel Widerstand zu treffen. Während der letzten Woche seines Urlaubs schliefen sie zusammen, und beiden gefiel das recht gut. Für Karin war es das erste Erlebnis, und wenn sie sich an ihre früheren Gefühle erinnerte, fand sie es doch sehr befriedigend, daß es nun so gekommen war.

Er war verliebt, wie man halt verliebt ist in diesem Alter und im gegebenen Fall.

Das war es denn auch schon. Mehr war es nicht.

Als er das nächstemal vom Himmel fiel, fiel er in Feindesland und kehrte erst ein Jahr nach Kriegsende nach Hamburg zurück.

Das Haus am Harvestehuder Weg gab es nicht mehr, das hatten sich die Bomben geholt. Johannes mußte sich zunächst in einer sehr veränderten Welt einrichten, er mußte auch noch studieren, es gab viel zu tun, an die Cousine dachte er nicht mehr, die gehörte einem früheren Leben an.

Der Himmel läßt die echten Hanseaten nicht verkommen, wie bekannt, die Firma etablierte sich wieder, die Geschäfte liefen wieder an, Johannes konnte zu gegebener Zeit in Vaters Firma eintreten, heiratete mit dreißig ein nettes Mädchen von Familie, mit der er zwei Kinder zustande brachte.

Karin besaß keinen Vater mehr, der Lehrer hatte zwar nicht siegen können für Adolf Hitler, aber wenigstens sterben. Auch einer ihrer Brüder kehrte nicht zurück. Der Rest der Familie zog zunächst nach Lübeck, später ging Karin nach Düsseldorf eines Mannes wegen, doch der verkrümelte sich wieder, sie arbeitete, wurde eine tüchtige Sekretärin in einer angesehenen Firma, und da sie bildhübsch, gescheit und sexy war, heiratete sie der Juniorchef. Auch sie bekam zwei Kinder, ihr Leben war in Ordnung, die Welt mehr und mehr auch, das Wirtschaftswunder kam in Gang, es ging ihnen besser und besser, denen in Düsseldorf, denen in Hamburg sowieso.

Damit wäre die Geschichte zu Ende.

Sie fing erst an.

Anfang der sechziger Jahre sahen sie sich wieder. Karin besuchte mit den Kindern ihre Mutter, die wieder in Hamburg lebte, und wurde eingeladen zu einem großen Familienfest, der Senior, ihr Onkel, wurde siebzig. Die Familie bewohnte jetzt ein

Haus an der Elbchaussee, mindestens so prächtig wie das zerbombte, es war alles gediegen und solide wie eh und je.
Am Tag des Geburtstagsfestes sahen sie sich wieder, Karin und Johannes, und es war gar nichts Sensationelles dabei, wie geht es dir, danke, mir geht es auch gut – so in der Art spielte sich das ab, was einmal gewesen war, schien vergessen.
Und doch war das der Abend, an dem der Blitz herniederfuhr. Während einer der vielen Reden, die dem Geburtstagskind zu Ehren gehalten wurden, spürte Karin den Blick in ihrem Nacken. Spürte ihn wie einen Griff. Langsam, widerwillig wandte sie den Kopf. Er stand seitwärts hinter ihr, an den flämischen Schrank gelehnt, und sah sie an. Ihre Blicke trafen sich kurz, sie drehte den Kopf zurück, lauschte den Worten des Redners. Wollte ihnen lauschen. Irgend etwas in ihr vibrierte, irgendwo war ein Feuer angezündet, irgendwie hatte sich etwas verändert. Bloß so, durch einen Blick.
Nichts Ungewöhnliches, daß ein Mann sie ansah, sie war eine schöne Frau, schöner denn je. Elegant angezogen, selbstsicher, souverän, eine Lady aus gutem Haus in guten Verhältnissen lebend, Frau eines Mannes, der sie liebte und verwöhnte, Mutter zweier hübscher Kinder. Alles bestens.
Später, im Laufe des Abends, sagte er zu ihr: »Sehen wir uns morgen?«
»Morgen?«
»Wir könnten zusammen Mittag essen. In den Vier Jahreszeiten, ja?«
Auch daran hatte sich nichts geändert, das war schon immer das bevorzugte Restaurant der Familie gewesen.

Also aßen sie zusammen am nächsten Tag, ein freundliches Gespräch zuerst, doch dann ein plötzliches Verstummen. Schweigend standen sie auf, schweigend verließen sie das Hotel, schweigend gingen sie an der Alster entlang. Es war ein nebliger, windstiller Novembertag, fast dunkel schon am frühen Nachmittag, ein trübseliger Tag, mit dem sich nicht viel anfangen ließ.
Für die beiden, die da am Wasser entlanggingen, glühte der Tag, ein purpurroter Tag, von Sturm durchbraust, und mit jedem Schritt, den sie weitergingen, wurde der Sturm heftiger, der Tag glühender.
»Mußt du nicht ins Büro?« zwang sie sich schließlich zu fragen.
»Nein.«
Nein. Sonst nichts.
Hinter der Alten Rabenstraße bog er ab nach links, sie folgte ihm schweigend, dann ging es nach rechts, dann blieb er vor einem Haus stehen, zog einen Schlüssel aus der Tasche, schloß auf, sagte:
»Komm!«
»Wo gehen wir hin?«
»Zu mir.«
Sie hätte sich ja umdrehen können und weggehen, später begriff sie nie, warum sie es nicht getan hatte. Die Kinder waren bei ihrer Mutter gut aufgehoben, aber sie hätte sich ja trotzdem um die Kinder kümmern können. Aber sie hatte die Kinder vergessen.
Sie folgte ihm ins Haus, in eine Wohnung im zweiten Stock, zwei Zimmer, junggesellig nett eingerichtet.
Sie blieb an der Tür stehen.

»Was ist das für eine Wohnung?«
»Sie gehört einem Freund. Der ist für ein Jahr nach Südamerika, und die Wohnung wollte er nicht aufgeben, es ist immer noch schwierig mit Wohnungen in Hamburg.«
»Und du benützt sie als eine Art Absteige.«
»Wenn du es so nennen willst.«
»Hast du eine Freundin?«
»Gelegentlich.«
»Und was soll ich hier?« fragte sie hochmütig.
Er gab keine Antwort, nahm sie in die Arme und küßte sie.
Und damit versank Hamburg in der Alster, das Feuer loderte hoch auf, sie verbrannten darin.
Es gab nichts zu sagen und zu fragen, es war eben so. Nur als er sie ins Schlafzimmer drängte und auf das Bett ziehen wollte, widerstrebte sie.
»Ich nehme an, hier schläfst du mit der gelegentlichen Freundin.«
»Just so.«
»Dann nicht mit mir.«
»Wie du willst«, sagte er gleichmütig, sie kehrten in den Wohnraum zurück und liebten sich auf dem Boden.
Am nächsten Nachmittag, als sie wiederkam, war das Bett verschwunden, eine neue Couch stand da.
»Ich hatte noch keine Zeit, Bettzeug zu besorgen«, sagte er, »morgen ist es da.«
»Morgen fahre ich nach Hause.«
»Nein.«
»Doch.«
Sie fuhr nicht, sie blieb weitere fünf Tage, und nun gab es keine Umkehr mehr.

Das heißt, sie hatte es noch nicht akzeptiert, sie atmete auf, als sie im Zug saß, sie dachte: vorbei. Nie wieder. Ich vergesse es. Verrückt. Total verrückt.
Eine Woche später kam er nach Düsseldorf, ihr Mann war gerade in Amerika, sie trafen sich in dem Hotel, in dem er wohnte, sie waren so tief ineinander versunken, daß die übrige Welt nicht mehr für sie existierte.
Hatten sie anfangs gedacht, es würde vorübergehen, so hatten sie sich getäuscht. Es ging nicht vorüber, es wurde immer schlimmer, sie fuhr nach Hamburg, er fuhr nach Düsseldorf, sie trafen sich hier und dort, einmal in Paris, einmal in Amsterdam, dann in Bremen, dann in Hannover, ihr Mann hatte eine Schwester in München, sie fuhr dreimal im Jahr nach München, um seine Schwester zu besuchen, und immer kam er dann auch dorthin. Sie benützte Verwandte, um die sie sich früher nie gekümmert hatte, und erfand Freundinnen, die es nie gegeben hatte, nur um allein wegzufahren. Er hatte es leichter, er machte Geschäftsreisen.
Seine Frau merkte zuerst, daß etwas nicht stimmte. Daß er sie früher manchmal betrogen hatte, wußte sie. Jetzt war es anders, es gab auf einmal keine Verbindung mehr zu ihm, er war gar nicht mehr vorhanden.
Ausreden, Ausflüchte, Lügen, so das übliche.
Ihr Mann fand sie verändert. Anfangs schlief sie noch mit ihm, später weigerte sie sich.
Und wie Frauen so sind, sagte sie: »Es tut mir leid, aber ich liebe einen anderen.«
»Wer?«

»Das sage ich nicht.«
Nun begriff er, warum sie so viel verreiste.
Streit, Szenen, Tränen.
Fünf Jahre später wurde ihre Ehe geschieden, die Kinder blieben bei ihrem Vater. Sie hatte nicht einmal um die Kinder gekämpft, die ihr zuletzt entfremdet waren. Sie empfand selbst, daß sie kein Recht auf die Kinder hatte. Seine Frau ließ sich nicht scheiden. Er verließ sie, verließ die Hanseaten, sein Bruder leitete die Firma, der Senior starb vor Kummer.
Es blieb ihm gerade soviel Geld, daß sie nicht gerade im Wohlstand, aber anständig leben konnten.
Natürlich wußten inzwischen alle, wen sie, wen er liebte. Es war ein kompletter Skandal. Alte Sünden wurden ans Licht gezogen; bevor er starb, sagte der Senior zu seiner jüngsten Schwester: »Das hat sie von dir. Du warst genauso zügellos.«
Seine Schwester blickte ihn fassungslos an. Sie hatte vergessen, was damals war. Und hatte sie nicht in all den Jahren ein ordentliches Leben geführt, die Kinder erzogen, für alles gesorgt? Daß der Mann gefallen war, dafür konnte sie doch nichts.
Karins Mann in Düsseldorf heiratete zwei Jahre später wieder, die Kinder bekamen eine neue Mutter, mit der sie sich gut verstanden.
Karin sah ihre Kinder nie wieder. Erst wollte sie es selbst nicht, später wünschte sie sich nichts anderes mehr, als die Kinder zu sehen. Aber sie unternahm niemals ernsthafte Schritte dazu, es gab keine Brücke in ihr früheres Leben. Da war nur noch ein Abgrund, der so tief und so breit war, daß

keine Brücke über ihn geschlagen werden konnte.
Die Kinder in Hamburg wuchsen ohne Vater auf, aber die Familie war so stark, so intakt, daß es sie kaum berührte. Sie hatten eine gute Mutter, die nur für sie lebte. Sie hatten Onkel und Tanten, die immer und ständig für sie da waren.
Es waren viele Kinder in diesem Jahrhundert ohne Vater aufgewachsen.
Kurz, die Kinder hier, die Kinder dort entbehrten nichts. Und da man in ihrer Gegenwart lange nicht über die Verschwundenen sprach, eigentlich erst, als die Kinder alt genug waren, um urteilen und verurteilen zu können, gab es ihrem Leben weder einen Schmerz noch eine Lücke noch einen Verlust.
Die Liebenden lebten ein Jahr lang in Paris, in einem kleinen Hotel am linken Seineufer. Sie hatten ein Zimmer und ein Bett, und eines Tages entdeckten sie, daß es lustvoller gewesen war, einander zu treffen, in Hannover, in Bremen oder meinetwegen auch in Paris. Sie gingen in die Provence, wurden nun rastlos, wechselten immer wieder den Ort, immer wieder das Hotel, einen eigenen Hausstand hatten sie nie.
Dann verließ ihn Karin zum erstenmal. Sie ging einfach fort, setzte sich in einen Zug und fuhr nach Marseille. Er fand sie fünf Tage später, am Hafen.
»Wo willst du hin?«
»Fort. Weit fort.«
Mit einem Schiff fuhren sie nach Korsika, und eine Weile fanden sie es herrlich. Die Insel, das Meer, die Luft, die Menschen, die so ganz anders waren.

»Findest du nicht, daß die Menschen hier anders sind?«
»Ganz anders.«
Menschen sind überall gleich. Und es gibt nirgendwo auf der Welt zwei Menschen, die immer nur mit sich allein, mit sich allein, mit sich allein leben können. Welche Liebe wäre groß genug, das zu ertragen.
Zwei Jahre blieben sie in Italien, in einem kleinen Ort in der Toscana zuerst, dann in der Nähe von Rom. In Rom machte sie einen Selbstmordversuch. Und als man sie gerettet hatte, sagte sie zu ihm: »Ich hasse dich.«
Vierzehn Tage später sagte er zu ihr: »Ich werde zurückkehren nach Hamburg. Sie werden sich beruhigt haben.«
»Ich wollte, du wärst schon fort«, sagte sie.
Doch er ging nicht nach Hamburg, jetzt versuchten sie es mit Griechenland, sie flogen nach Athen, lebten später für ein halbes Jahr auf Korfu.
Je fremder die Welt und die Menschen um sie wurden, desto einsamer wurden sie.
Schließlich kehrten sie nach Italien zurück, ganz bürgerlich an den Gardasee, wo es so viele Deutsche gab, daß es kaum mehr ein fremdes Land war.
Mit dreiundfünfzig starb Karin an Krebs. Sie hatte schon lange gewußt, daß sie krank war, aber sie hatte sich nicht behandeln lassen. Als man sie endlich in ein Krankenhaus brachte, war es viel zu spät.
Er war bei ihr, als sie starb.
Ihre letzten Worte waren: »Ich wünschte, es hätte dich nie gegeben.«

Als er sie begraben hatte, kehrte Johannes zurück an den See, saß dort stundenlang auf einem Stühlchen vor einem Café, trank Wein, aß kaum etwas. Das tat er Tag für Tag, bis es zu kalt dafür wurde. Es war still geworden im Ort, die Fremden waren abgereist, der Winter kam.
Er beschloß, nun doch nach Hamburg zu reisen. Er war achtundfünfzig. Er würde wieder in der Firma arbeiten, sich um seine Familie kümmern, wieder so leben wie früher.
Es würde so sein, als hätte es Karin nie gegeben.
»Ich wünschte, es hätte dich nie gegeben«, sagte er laut vor sich hin.
Dann weinte er.
Am nächsten Tag nahm er die Pistole, die er sich einmal in Rom gekauft hatte, ging vor den Ort, ein Stück den Hang hinauf, setzte sich so, daß er über den See blicken konnte, auf die Berge am jenseitigen Ufer, und erschoß sich.
Liebe, nicht wahr?

# Familie noire

So schön hatte Herr Broßmaier sich alles vorgestellt, liebevoller war nie eine Reise vorbereitet worden. Nachdem er erfahren hatte, daß Lilian und die Kinder das schöne Holsteiner Land und die Ostsee nicht kannten, war er emsig darangegangen, ihnen die Ferien ihres Lebens zu bereiten. Meist seien sie in St. Tropez gewesen, hatten sie ihn wissen lassen, kannten auch Teneriffa und die Costa del sol, aber, so sprach Carl Hermann Broßmaier pädagogisch: »Unser deutsches Vaterland bietet so viele Schönheiten, an denen man nicht vorübergehen sollte. Ehe man die Heimat nicht kennt, sollte man keine fremden Länder besuchen.«

Lilian lächelte auf ihre vage Art. »Du hast ja so recht, mein Lieber. Aber wir haben es gern warm.«

»Es kann im Sommer an der Ostsee sehr sonnig sein.«

»Wirklich?« fragte Lilian gedehnt.

Herr Broßmaier erinnerte sich gut daran, daß er schon sehr warm und sonnig an der Ostsee gehabt hatte, und hoffte inständig, der kommende Sommer würde ihm den Gefallen tun und sich von der schönsten Seite zeigen. Er war schließlich nicht von gestern, er kannte Italien und Spanien ebenfalls und hatte die Erfahrung gemacht, daß Regentage dortzulande, wenn auch zugegebenermaßen selten, ziemlich öde sein konnten. Dies teilte er seiner neuen Familie mit, und die, wohlerzogen und gutwillig, nickte und meinte, da habe er durchaus recht.

Zur Einstimmung erzählte Herr Broßmaier noch von glücklichen Kindertagen, als er mit Mutti und Vati am Strand der Ostsee geweilt, vergnügt im Wasser geplanscht und große Strandburgen gebaut hatte. Die drei hörten zu, gutwillig und wohlerzogen, machten Ach! und Oh!, und somit war die Ferienreise an die Ostsee beschlossene Sache.

Im lieblichen Monat Mai hatte Carl Hermann Broßmaier die drei geheiratet: Lilian, schmal, blond und schön, und die Zwillinge Jella und Jaromir, fünfzehn, schmal, blond und schön wie die Mutter.

Es war die Aufgabe seines Lebens, die Herr Broßmaier übernommen hatte, darüber war er sich im klaren.

Allerdings würde es nicht ohne Schwierigkeiten abgehen, ihr Leben und sein Leben so miteinander zu verbinden, daß eine richtige Familie aus ihnen wurde. Die erste Schwierigkeit bestand schon einmal darin, daß er Mühe hatte, die ständige leichte Unsicherheit zu verbergen, die diese drei ihm verursachten. Und gerade die Tatsache, daß sie so leise, so höflich, so zuvorkommend waren, machte es für ihn eher schwerer als leichter. Aber man mußte abwarten, man mußte Geduld haben, das predigte er sich selbst. Wie wenig sie zu ihm, zu

seiner Wesensart und seinem Lebensstil paßten, das hatte er noch nicht erkannt.
Lilian hatte es von Anfang an gewußt. Aber ebenso genau wußte sie, daß sie nichts nötiger brauchte als einen Ehemann und Ernährer für sich und die Kinder. Nachdem sie vor zwei Jahren durch einen Unfall ihren Mann verloren hatte – charming boy Johnny, der liebenswerteste und zärtlichste aller Männer und Väter –, war ihr Dasein von Monat zu Monat problematischer geworden. Johnny hatte die drei unbeschreiblich verwöhnt, ihnen jeden Wunsch erfüllt, aber seine dubiosen und nie ganz durchschaubaren Geschäfte hatten ihnen zwar allen Luxus erlaubt, solange er lebte, doch es war nichts übriggeblieben, damit sie auch nur in einfachen Verhältnissen weiter existieren konnten nach seinem jähen Hinscheiden. Zumal Lilian, dieses Luxusgeschöpf, weder wußte, wie man Geld verdiente, noch wie man damit umging; schon nach kurzer Zeit lebten sie praktisch von Schulden.
»Ich *muß* einfach heiraten«, erklärte Lilian den Kindern, »von irgend etwas müssen wir schließlich leben. Sonst müßte ich glatt arbeiten.«
»O nein«, riefen die Zwillinge wie aus einem Mund.
Sich Lilian arbeitenderweise vorzustellen, wäre ihnen so vorgekommen, als hätte man eine Orchidee in ein Futterrübenbeet verpflanzt.
Eine Orchidee war ihnen eine lebenslang vertraute Pflanze. Denn eine Orchidee stand immer auf dem Flügel neben Lilians silbergerahmtem Bild, vom liebenden Johnny hingestellt. Natürlich nur, solange er lebte. Danach waren die Kinder einmal in

ein Blumengeschäft gegangen, um ihrerseits eine Orchidee zu kaufen und an den gewohnten Platz zu stellen, was Lilian zu einem müden Lächeln und der Bemerkung veranlaßte: »Danke, Babys. Aber das können wir uns nicht mehr leisten.«
Lilians Freundin Carla, praktisch veranlagt, hatte frühzeitig bekanntgegeben, wie sie sich den weiteren Lebenslauf der drei vorstellte.
»Du mußt so schnell wie möglich wieder heiraten, Lilian.«
»O nein. Nie. Das kann ich nicht.«
Lilian seufzte gekonnt, wich dem kühlen Blick der Freundin aus, seufzte noch einmal und fragte: »Du meinst, ich muß?«
»Es bleibt dir gar nichts anderes übrig. Wo stecken denn eigentlich deine vielen Verehrer?«
Davon hatte Lilian stets mehr als genug besessen, obwohl sie keine Verwendung dafür gehabt hatte, denn Johnny war ein wundervoller Ehemann und Liebhaber gewesen.
»Wer will schon eine Frau mit zwei Kindern?« sagte Lilian. »Und die meisten, die ich kenne, sind sowieso verheiratet.«
»So ist es. Männer, die für dich in Frage kommen, sind entweder verheiratet oder so clever, daß sie sich nicht eine so verwöhnte Frau und solche unausstehlichen Bälger wie deine Kinder aufladen.«
»Na, hör mal...«
»Geschenkt. Ich kenne euch gut genug. Die Kinder sind genauso verwöhnt und lebensfremd wie du und stellen Ansprüche, als wären sie Rockefellers Erben. Was ist da? Nichts ist da. Johnny hat das Geld mit vollen Händen hinausgeworfen und

keine Kopeke angelegt. Nicht mal für eine Lebensversicherung hat es gereicht.«
»Sag nichts gegen Johnny.«
»Gegen oder für ihn, was tut das noch. Er war bestimmt ein Schatz. Aber das nützt dir jetzt nichts mehr. Ihr habt gelebt wie Großkapitalisten, und du hast dich nie gefragt, wo es herkommt. Du wirst dich umstellen müssen, mein Kind. So einen Typ wie Johnny findest du nicht wieder. Hast du deinen Nerz verkauft?«
»Ich denke nicht daran. Wie soll ich einen Mann finden ohne Nerz?«
»Nerz macht alt. Junge Frauen tragen heute Kaninchen.«
Lilian mußte den Nerz verkaufen, genau wie sie vorher ihren Schmuck verkauft hatte. Aber es gelang ihr nicht, einen Mann aufzutreiben. Welcher Mann verstand es in dieser prosaischen Zeit noch, mit einer Orchidee umzugehen.
Carla besorgte schließlich den Mann.
»Ich werde eine Annonce aufgeben.«
»Was für eine Annonce?« fragte Lilian ahnungslos.
»Eine Heiratsanzeige.«
»Das verbiete ich dir«, rief Lilian empört.
Carla lächelte nur und gab die Annonce auf. Einer mußte schließlich vernünftig handeln. Außerdem hatte Lilian bei ihr und ihrem Mann auch schon allerhand Schulden.
›Charmante junge Witwe mit zwei reizenden wohlerzogenen Kindern kann so schlecht allein sein. Wo ist der Mann?‹
Lilian hatte ihr bei der Formulierung geholfen und sich lange gegen das Wort Witwe gesträubt.

»Das klingt so altbacken.«
»Unsinn. Schließlich bist du eine. Vielleicht finden wir einen Witwer.«
»Gräßlich.«
»Was willst du? Einen unverheirateten Millionär von fünfunddreißig?«
»Achtunddreißig«, sagte Lilian träumerisch. So alt war Johnny gewesen, als er dem Erdendasein entrückt wurde. So alt war Lilian inzwischen auch.
Sie amüsierten sich königlich bei der Sichtung der Zuschriften, sortierten schließlich acht Stück aus, wovon drei entfielen nach dem ersten Antwortbrief. Zwei waren verheiratet, einer wurde gleich unanständig. Blieben also fünf, die Carla nacheinander begutachtete, davon waren abermals zwei verheiratet, der dritte suchte eine reiche Witwe, der vierte wollte gleich mit Carla ins Bett.
Blieb Herr Broßmaier.
Carla traf ihn an einem späten Nachmittag in der Bar des Parkhotels, ein Treffpunkt, der Herrn Broßmaier irritierte, denn er hielt sich selten – eigentlich nie – in Hotelbars auf. Aber am Telefon hatte Carla ihm erklärt, es sei am besten, sich an einem solchen Ort zu verabreden, wenn man sich nicht kenne, denn man könne schließlich die Hilfe des Barmanns bei der Vorstellung in Anspruch nehmen.
»Ach so«, hatte Herr Broßmaier töricht ins Telefon gesagt, »aber wird sich der Mann nicht wundern?«
»Gewiß nicht«, beschied ihn Carla, »der wundert sich über gar nichts.«
Also trafen sie sich in der Bar des Parkhotels.

Carla fand ihn erträglich. Er mochte Mitte Vierzig sein, wirkte etwas bieder, hatte aber liebe Augen, war ordentlich gekleidet und gut gepflegt. Carla erfuhr mühelos alles über ihn, was sie wissen wollte. Er war ebenfalls Witwer, hatte ebenfalls die Frau durch einen Unfall verloren. Zwar nur durch ein gewöhnliches Auto, während Johnny mit einer Sportmaschine abgestürzt war, aber immerhin, es gab da Parallelen, die eine Verbindung schaffen würden. Außerdem, so gestand Herr Broßmaier der verständnisvoll und aufmerksam lauschenden Carla, hätte er sich immer Kinder gewünscht, aber sie seien seiner Ehe leider versagt geblieben. Eine Frau mit zwei Kindern zu heiraten wäre für ihn geradezu ein Glücksfall.
»Nicht nur Kinder«, schwärmte Carla, »Zwillinge! Ein Junge und ein Mädchen. Soo liebenswerte Kinder, lieb und verständig.«
»Eine Doppelbefruchtung«, murmelte Herr Broßmaier.
»Bitte?«
Er errötete leicht.
»Ein Junge und ein Mädchen sind eigentlich keine Zwillinge. Es ist eine Doppelbefruchtung.«
»Aha«, sagte Carla verwundert, »na gut, soll auch sein. Also eine besonders gut gelungene Doppelbefruchtung.«
Dann sprach sie von Lilian.
»Sie würde mir nie verzeihen, wenn sie wüßte, was ich getan habe«, erklärte sie dem erwartungsvoll lauschenden Broßmaier. »Sie hat eine so glückliche Ehe geführt. Seit dem Tod ihres Mannes ist sie keine Stunde mehr froh geworden. Wissen Sie, ich kann es nicht mehr mit ansehen. Auch

wegen der Kinder, die sind auch schon ganz trübsinnig.«
»Sie sind wohl sehr gut miteinander befreundet?« fragte Herr Broßmaier gerührt.
»Schon seit unserer Jugendzeit. Wir waren zusammen im Pensionat. In der Schweiz.«
»Aha«, machte Herr Broßmaier respektvoll.
Es stimmte zwar nicht, Carla hatte vor ihrer Heirat als Kosmetikerin gearbeitet, und Lilian war ihre Kundin gewesen, damals mit einem reichen, viel älteren Fabrikanten liiert, kannte aber Johnny bereits. Johnny war dann einige Male mit ihnen ausgegangen, hatte mit Carla auch geschlafen, aber Carla, eine realistisch veranlagte Person, zog eine solide Ehe vor. Nichts gegen charming boy Johnny, er war alle Liebe wert, aber zum Heiraten nicht geeignet, weswegen Carla ihn klaglos der schönen Lilian überlassen hatte.
»Ja«, seufzte Carla, »eine lang bewährte Freundschaft. Und darum habe ich mir auch fest vorgenommen, Lilian zu helfen. Sie muß einfach wieder heiraten. Sie ist alles andere als eine emanzipierte Frau, wissen Sie. Sie kann nicht allein leben. Und darum habe ich die Anzeige aufgegeben.«
»Und sie weiß also wirklich nichts davon?«
»Sie darf es nie, nie erfahren, das müssen Sie mir hoch und heilig versprechen.«
»Ja, aber«, sagte Herr Broßmaier, schon schwer beeindruckt von der unbekannten Lilian, »wie sollen wir es denn dann . . .«
»Lassen Sie mich nachdenken.«
Sie ließ sich Feuer für ihre Zigarette geben, akzeptierte einen zweiten Drink und dachte nach. Scheinbar. Denn ihr Plan lag längst fest.

»Gehen Sie manchmal ins Theater?« fragte sie endlich.
»O ja, häufig. Am liebsten in die Oper.«
»Na, das trifft sich ja wunderbar. Lilian auch. Sie liebt Mozart besonders.«
»Mozart!« entzückte sich Herr Broßmaier. »Mozart ist mir das Höchste.«
Carla nickte. »Das dachte ich mir schon.«
»Wieso?«
»Sie sehen so aus«, sagte Carla schlicht. »Sie sind ein Mensch mit Herz und voll Harmonie.«
Herr Broßmaier errötete wieder.
»Wie Sie das sagen ...«, murmelte er.
»Und nun weiß ich auch, wie wir es machen. Ich habe nämlich nächste Woche Karten für die Zauberflöte. Eigentlich wollte ich mit meinem Mann gehen, aber nun werde ich mit Lilian gehen. Und Sie schauen zu, daß Sie auch eine Karte für diesen Abend bekommen. Und dann lernen wir uns halt in der Oper kennen, ganz einfach.«
»Ganz einfach«, echote Herr Broßmaier und begann ein wenig zu schwitzen. »Aber wie?«
»Och, in der Pause, irgendwie.«
»In der Pause? Aber ...«
»Das ist doch ganz einfach. Wir gehen ans Buffet, Sie werden dort schon stehen, es wird voll sein, Sie werden sagen: Darf ich Ihnen behilflich sein, gnädige Frau, und werden uns zwei Gläser Sekt besorgen. Ist doch wirklich ganz einfach.«
»Natürlich. Ganz einfach.«
Herr Broßmaier dachte an das Theaterbuffet, an den Andrang, der dort in den Pausen herrschte, und wieso er gerade dort stehen sollte, wo die beiden Damen auftauchen würden.

»Das verabreden wir vorher, Sie und ich. Passen Sie auf...« Carla entwickelte eifrig ihren Schlachtplan, so ausgeklügelt, wie nur eine Frau es kann. Broßmaier hörte aufmerksam zu und nickte und nickte.
»Aber dann?«
»Dann unterhalten wir uns ein wenig. Über die Aufführung und so. Und wenn die Oper aus ist, sind Sie zufällig an der Garderobe, wo wir unsere Mäntel haben, holen uns die, begleiten uns zum Ausgang und fragen dann, ob Sie uns noch zu einem Glas Wein einladen dürfen. Sie müssen sich bloß nicht von Lilians kühler Miene abschrecken lassen, sie scheut immer noch jede Bekanntschaft. Das mach ich dann schon.«
Herrn Broßmaier stand der Schweiß auf der Stirn. Das würde er nie schaffen.
Eine letzte Hoffnung blieb ihm.
»Ich werde gar keine Karte bekommen«, sagte er. »Die Oper ist doch immer ausverkauft.«
»Das mach ich schon«, sagte Carla abermals. »Wenn wir hinausgehen, werde ich mit dem Portier sprechen. Ich kenne ihn, der besorgt mir ohne weiteres eine Karte.«
Als Carla zu guter Letzt erfuhr, *wer* Herr Broßmaier war, hätte sie vermutlich die ganze Oper gemietet, um ihn mit Lilian zusammenzubringen.
»Du weißt ja gar nicht, was für ein Glück du hast«, berichtete sie der Freundin am Abend. »Das ist *die* Partie. Du wirst eine reiche Frau.«
»Du bist verrückt«, sagte Lilian wütend. »Du kannst mich doch nicht mit einem Bäcker verkuppeln.«

»Bäcker! Was heißt hier Bäcker! Außerdem ist Bäcker ein sehr ehrenwerter Beruf. Weißt du, wie wichtig das Brot für die Menschen ist? Das hast du wohl ganz vergessen.«
»Ach, hör auf, mich zu schulmeistern.«
»Maierbrot!« schwärmte Carla. »Ich dachte, ich fall vom Stuhl, als er damit herausrückte. Der ist kein Bäcker, der hat eine Brotfabrik. In jedem Laden kannst du Maierbrot kaufen. Ich wette, du hast es auch in deiner Küche.«
»Bestimmt nicht«, sagte Lilian, »wir essen kein Brot.«
»Nun, in Zukunft wirst du es essen. Etwas Besseres kann ich nie wieder für dich an Land ziehen. Der muß einen ungeheuren Umsatz haben. Fünf Läden in der Stadt. Und in jedem Supermarkt liegt das Maierbrot. Mit ganzem Korn, mit Leinsamen, mit Sonnenblumenkernen, schwarz, weiß, grau, Vollkorn – alles, alles Maierbrot. Was für eine Partie!«
»Ich werde nie im Leben Brot essen, weder schwarz, grau oder weiß. Brot macht dick.«
»Schön, du brauchst es ja nicht zu essen, du sollst es heiraten. Bitte, Lilian, denk an die Kinder.«
Der Abend in der Oper verlief genau nach Carlas genialer Regie.
Die beiden Damen tauchten wirklich hinter Herrn Broßmaier am Buffet auf, wo er schon eine Weile standhaft seinen Platz gehalten hatte, obwohl man ihn von hinten und von den Seiten bedrängte. Aber er war, gleich nachdem der Vorhang gefallen war, davongestürzt, um ja der erste am Buffet zu sein.
Es lief genauso mit dem Sekt, wie Carla es ange-

ordnet hatte, Carla plauderte darauf liebenswürdig mit dem hilfreichen fremden Herrn, die schöne Blonde im schulterfreien schwarzen Abendkleid blickte melancholisch an Herrn Broßmaier vorbei.
Was für eine Frau! dachte Herr Broßmaier. Die wird von mir nie etwas wissen wollen.
Carla spinnt, dachte Lilian, das ist ein richtiger Spießer. Nie kommt der in Frage.
Es klappte dann auch nach Schluß der Vorstellung an der Garderobe, er war schon dort, als die Leute erst anfingen richtig zu klatschen und vor dem ersten Buhruf. Als er mit großer Überwindung seine Einladung vorbrachte, gönnte ihm die schöne Blonde erstmals einen hochmütigen Blick und sagte abweisend: »Danke, nein. Ich möchte nicht mehr ausgehen.«
»Lilian, sei nicht albern«, redete Carla ihr zu. »Warum sollen wir nicht noch ein Glas Wein trinken gehen? Der Herr war so höflich und nett zu uns.«
»Geh du doch. Ich möchte nach Hause.«
Es kostete Carla und Herrn Broßmaier viele Worte, bis die Blonde widerwillig nachgab.
Sie sprach den ganzen Abend kaum ein Wort, nur ein müdes kleines Lächeln huschte manchmal über ihr Gesicht, sie wirkte so einsam und verloren, daß Herr Broßmaier vor Mitleid bald zerfloß.
Was für eine arme kleine Frau! So schön und so traurig.
Aber eine Frau für ihn? Niemals. Sie hatte ihn gar nicht beachtet.
Der Mercedes von Herrn Broßmaier brachte erst Lilian, dann Carla nach Hause.

»Na?« fragte Carla, als sie allein mit ihm im Auto saß.
»Eine wundervolle Frau«, sagte Herr Broßmaier mit gepreßter Stimme. »Aber ich hatte nicht den Eindruck, daß sie . . . daß ich . . .«
»Nun warten Sie doch erst mal ab. Eine erste, zufällige Begegnung, nicht wahr? Soll sie Ihnen vielleicht gleich um den Hals fallen? Ich dachte, Sie verstehen ein wenig mehr von Frauen. Ich dachte, Sie sind ein Mann mit Erfahrung.«
Das saß. Herr Broßmaier schluckte und schwieg. So viele Erfahrungen hatte er gar nicht. Da war eine Jugendliebe, da war Grete, seine Frau, da waren ein kleiner und ein etwas größerer Seitensprung, alles hatte sich jedoch auf anderer Ebene bewegt. So etwas wie diese Lilian war nicht dabeigewesen. Und schließlich hatte er ja auch alle Hände voll zu tun gehabt, aus der kleinen Bäckerei seines Vaters erst eine Großbäckerei und später eine Brotfabrik zu machen.
Der Kenner ißt Maierbrot.
Wenn man aus kleinen Brötchen große Brötchen machen will, bleibt nicht allzuviel Zeit für ein ausgedehntes Liebesleben. Und was heißt denn da Erfahrung, wer kannte sich schon mit Frauen aus? Nicht mal aus seiner braven Grete war er immer schlau geworden.
»Möchten Sie Lilian gern wiedersehen?« fragte Carla mit mütterlich-warmem Timbre.
»Ja, natürlich«, würgte Herr Broßmaier hervor, obwohl er gar nicht so sicher war, ob er wirklich wollte.
»Dann überlassen Sie alles mir. Wir haben sowieso nächste Woche eine kleine Party, nichts Be-

sonderes, so das Übliche. Ich lade Sie ein, und ich werde dafür sorgen, daß Lilian kommt. Dann werden wir weitersehen.«
»Sie sind zu gütig, gnädige Frau«, murmelte er.
»Ich möchte meiner Freundin helfen, das habe ich Ihnen ja schon gesagt. Und wenn ich dabei auch Ihnen helfen kann . . . Probieren wir es halt, noch ist alles ganz offen.«
»Na, weißt du«, sagte Lilian, als sie später, im Bett liegend, mit Carla telefonierte, »das kann doch nicht dein Ernst sein! So ein Spießer. Den hast du mir zugedacht?«
»Der ist kein Spießer, der ist ganz in Ordnung. Eine Seele von Mensch. Was ganz Liebes. Mit dem kannst du machen, was du willst.«

Herr Broßmaier hatte lange zu tun, bis er die traurige Witwe für sich gewann, das dauerte Wochen und Monate. Die Zwillinge kannten ihn natürlich auch bald und zeigten sich von ihrer besten Seite, denn sie wußten, worum es ging. Einer mußte her, der das Geld für sie verdiente.
»Wenn es nicht Johnny ist . . .« sagte Jella.
». . . ist es doch egal, wer es ist«, vollendete Jaromir.
Die Begegnung in der Oper hatte im Oktober stattgefunden, im Mai darauf war Hochzeit.
»Das kann doch nie gutgehen«, meinte Carlas Mann, als er mit seiner Frau vom Hochzeitsessen nach Hause fuhr. »Lilian und dieser Mann! Ich bitte dich.«
»Es wird gehen. Lilian weiß inzwischen, wie das Leben schmeckt ohne ein dickes Konto. Und die Gören wissen es auch.«

Jella und Jaromir benahmen sich wirklich musterhaft. Meist waren sie gar nicht zu Hause, sie waren in der Schule, im Sportclub, beim Reiten, bei ihren Freunden, und wenn sie da waren, zogen sie sich in ihre geräumigen Zimmer zurück und sagten, sie hätten zu arbeiten.

Wirklich angenehme Kinder, dachte Herr Broßmaier, wenn man bedenkt, wie die heutige Jugend so ist, dann habe ich das große Los gezogen, so nette, guterzogene und fleißige Kinder zu bekommen.

Aber er wunderte sich nicht nur darüber, er kam vor allem nicht aus dem Staunen heraus, wieso es gerade ihm gelungen war, so ein Elfenwesen von Frau zu gewinnen.

Auf der Hochzeitsreise hatte er kaum gewagt, sie anzurühren. Sie war scheu wie eine Jungfrau, empfindsam wie eine Mimose, zerbrechlich wie Chinaporzellan. Wenn er sie umarmte, hatte er Angst, sie würde ohnmächtig.

Daran fehlte nicht viel. Denn wenn sonst auch alles erträglich war, so war es für Lilian ganz und gar unerträglich, mit Herrn Broßmaier das Bett zu teilen. Seine Umarmungen zu erdulden, nachdem sie von Johnny geliebt worden war, bedeutete einen hohen Preis, den sie für die neue Sicherheit zu zahlen hatte.

Sie wohnten jetzt alle in Herrn Broßmaiers geräumigem Haus am Stadtrand, und von vornherein hatte Lilian auf getrennten Schlafzimmern bestanden; ihr Mann hatte sofort eingewilligt, einer Frau wie ihr mußte man das zubilligen. Und es geschah äußerst selten, daß sich die Tür ihres Schlafzimmers für ihn öffnete, Lilian war erfindungs-

reich wie alle Frauen, wenn es darum ging, unerwünschtem Beischlaf aus dem Weg zu gehen.
Auch das blieb den Zwillingen nicht verborgen.
»Eines Tages wird sie ihn im Schlaf erdrosseln wie Othello«, prophezeite Jella düster.
»Othello hat seine Frau erwürgt«, korrigierte Jaromir.
»Wir müssen Gift besorgen.«
»Das geht nicht, dann sperren sie Lilian ein. Dann war alles umsonst.«
»Man könnte einen Unfall inszenieren. Eine Bombe ins Auto.«
»Und dann sitzt sie mit im Wagen, was?«
So ziemlich vom ersten Tag an dachten die netten, wohlerzogenen Kinder darüber nach, wie sie den neuen Vater ins Jenseits befördern könnten. Es war ihr Hauptgesprächsthema. Doch nie sprachen sie zu Lilian davon.
Abgesehen von den seltenen nächtlichen Besuchen ihres Mannes ging es Lilian recht gut. Sie hatte ein schönes Haus, eine Hausgehilfin, einen eigenen Wagen, sie besuchte reihum die Boutiquen, in denen sie bekannt war, und kleidete sich von Kopf bis Fuß neu ein, sie sah fabelhaft aus und nahm den Kontakt zu einigen ihrer früheren Freunde wieder auf.
Sie hatte Simon wiedergetroffen bei einem Modetee, Simon war Modeschöpfer, zwar homo, aber sonst ganz reizend, und er hatte ihr erzählt, daß sich viele alte Freunde wieder einmal in St. Tropez treffen würden.
Und dann kam Herr Broßmaier mit der Ostsee.
»Wenn er eben gern dahin will, fahren wir hin«,

erklärte Lilian ihren Sprößlingen. Allein schon der Gedanke, mit Broßmaier in St. Tropez bei ihrer alten Clique aufzutauchen, ließ sie erschauern.
»Tun wir Dickerchen den Gefallen«, meinte Jella, als sie mit Jaromir allein war, »vielleicht ersäuft er, dann sind wir ihn los und haben die Kohlen.«
»Wir rudern mit ihm hinaus«, schlug Jaromir vor, »und kippen das Boot um. Sicher kann er nicht schwimmen.«
»Und dann?« fragte Jella. »Wie kommen wir zurück?«
»Wir rudern mit zwei Booten. Du ziehst mich in dein Boot, aber er ist leider abgetrieben und ersoffen. So was kommt vor.«
»So was kommt öfter vor.«
Sie fanden Geschmack an der Ostsee.
Es stellte sich jedoch heraus, daß Herr Broßmaier ausgezeichnet schwimmen konnte, ganz egal, wie kalt das Wasser war, und Rudern war nicht ostseelike, hier wurde gesegelt.
Herr Broßmaier hatte ein hübsches Hotel ausgesucht, nicht zu bescheiden, er mußte schließlich nicht sparen, aber auch nicht zu luxuriös, denn er fand, es sei nicht gut für die Kinder, in einem zu hochgestochenen Milieu zu verkehren.
»Das verdirbt junge Menschen«, erklärte er Lilian. »Es ist etwas anderes, wenn wir allein reisen, Schatzikind.«
»Wie du meinst«, sagte Lilian friedlich. Angenommen, sie bekam rasende Kopfschmerzen nach acht oder zehn Tagen, weil ihr das Klima eben nicht bekam, dann konnte sie abreisen; die drei sollten ruhig noch bleiben, Jella und Jaromir wür-

den sich ihrer Haut schon wehren. Und dann würde sie zur Erholung nach St. Tropez fahren.
Sie wohnten in einem netten gemütlichen Familienhotel, in dem lauter nette gemütliche Leute wohnten, und wieder einmal wirkte Lilian wie eine Orchidee im Rübenacker. Die Zwillinge fielen auch irgendwie aus dem Rahmen, obwohl sie unbeschreiblich höflich und wohlerzogen waren, alle Leute grüßten und Herrn Broßmaier mit Respekt und Gehorsam begegneten. Das war notwendig, damit man ihnen später den Kummer über den jähen Tod des Familienvaters glauben würde.
Herr Broßmaier hatte am Tag nach ihrer Ankunft einen Strandkorb gemietet, und dann kaufte er drei Schaufeln.
»Und nun«, verkündete er fröhlich, »werden wir uns eine prachtvolle Burg bauen.«
Die Zwillinge sahen höflich-gelangweilt zu, als er schippte, lehnten es aber entschieden ab, zur Schaufel zu greifen.
»Gewiß nicht«, sagte Jaromir. Er sagte es leise, höflich, aber so nachdrücklich, daß Herr Broßmaier jede weitere Aufforderung unterließ. Er schippte allein, im Schweiße seines Angesichtes, denn, o Wunder, es war wirklich warm und sonnig, er hatte nicht zuviel versprochen.
Lilian beteiligte sich nicht an dem Schaufelgespräch, sie lag im Bikini im Sand und sonnte sich. Das Wasser sei ihr zu kalt, hatte sie verkündet, und außerdem habe sie soeben eine Qualle gesichtet.
Herr Broßmaier allerdings schwamm nach getaner Arbeit weit hinaus, er teilte das Wasser mit ge-

konnten Zügen, und Jella und Jaromir, die Hand in Hand mit den Füßen im Wasser standen, sahen ihm bekümmert nach.
»Er kann schwimmen«, sagte Jella.
»Er kann gut schwimmen«, setzte Jaromir hinzu.
Ein Ruderboot war auch nirgends zu erblicken.
»Sch . . .«, begann Jella.
». . . eiße«, vollendete Jaromir.
Abends standen sie Hand in Hand auf der Landungsbrücke und blickten verträumt auf das rosaschimmernde Meer hinaus.
»Wir müssen uns etwas anderes ausdenken«, sagte Jella.
»Müssen wir nicht«, widersprach Jaromir. »Die Idee ist gut.«
Wälsungenblut, dachte Herr Broßmaier, der sie da stehen sah, und er dachte sowohl an Richard Wagner als auch an Thomas Mann, denn er war ein gebildeter Mann, Carl Hermann Broßmaier, o doch.
Sie sind gefährdet, dachte er. Jung, hilflos und sehr gefährdet. Ich muß sie gut behüten, muß sie leiten und belehren. Ganz behutsam. Ganz vorsichtig. Sie kommen in ein schwieriges Alter.
Und er merkte in dieser Stunde, daß er die beiden schönen Kinder liebte. Mit einer geradezu schmerzlichen Liebe. So etwas war ihm noch nie passiert, es verwirrte ihn, und es machte ihn auf eine ganz neue, sonderbare Weise glücklich.
Er liebte sie mehr als die Frau, die ihn nicht an sich herankommen ließ, die sich ihm entzog, seiner Liebe, seiner Zärtlichkeit, sogar seiner Fürsorge. Aber sie waren alle drei schwierig, das wußte er nun. Es war an ihm, den Weg zu ihnen zu finden. Und dazu brauchte er Geduld.

»Schießen geht nicht, erstechen geht nicht, Bombe im Auto geht nicht«, sagte Jaromir, den Blick verträumt auf den dunkelnden Horizont gerichtet, »das fällt alles auf und bringt uns in Verdacht.«
»Uns kann keiner etwas tun«, sagte Jella, »wir sind erst fünfzehn.«
»Lilian säße drin. Und wir wollen ja auch das Geld haben. Ersaufen ist das beste.«
»Aber wenn er doch so gut schwimmen kann.«
»Man müßte nachhelfen.«
Am nächsten Tag sagten sie, nachdem sie eine Weile die Segelboote beobachtet hatten, sie würden gern segeln lernen.
»Kommt nicht in Frage«, sagte Lilian, »das ist viel zu gefährlich.«
Herr Broßmaier lachte.
»Gar nicht. Man muß es nur ordentlich können.«
Es stellte sich heraus, daß Herr Broßmaier schon einmal einen Segelkurs mitgemacht hatte, als er am Chiemsee urlaubte, und darum würde er sehr gern segeln.
Jella und Jaromir warfen sich einen raschen Blick zu. Das klappte prima. Das bißchen Segeln würden sie schnell gelernt haben, dann hinausfahren auf die hohe See und Herrn Broßmaier über Bord kippen.
Bei ihrem Abendspaziergang, Hand in Hand, machten sie Pläne.
»Wenn Herr Broßmaier hin ist, verkaufen wir das Brotgefummel«, sagte Jella, »das bringt sicher einen Haufen Kohlen.«
»Verkaufen kommt nicht in Frage«, sagte Jaromir. »Wir verpachten den Betrieb. Dann kann Lilian

nicht gleich das ganze Geld auf den Kopf hauen, und wir haben jeden Monat ein festes Einkommen.«
»Lilian darf es nie erfahren.«
»Natürlich nicht.«
»Meinst du, sie wird dann wieder heiraten?«
»Das darf sie nicht. Dann kommt irgend so ein Typ und reißt sich das ganze Brot unter den Nagel.«
»Sie wäre dann eine gute Partie.«
»Eben. Das werden wir ihr schon klarmachen. Die Brotrente brauchen wir selber.«
»Maierbrot macht Wangen rot.«
»Maier tot, Brot tut not.«
»Brot ohne Maier, den holen die Geier.«
»Gibt's hier nicht.«
»Was?«
»Geier.«
»Was reimt sich auf Möwen?«
Sie überlegten eine Weile angestrengt, dann kam von Jella der lahme Vers: »Möwen fressen Brot, auch wenn Maier tot.«
»Dann lieber: Leute fressen Brot, auch wenn Maier tot.«
»Maier ist hin, wir sind drin.«
»Da fehlt das Brot.«
»Maierbrot tut not, auch wenn Maier tot.«
Das fanden sie gut und gingen befriedigt nach Hause. Als sie schon im Bett lagen, fiel Jaromir noch etwas ein. Er kam an Jellas Bett und sagte: »Sie braucht aber einen Mann.«
»Kann sie ja haben. Muß ihn ja nicht heiraten. Sie hat schon heute mit dem vom Nachbarkorb geflirtet. Ganz schicker Bursche. Der sah echt gut aus.«

»Findest du?« fragte Jaromir eifersüchtig.
»Nicht für mich natürlich. Für Lilian wäre er was. Aber wenn sie dann das Geld hat, finden wir auch was Besseres.«
»Wir müssen gut auf sie aufpassen.«
»Werden wir.«
Am nächsten Tag begann der Segelkurs. Auch hier erwies sich Herr Broßmaier als begabter Schüler, er hatte damals am Chiemsee gut aufgepaßt. Nach acht Tagen, das Wetter war mittlerweile recht unfreundlich, mieteten sie ein Boot, um allein hinauszusegeln.
Lilian weigerte sich entschieden mitzukommen.
»Ich denke nicht daran. Bei dem Wind.«
»Wind braucht man zum Segeln, Schatzikind«, sagte Herr Broßmaier liebevoll.
»Ist mir viel zu kalt. Und ich wünschte, die Kinder würden an Land bleiben.«
Die Kinder wären lieber an Land geblieben. Aber es mußte sein. Die Wolken hingen tief, die Ostsee schlug mit bösen kleinen Wellen an den Strand.
»Hart verdientes Geld«, maulte Jella.
»Ich weiß nicht«, sagte Herr Broßmaier, »es ist vielleicht wirklich zu unruhige See. Ein andermal.«
»Hast du Schiß?« fragte Jaromir kalt, Verachtung im Blick.
»Hat er denn wohl«, sagte Jella, mit kaltem Blick, Verachtung in der Stimme.
Herr Broßmaier blickte die Kinder an, erst den Jungen, dann das Mädchen.
»Also gut«, sagte er.
»Ihr seid schrecklich leichtsinnig«, klagte Lilian, »denkt denn keiner an mich?«

Als die drei in See gestochen waren, ging sie rasch ins Hotel zurück, legte Make-up auf, zog die weißen Hosen an und den blauen Blazer und ging zum Rendezvous mit dem schicken Mann vom Strandkorb nebenan. Der Segeltörn kam ihr ganz gelegen, sie hatte schon nach einer passenden Ausrede gesucht, Friseur oder so.
Es wehte wirklich eine steife Brise, Jella saß mit klappernden Zähnen im Boot, Jaromir schlug sich bei einer unfreiwilligen Wende eine Beule an der Stirn, aber Herr Broßmaier schipperte die Jolle geschickt durch die Wellen. Dann wurde Jella auch noch seekrank, und Jaromir, dies sehend, machte mit.
Carl Hermann Broßmaier brachte beide Kinder heil zurück an Land.
Es war nicht einfach gewesen, es hatte ihn Anstrengung gekostet. Aber er war sehr glücklich, als die beiden blaß und schwankend wieder auf festem Boden standen.
»Kommt, Kinder«, sagte er, »ihr kriegt jetzt einen heißen Tee, und dann legt ihr euch hin. Heute abend ist euch wieder besser. Aber ihr habt euch tapfer gehalten. Komm, mein kleines Mädchen«, und er legte Jella stützend den Arm um die Schulter.
Jaromir warf ihm einen haßerfüllten Blick zu, doch das konnte Herr Broßmaier nicht sehen.
Kurz und gut, es klappte an der Ostsee nicht. Sie fuhren in der Woche darauf zurück, das Wetter hatte sich nicht gebessert, und Lilian war schließlich nur noch mit Kopfschmerzen im Bett geblieben.
Zu Hause erklärte sie, daß sie notwendig Sonne

und Wärme brauche, und Carla mußte vorbeikommen, um sie zu einer Fahrt an die Côte d'Azur einzuladen.
Herr Broßmaier hatte nichts dagegen. Er kümmerte sich um sein Brot, er fühlte sich überdies gut erholt, und er war der Meinung, als Mann einer solchen Frau gehöre es sich, großzügig zu sein. Man konnte nicht von ihr verlangen, daß sie ihren Lebensstil änderte, und das wichtigste vor allem sei, erklärte er Carla, daß Lilian wieder Lebensfreude und Lebensmut gewinne.
Carla lächelte ihn an. »Wissen Sie, Carl Hermann«, sagte sie, »ich habe Sie richtig liebgewonnen. Ich hoffe, Lilian wird eines Tages begreifen, was sie an Ihnen hat. Lassen Sie ihr Zeit.«
»Natürlich«, sagte er und schluckte gerührt. »Ich will alles tun, was ich kann, für Lilian und die Kinder.«
Irgend so ein lästiges Gefühl behelligte Carla. Es war wie eine Fliege, die sich einem immer wieder auf die Stirn setzte. Sie hatte es gut gemeint, und sie hatte dennoch das Falsche getan. Dieser Mann hier war aller Liebe wert. Nur – er bekam sie nicht. Und, so befürchtete sie, er würde sie nie bekommen.
Lilian kam sehr beschwingt aus St. Tropez zurück. Es sei voll gewesen, sagte sie, und eigentlich alles gräßliche Leute. So voll, so laut. Gar kein gutes Publikum mehr.
»Hast du dich gar nicht ein bißchen amüsiert?« fragte Herr Broßmaier bekümmert.
»Ja, doch, schon. Ein bißchen. Ein paar alte Bekannte waren da. Aber es ist nicht mehr so wie früher.«

Herr Broßmaier brachte das natürlich mit Johnny in Verbindung. Sie war allein dort gewesen, die arme kleine Frau, vielleicht hätte er mitfahren sollen.

»Nächstes Jahr begleite ich dich«, sagte er liebevoll. »Armes Schatzikind, man muß dich halt immer gut behüten.«

Lilian lächelte in ihrer vagen Art. »Ach ja«, seufzte sie, »das wäre schön.«

Es war sehr amüsant gewesen in St. Tropez. Sie hatte alte Freunde wiedergetroffen und neue kennengelernt. Besonders einen. Der hatte ein Haus in Croix-Valmers, dort war sie viel gewesen, teils in Gesellschaft, teils allein. Er war kein Johnny, aber fast.

Es hatte Spaß gemacht. Noch eine Zeitlang war sie guter Laune, lächelte wieder wie früher, schlenderte in der Stadt herum und kaufte die Garderobe für die Wintersaison.

Der neue Bekannte kam gelegentlich in die Stadt, und sie traf ihn hier und dort, wo man sich eben so traf, beim Aperitif, zum Essen, in einem Nightclub und – es sei nicht verschwiegen – in seinem Hotel. Auch sonst war das Leben ganz unterhaltsam, sie gab einige Partys, wurde eingeladen, natürlich mit Carl Hermann zusammen. Die Leute waren auch immer ganz nett zu ihm, Maierbrot war schließlich eine Potenz im Wirtschaftsleben. Aber irgendwie befremdlich war es doch, Lilian an seiner Seite zu sehen, das fand jeder still für sich.

Die Zwillinge gingen weiter zur Schule, lebten ihr Leben und schmiedeten Pläne. Oder besser gesagt, einen Plan. Wie sie Carl Hermann Broßmaier los-

werden könnten. Er tat ihnen nichts, er war lieb und nett, gab ihnen ein großzügiges Taschengeld.
Sie wollten kein Taschengeld, sie wollten alles.
Sie sahen Lilian mit ihren neuen Kleidern, ihren neuen Pelzen, ihrem neuen Schmuck. Sie sahen Lilian, die wie ein befreiter Vogel aus dem Haus flog, wenn sie allein ging. Sie sahen Lilian mit hängenden Flügeln, wenn sie mit Herrn Broßmaier vor dem Kamin oder vor dem Fernseher saß. Und sie sahen Lilian blaß und unstet im Haus umherirren, wenn Herr Broßmaier von seinen ehelichen Rechten Gebrauch gemacht hatte.
Allen war klar, auch Herrn Broßmaier, daß das nie etwas Gescheites werden würde.
Ach, und Weihnachten! Herr Broßmaier beschenkte sie alle großzügig, und er war so lieb und so voll guten Willens.
»Es ist ekelhaft«, sagte Jella.
»Widerlich«, bestätigte Jaromir. »Das schrecklichste sind Menschen, die dir Gutes tun wollen.«
»Es wäre nicht so schlimm, wenn er es bloß mit Geld täte.«
»Das schlimmste ist, daß er es mit Herz tut. Wenn er dir den Arm um die Schultern legt, könnte ich ihn ermorden.«
»Er hat mich sehr gern«, murmelte Jella.
»Mich auch.«
»Ja, dich auch. Aber mich noch mehr.«
»Das glaube ich nicht.«
»Doch.«
Sie starrten sich erbittert in die Augen.
»Er steht zwischen uns.«

»Er ist ein Wurm.«
»Er ist ein Wurm mit Herz.«
»Einen Wurm muß man zertreten.«
Sie schmiedeten wieder Pläne, wie sie Herrn Broßmaier ins Jenseits befördern könnten, aber sie taten es halbherzig, denn es ist so schwierig, gegen Güte anzukämpfen. Wenn sie ihn nur hassen könnten! Wenn er einmal gemein, einmal kleinlich, einmal biestig gewesen wäre. Aber er tat ihnen den Gefallen nicht.
Jaromir kam schließlich zu der fundamentalen Erkenntnis menschlicher Nichtswürdigkeit.
»Das Übelste, was dir begegnen kann, ist ein Mensch, dem du dankbar sein mußt.«
»Das ist der ärgste Feind, den du haben kannst«, gab Jella zu.
»Dankbarkeit lähmt.«
»Dankbarkeit macht schwach.«
»Dankbarkeit macht dumm.«
»Nicht mich.«
»Dich auch.«
»Nein.«
Und wieder starrten sie sich erbittert an.
»Er muß weg!« schrie Jaromir.
Es war das erste Mal, daß Jella ihren Bruder schreien hörte. Und sie fand: »Er macht uns kaputt.«
»Ein guter Mensch ist wie ein Holzwurm«, sagte Jaromir eine Weile später.
Sie lagen bäuchlings vor dem Kaminfeuer, sie waren allein zu Haus, Lilian und Carl Hermann waren in der Premiere des Fidelio.
»Ein Holzwurm?«
»Ein Holzwurm zernagt das Holz, er frißt sich

durch, er lebt länger als das Holz selber. Er ist einfach stärker.«
»Willst du damit sagen, daß Gutsein stark macht?«
»Gutsein ist Schwäche.«
»Gutsein ist Dummheit.«
»Ich will nie gut sein.«
»Du kannst es gar nicht.«
»Ich kann es nicht.«
»Nicht zu mir?«
»Nicht zu dir. Ich kann gar nicht gut sein. Ich will böse sein. Ich will. Ich will.«
»Du kannst gar nicht.«
Sie starrten sich erbittert an.
Und dann, nach einem langen Schweigen, fing Jella an zu weinen.
»Er macht uns kaputt.«
Im nächsten Sommer lief es besser.
Lilian hatte gesagt, sie wüßte für den Urlaub eine feine Sache. Sie sei einmal mit Johnny auf einer griechischen Insel gewesen. Ganz einsam, ganz urwüchsig. Kein Highlife, kein Jetset, nur Meer und Felsen und Strand. Wirklich urig, sagte sie.
»Ihr müßt euch doch erinnern«, sagte sie zu den Zwillingen.
Sie erinnerten sich nur vage, sie waren fünf oder sechs gewesen.
»Vielleicht ist es heute nicht mehr so wie damals«, sagte Lilian. »Aber warm ist es sicher.«
Sie fuhren auf die Insel in der Ägäis, es war dort warm und sonnig und noch einigermaßen urig. Es gab inzwischen auch ein paar Hotels und Neckermann und Scharnow, aber immerhin, es war noch erträglich. Das Meer war blau und warm, aber Li-

lian ging trotzdem nur ein paar Schritte hinein, sie hatte Angst vor Haifischen.
Jella und Jaromir sahen sich an.
»Haifische?«
»Man kann nie wissen.«
Herr Broßmaier, lieb und nett und seiner Familie herzlich zugetan, tat alles, um ihnen einen schönen Urlaub zu bereiten. Sie stromerten über die Insel, sie ruderten, sie segelten, sie schwammen, sie aßen Fische und tranken geharzten Wein. Lilian blieb zumeist im Umkreis des Hotels und hatte einen niedlichen kleinen Flirt mit einem Verleger aus Hamburg. Doch der hatte seine Frau dabei, die gut auf ihn aufpaßte, viel konnte nicht passieren.
Und dann entdeckten Herr Broßmaier, Jella und Jaromir die Bucht.
Die Insel war felsig und zerklüftet, und wenn man ein paarmal um die Ecke fuhr, schnitt eine Bucht ins Land hinein, eng, schmal, zwischen hochansteigenden Felsen.
»Romantisch«, sagte Jella.
»Urig«, bestätigte Jaromir.
»Nicht ungefährlich«, gab Herr Broßmaier zu bedenken. »Bei schwerer See muß das Wasser hier mächtig hineindrängen. Da kommt keiner mehr hinaus.«
»Ach ja?« machte Jella.
»Das haut ganz schön hier an die Klippen, kann ich mir denken«, sagte Jaromir.
Diesmal hatten sie keinen festen Plan. Es ergab sich ganz von selbst.
Sie mieteten ein Boot, so ein solides stämmiges Ruderboot, bißchen altersschwach schon, mit ei-

nem Außenbordmotor, der furchtbaren Lärm machte und stank, aber sie kamen ganz flott damit voran.

An einem anfangs schönen, nur leicht windigen Nachmittag waren sie wieder unterwegs, und dann zog blitzschnell ein Wetter auf, es blitzte und donnerte, das friedliche Meer tobte ungeheuerlich, und das Wasser schlug ins Boot. Es gelang ihnen, sich in besagte Bucht zu manövrieren, aber es war genauso, wie Herr Broßmaier vermutet hatte, hier war es noch gefährlicher, die Wellen schlugen wild gegen die Felsen, das Boot wurde auf und nieder geschleudert, krachte gegen die Felsen, wurde vom Sog wieder hinausgezogen.

Herr Broßmaier preßte die Lippen fest zusammen.

»Wir werden das Boot opfern müssen«, rief er. »Hier kommen wir nicht lebendig hinaus.«

»Und was wird aus uns?« fragte Jella entsetzt.

»Keine Angst, Kind. Wir ziehen uns an der vorstehenden Klippe hoch und warten, bis der Sturm vorbei ist. Dann gehen wir über Land zurück.«

»Über diese Felsen?«

»Das sieht schlimmer aus, als es ist. In drei Stunden schaffen wir es.«

Jella war ganz grün im Gesicht, Jaromir klammerte sich an den Bootsrand und begriff sofort, das war die Stunde, auf die er gewartet hatte.

»Kommt nicht in Frage«, schrie er gegen den Sturm an, »wir kommen leicht aus der Bucht raus.«

»Nein, Junge«, sagte Herr Broßmaier, »das gelingt uns nicht.«

»Doch. Gerade. Hast du etwa Angst?« Und dann

zog er seine Schwester am Arm so heftig zu sich herüber, daß sie vom Sitz fiel. »Jella!«
Sie riß die Augen auf, sie begriff sofort, was er meinte.
»Jetzt?« schrie sie zurück.
Mit wilder Entschlossenheit warf Jaromir den Motor wieder an, riß das Boot herum und steuerte auf den Ausgang der Bucht zu.
»Nein«, schrie Herr Broßmaier, »das geht nicht! Sei vernünftig, Junge.«
»Sag nicht Junge zu mir, du Brothengst«, brüllte Jaromir, der Sturm riß ihn bald um, das Boot bäumte sich auf, doch er hielt stand, der Haß gab ihm die Kraft, das Boot zu steuern. Broßmaier fiel ihm in den Arm, Jaromir stieß ihn mit aller Kraft zurück, das Boot schleuderte wieder auf die Felsen zu, Jella glitt aus und stürzte schreiend über Bord. Broßmaier beugte sich keuchend hinab, griff nach ihr, und da hob Jaromir das schwere Ruder, das unten im Boot lag, und hieb es Broßmaier mit voller Wucht über den Kopf, daß er halb betäubt ins Wasser kippte. Beinahe verlor Jaromir selbst den Halt dabei, doch er fing sich, streckte das Ruder Jella hin und schrie: »Halt dich fest! So halt dich doch fest!«
Sie griff nach dem Ruder, verfehlte es, ging unter, neben der Bootswand war jetzt Broßmaiers verzerrtes, entsetztes Gesicht, und Jaromir hob das Ruder und hieb in das verhaßte Gesicht, wieder und wieder, hieb in den Schrei auf diesem Gesicht, schlug zu und schlug zu, bis das Gesicht unterging. Halb selbst im Wasser hängend, packte Jaromir Jellas langes blondes Haar, hielt es fest, ließ es nicht los, zog sie an den Haaren an die Bootswand

heran, starrte in ihr totenblasses Gesicht, zerrte sie mit, während das Boot erneut gegen die Felsen trieb.
Hinter der vorstehenden Klippe setzte das Boot schließlich auf Land auf, es gelang Jaromir, das Boot festzuhalten, es gelang ihm auch, Jella aus dem Wasser zu ziehen.
Hier lagen sie, an den Felsen geklebt, mit blutenden Fingern krallte sich Jaromir an das Boot.
Jella erholte sich nach einer Weile.
»Ist er hin?«
»Sicher. Schwimmen kann da draußen keiner.«
Das Gewitter war vorbei, der Sturm ließ nach, nur das Meer tobte weiter, es dauerte noch eine Stunde, bis es sich ein wenig beruhigte. Währenddessen saßen sie, naß von Kopf bis Fuß, zitternd vor Kälte und Aufregung. Und starrten aufs Meer hinaus.
»Er ist tot«, murmelte Jella.
»Das Brot ist ersoffen, das läßt uns hoffen.«
Jella brach in hysterisches Schluchzen aus.
»Sei still«, zischte Jaromir, »oder ich schmeiße dich ins Wasser zurück.«
»Was geschieht mit uns, wenn er sich doch gerettet hat?«
»Wir hatten eben einen Schock. Du bist über Bord gefallen und beinahe ertrunken, ich wollte dich retten und dabei habe ich aus Versehen Broßmaier mit dem Ruder an den Kopf getroffen.«
»Und du bildest dir ein, das wird er dir glauben?«
»Er ist hin.«
Der Sturm war Wind geworden, hin und wieder blitzte die Sonne durch die Wolken.
»Und was machen wir nun?« fragte Jella. »Wenn

ich noch lange hier sitze, habe ich morgen eine Lungenentzündung.«
»Das würde sich gut machen.«
Jaromir untersuchte das Boot, es war an einer Seite leckgeschlagen, aber das Loch war nicht allzu groß. Probeweise ließ er den Motor an, er stotterte, aber er funktionierte noch.
»Wir fahren jetzt los«, sagte er.
»Mit diesem Boot?«
»Hast du ein anderes?«
»Wir werden absaufen.«
»Wir können hier nicht überwintern.«
»Man wird uns suchen.«
»Vielleicht. Aber die wissen nicht, wo. Das kann lange dauern.«
»Wir kommen mit diesem Boot doch nicht zurück.«
»Wollen wir ja gar nicht. Wir müssen nur hier aus der Bucht raus. Und dann halten wir uns dicht an Land, denn das Boot wird langsam vollaufen. Es muß uns so weit bringen, daß wir an Land schwimmen können, ehe es down geht.«
»Schwimmen? Ich kann heute nicht mehr schwimmen.«
»Du mußt. Das sieht dann ganz echt aus. Verdammt noch mal, willst du das Geld oder nicht?«
Sie brachten das angeschlagene Boot aus der Bucht hinaus, eine Weile lief der Motor noch, dann gab er seinen Geist auf. Das Boot lag tief, sie nahmen die Ruder, saßen bis zum Bauch im Wasser.
Aber sie schafften es noch um die letzte Ecke herum, bis in die Nähe des Strandes, an dem ihr Hotel lag.
»Klappt bestens«, sagte Jaromir heiser. »In läng-

stens zehn Minuten sackt der Kahn ab. Dann schwimmen wir.«
»Das ist noch so weit. Das schaff ich nicht.«
»Du schaffst es. Wir schwimmen langsam, ganz sparsam. Das Meer ist jetzt ruhig. Und das Wasser warm.«
»Und die Haifische?«
»Ich habe noch keinen Haifisch gesehen.«
»Aber Lilian hat gesagt...«
»Halt die Schnauze!« schrie Jaromir. »Du schwimmst und damit Schluß.«
»Brot ist schwer zu verdienen«, murmelte Jella, und da schwamm sie schon, das Boot sank einfach unter ihnen weg.
Sie brauchten nicht lange zu schwimmen. Lilian hatte im Hotel Alarm geschlagen, als das Wetter losbrach, inzwischen standen viele Menschen am Strand, auch die Fischer, und suchten mit Ferngläsern das Meer ab. Als die schwimmenden Kinder entdeckt waren, brauste ein Motorboot los.
Jella wurde sofort ohnmächtig, als man sie an Bord holte, auch Jaromir war zu schwach, einen vernünftigen Satz über die Lippen zu bringen.
Am Land nahm sich sofort ein Arzt der Kinder an, und es dauerte eine Nacht, einen Tag und noch eine Nacht, bis man mit ihnen sprechen konnte.
Der Hotelmanager mußte dolmetschen, denn die Polizei auf der Insel sprach nur griechisch. Jaromir hatte Mühe, sich an das Geschehen zu erinnern, er redete ziemlich wirr durcheinander, aber es war rührend mitanzusehen, wie er sich anstrengte, einen Bericht zustande zu bringen. Lilian saß die ganze Zeit auf seinem Bett und hielt seine Hand.

Ja, sie waren in den Sturm gekommen. Ja, das Boot war irgendwo an Felsen getrieben worden und hätte dann ein Leck gehabt. Nein, an Einzelheiten könne er sich überhaupt nicht erinnern. Nur daß seine Schwester plötzlich über Bord gespült worden wäre. Er hätte sie an den Haaren festgehalten, und sein Stiefvater hätte versucht, sie zu retten, und sei plötzlich untergegangen.
»Vielleicht war es ein Herzschlag«, hauchte Jaromir mit versagender Stimme. »Er war doch ein so guter Schwimmer.« Er wisse gar nicht, wie es ihm gelungen sei, Jella wieder an Bord zu ziehen. Und sie sei bewußtlos gewesen, und er hätte rundherum das Meer abgesucht, aber keine Spur.
»Es war furchtbar«, flüsterte Jaromir und barg das Gesicht in den Kissen.
»Quälen Sie das Kind doch nicht so«, sagte Lilian empört. »Sie sehen doch, in was für einem Zustand er ist. Er hat seinen Vater so geliebt.«
Mit Jella konnte sowieso keiner reden, sobald sie einer ansprach, brach sie in Tränen aus. Der Arzt gab den Kindern Beruhigungsmittel, sie schliefen noch einen Tag und noch eine Nacht, dann fühlten sie sich besser.
Von Carl Hermann Broßmaier keine Spur.
Jaromir dachte: Wenn sie ihn finden, wenn er angeschwemmt wird, sieht man die Spuren der Schläge in seinem Gesicht. Na und? Er kann sich am Felsen oder am Boot verletzt haben, das ist durchaus möglich.
Er lag im Bett, starrte an die weißgekalkte Zimmerdecke, er hatte ein wenig Angst, aber noch mehr Hoffnung, daß alles gutgehen würde.
»Meine armen Babys«, sagte Lilian, »was habt ihr

durchgemacht. Ihr müßt es vergessen. Wir reisen ab, sobald es euch besser geht. Und dann dürft ihr nie wieder daran denken, das müßt ihr mir versprechen.«
»Und er?« fragte Jaromir.
»Sie denken alle, daß er tot ist. Vier Tage ist es her. Wenn er irgendwo lebendig an Land gekommen wäre, hätten wir wohl etwas gehört, nicht?«
Jaromir verschränkte die Arme hinter dem Kopf.
»So ruht er also auf dem Grunde des Meeres.«
»Gott schenke ihm die ewige Ruhe«, sagte Jella.
»Amen«, fügte Jaromir hinzu.
»O meine Babys, bitte denkt nicht mehr daran. Er war ein guter Mensch, aber wir müssen ihn wirklich vergessen.«
»O nein«, sagte Jaromir, »wir werden ihn nicht vergessen. Er bekommt einen prachtvollen Gedenkstein auf dem Friedhof. Marmor oder so was. Ganz was Teures. Und jedes Jahr an seinem Todestag gehen wir hin und legen einen Riesenstrauß von Blumen dort nieder.«
»Mit einer Schleife dran«, erwärmte sich Jella, »und auf der steht: Wir werden ewig dein gedenken, deine Frau und deine dich liebenden Kinder.«
Lilian hatte Tränen in den Augen.
»Ich wußte gar nicht, daß ihr ihn so gern hattet.«
»Doch«, sagte die Doppelbefruchtung wie aus einem Mund, »wir hatten ihn sehr, sehr gern.«
»Er war ein guter Mensch«, sagte Lilian bewegt.
»Du sagtest es bereits«, meinte Jaromir. »Ein edler Mensch. Bei jedem Bissen Brot werden wir seiner gedenken.«

»Wes Brot ich ess', des Lob ich sing'«, versuchte Jella.
Jaromir schloß angewidert die Augen.
»Schlecht«, sagte er, »das ist ein Plagiat.« Er überlegte kurz, dann kam: »Maier ist tot, es lebe sein Brot.«
Carl Hermann Broßmaier ruhte auf dem Grunde des Meeres, war in ferne Weiten abgetrieben worden oder am Ende wirklich von einem Haifisch verfrühstückt worden, jedenfalls sah und hörte man nie wieder etwas von ihm.
Und da sich zu jener Zeit auf jener Insel weder Philip Marlowe noch Hercule Poirot aufhielten, kam nie heraus, wie es sich wirklich zugetragen hatte.

## Das Familienfest

Laßt euch nun zum guten Schluß von einem Familienfest ganz besonderer Art erzählen. Ich bin nur Berichterstatter in diesem Fall, denn es hat sich alles genauso zugetragen, wie es hier geschrieben steht. Bekanntlich sind ja die Geschichten, die das Leben schreibt, noch immer die interessantesten, und wenn sie einem manchmal unglaubwürdig erscheinen, so beweist es nur, wie erfinderisch die Wirklichkeit ist, keines Dichters Phantasie kann damit konkurrieren.
Es begann damit, daß einer etwas wollte, daß er sich aus ganzem Herzen etwas wünschte, was eigentlich gar nicht möglich sein konnte. Aber da es sich um Hubertus von Heerendorf handelte, den man sein Leben lang fast nie hatte daran hindern können zu tun, was er sich einbildete tun zu müssen, verfügte er auch in diesem Fall über die notwendige Hartnäckigkeit, um nicht zu sagen Dickschädeligkeit, seine Umwelt, das hieß in diesem Fall seine Familie, davon zu überzeugen, daß seine Idee ausgezeichnet und durchaus in die Tat umzusetzen sei.
Nüchtern betrachtet waren die Reaktionen der verschiedenen Familienmitglieder teils eine Temperaments-, teils eine Generationsfrage.

Die Älteren sagten: »Wahnsinn! Ein Ding der Unmöglichkeit!«
Die mittlere Generation bemerkte resigniert: »Das sieht ihm ähnlich!« oder »Auf so einen verrückten Einfall kann auch nur er kommen!« Die Enkel stellten schlicht fest: »Der Alte spinnt. Aber er ist einfach bombig.« Der Anlaß war der siebzigste Geburtstag von Hubertus, der in dem Jahr, von dem hier die Rede ist, bevorstand, und zwar im September, am 28. September, um genau zu sein. Alle waren sich einig darüber, daß man ein großes Fest feiern würde, zu dem sich die ganze Familie, soweit noch am Leben, einfinden sollte. Hubertus selbst hatte sich zu diesem Plan nicht geäußert, aber irgendwann während der Gespräche über das bevorstehende Geburtstagsfest war ihm seine Idee gekommen, er hatte sie eine Weile in seinem Kopf spazierengetragen, und mit einemmal war ein Wunsch daraus geworden, und schon gleich hinterher ein Entschluß.
An einem Tag, Ende Mai, sprach er mit seinem ältesten Sohn darüber.
Bertram lachte zunächst nur, warf seinen breiten Kopf mit der beginnenden Glatze zurück und lachte aus vollem Hals, so wie eben nur Bertram lachen konnte; bei ihm kam immer alles aus der Mitte, seine Freude und sein Ärger, sein Lachen und sein Zorn.
Er sagte: »So etwas kann auch nur dir einfallen, Vater.«
Der Alte kniff die Augen ein wenig zusammen und bemerkte kühl: »Vermutlich. Und nun hör auf mit dem albernen Gelächter, Jungchen, und denk mal mit.«

»Das kann doch nicht dein Ernst sein.«
Der Vater machte die Augen noch enger, sein Ton war herrisch, als er kurz sagte: »Durchaus.«
Bertram hörte auf zu lachen. Er kannte seinen Vater lange und gut genug und kannte diesen Ton. Er wurde sofort sachlich.
»Das läßt sich niemals durchführen. Und wozu auch? Warum willst du dir das Herz schwermachen? Wir veranstalten hier das schönste Geburtstagsfest, das du dir vorstellen kannst. Ist alles schon besprochen, und jeder weiß Bescheid.«
»Ich will mein Fest zu Hause haben.«
»Es ist nicht mehr unser Zuhause.«
Hubertus blickte an seinem Sohn vorbei.
»Da hast du recht. Es ist nicht mehr unser Zuhause. Aber es ist unsere Heimat. Es ist *meine* Heimat. Und es bleibt meine Heimat. Traurig genug, wenn du nicht so empfindest. Und nun denk gefälligst darüber nach und sprich mit Alexander.«
Alexander war Bertrams Bruder, zwei Jahre jünger als dieser, er lebte in Hamburg, war Jurist und Syndikus eines großen Unternehmens. Außerdem was Alexander derjenige, der die Reisen gemacht hatte und sich auskannte. Er kam wie immer, wenn er es zeitlich einrichten konnte, am Wochenende auf die Klitsche hinaus. Von Hamburg aus war es bei flüssigem Verkehr eine Stunde Fahrzeit, wenn es an sonnigen Tagen einen Stau gab, störte das Alexander nicht im geringsten, er kannte sämtliche Seitenstraßen im Holsteiner Land und kam dort schneller vorwärts als auf der Autobahn. Er bevorzugte sogar die kleinen Straßen, denn er liebte die Fahrt durch dieses Land,

durch die Dörfer mit ihren Kirchhügeln, die Weiden und Koppeln rechts und links der Straße, dazwischen ein See, ein Knick, der die Wiesen und die Felder teilte, alte Eichen, lichte Buchenwälder, dunkelglühende Bluteschen, im Frühling fuhr er an den blühenden Rapsschlägen entlang, zwischen hohen Getreidefeldern im Sommer, mit dem Blick auf aufgebrochene Erde im Herbst, und er kam auch im Winter, wenn die Erde schlief in Eis und Schnee.

Alexander, ein eleganter, großer und schlanker Mann, hatte mehr als sein Bruder die Verbundenheit zum Land, und zweifellos wäre aus ihm, hätten sie den heimatlichen Besitz behalten, ein passionierter Grundherr geworden, möglicherweise war es das baltische Erbe, denn die Familie hatte ursprünglich in Estland gesessen.

Die Klitsche, wie sie das Gütchen nannten, lag im Preetzer Land, und die Brüder hatten es gemeinsam erworben, sobald die Finanzlage es erlaubte, und das hatte nicht allzu lange gedauert, tüchtig, wie sie beide waren; zudem verfügte Bertram als Direktor einer Raiffeisenbank im Holsteinischen über die richtigen Verbindungen, um den kleinen Hof ausfindig zu machen, nicht groß, nur gerade zwanzig Hektar, aber genug, um dem Vater Arbeit und Lebensinhalt zu verschaffen, ein paar Tiere zu halten und ihm das zu geben, was er brauchte: den Fuß auf eigenes Land zu setzen.

Fremdes Land war es dennoch für ihn geblieben.
Nicht zur Heimat geworden.
Dies war das erste, was Bertram mit einer gewissen Bitterkeit vermerkte, als er mit seinem Bruder sprach.

Alexander sagte: »Mannchen, du bist dümmer, als ich dachte.«
»Wir haben alles getan, was wir konnten, um ihm eine neue Heimat zu geben.«
»Eine neue Heimat gibt es nicht. Ein Mensch kann nur eine Heimat haben.«
»Ich dachte, er fühlt sich wohl hier.«
»Tut er ja. Aber Ersatz ist es eben doch. Und zwar ein kümmerlicher Ersatz.«
»Sollten wir ihm vielleicht ein Rittergut mit tausend Morgen kaufen?«
»Auch das wäre keine Heimat. Was er hier hat, ist genau das Richtige für ihn. Schau ihn dir doch an! Sieht er nicht prächtig aus?«
Sie saßen auf der Terrasse hinter dem Haus, im windgeschützten Winkel, da ließ es sich aushalten, denn es war zwar ein sonniger Tag, aber nicht gerade warm. Der Alte war von ihrem Platz aus gut zu sehen, er ging am Rand der Wiese entlang, begleitet von seinem Setter, hinüber zum Wald. Sein graues Haar wehte im scharfen Wind, einen Hut trug er nie.
Georgia, Alexanders Frau, sah ihm nach und lächelte. Sie liebte ihren Schwiegervater aus tiefstem Herzen. Alexander hatte einmal gesagt: »Ich glaube, du liebst meinen Vater mehr als mich.«
Und Georgia hatte sehr ernsthaft darauf erwidert: »Du bist ihm sehr ähnlich. Und das war bestimmt mit ein Grund für mich, dich zu heiraten.«
Sie stammte aus Lübeck, aus sehr wohlhabendem, sehr vornehmem Haus, und war als Mädchen so reizend gewesen, wie sie jetzt als Frau schön war. Sie hatte unter vielen Bewerbern wählen können und hatte sich mit neunzehn sehr bewußt für

Alexander entschieden. Es war eine gute, man konnte sagen, eine glückliche Ehe geworden.

Jetzt strich sie sich das blonde Haar aus der Stirn, das der Wind verweht hatte, wartete, bis Hubertus im Wald verschwunden war, lächelte noch einmal und sagte dann: »Es ist eine großartige Idee. Schon wegen der Kinder.«

Elise, Bertrams Frau, fragte: »Wer will noch Kaffee?«, und ohne eine Antwort abzuwarten, schenkte sie alle Tassen noch einmal voll, schob Georgia die Kuchenplatte näher, steckte sich selbst ein Stück Mandeltorte in den Mund und nachdem sie es hinuntergeschluckt hatte, meinte sie: »Ich stelle mir das reichlich unbequem vor. Dorthin! Und die ganze Familie! Was das für Umstände machen wird! Nee, wirklich, ich bin da nicht für.«

»Das erstaunt mich«, sagte Georgia sanft.

»Wieso?« fragte Elise aggressiv. »Weil ich dort geboren bin? Gottchen, das ist lange her. Und so wie das heute ist, da muß ich nicht wieder hin. Und die Kinder interessiert es nicht im geringsten.«

»Warum denkst du das?« fragte Alexander.

»Na, die jungen Leute heute. Die haben da doch keinen Sinn für. Die wollen von gar nichts was wissen, was früher war.«

»Wir werden sie fragen.«

Er blickte seine Tochter an, und Aline, sechzehn, und auf dem besten Weg so hübsch zu werden wie die Mutter, rief eifrig: »Es ist vielleicht irre, aber ich möchte gern mal hin. Vater hat mir soviel erzählt. Und Großpapa erst. Ich finde die Idee prima.«

Von Elises und Bertrams Söhnen war nur der

jüngste, Markus, zugegen, und er gab seine Zustimmung mit einem Wort: »Spitze.«
Sein Bruder Dieter besuchte an diesem Tag seinen Freund in Kiel, den würde man also erst später fragen können.
Hubertus II., der älteste Sohn des Hauses und Großvaters Lieblingsenkel, studierte im zweiten Semester in München. Aber er, das wußten alle, ohne ihn zu fragen, würde von Großvaters Einfall begeistert sein, denn es war immer sein Wunsch gewesen, die verlorene Heimat, die er nie gesehen hatte, kennenzulernen.
Womit nun wohl jedem klar sein wird, was Hubertus von Heerendorf, Vater und Großvater der hier genannten Personen, sich zum Geburtstag wünschte: er wollte sein Fest, seinen siebzigsten Geburtstag, zusammen mit der ganzen Sippe in der alten Heimat feiern, und nicht irgendwo im Land, in einem Hotel beispielsweise, sondern ganz genau in seinem Dorf, das zu seinem Gut gehörte.
Ein großes Rittergut, südlich von Rastenburg in Ostpreußen gelegen, ein Tausend-Morgen-Besitz, ein schönes Herrenhaus, Felder und Wälder, zwei Seen auf dem Gebiet, und darüber ein Himmel, der sich endlos über der fruchtbaren Ebene wölbte.
Das war ihre Heimat gewesen, ihre Erde, ihr Land, dort wuchs ihr Getreide, dort grasten ihre Pferde, es waren ihre Sommer gewesen, voll von Sonne und Licht, ihre Winter mit beißender Kälte, es war ihre Luft, die sie atmen wollten von der Geburt an bis zum Tod. Irgendeinem zu erklären, was es bedeutete, auf so einem Gut groß geworden zu sein, so ein Gut zu besitzen, in solch einem Land zu le-

ben, solch ein Land zur Heimat zu haben, also das einem zu erklären, der es bis hierhin nicht begriffen hat, ist müßig. Und es ist auch überflüssig, ostpreußische Geschichte zu rekapitulieren, wen es interessiert, der kennt sie ohnedies, und zumindest in diesem unserem Jahrhundert sollte man sie noch kennen.

Schwer ist der Menschen Los auf dieser Erde, und besonders schwer ist es, ein Grenzlandbewohner zu sein und sein Land so zu lieben, wie Hubertus es geliebt hatte und lieben würde, bis zu jenem Tag, an dem die fremde Erde ihn decken würde.

Hubertus hatte sein Land nie verlassen, abgesehen von der Zeit, als er in Königsberg ins Gymnasium ging. Im Ersten Weltkrieg war er noch ein Kind gewesen, aber immerhin alt genug, um zu begreifen, was geschah, dann die schweren Jahre nach dem Krieg, die Abtrennungen, die der Versailler Vertrag verfügte, der Konflikt, in den so viele seiner Landsleute geraten waren, als sie für oder gegen Polen optieren mußten.

Von 1940 an war er eingezogen, eigentlich hatte er damals schon Abschied von der Heimat nehmen müssen, denn nur zweimal war er noch für einige Zeit zu Hause gewesen, einmal im Urlaub, dann, nach einer leichten Verwundung, auf Genesungsurlaub. Seine Frau und sein jüngster Sohn, den er nie gesehen hatte, kamen auf der Flucht ums Leben, auch von seiner ältesten Schwester, die auf ein Gut in Masuren geheiratet hatte, hörte er nie wieder. Daß die beiden älteren Söhne und seine beiden Töchter, Elisabeth und Agnete, am Leben blieben, verdankte er seiner Schwester Beate.

Beate von Heerendorf war die einzige der Familie,

die die Heimat schon früher und freiwillig verlassen hatte. Beate war die Künstlerin der Familie, sie hatte Musik studiert und war Sängerin geworden, hatte in verschiedenen Städten Engagements gehabt, aber zu einer großen Karriere hatte es nicht gereicht.
Realistisch veranlagt, hatte sie das ziemlich bald eingesehen und ihren langjährigen Freund, einen Lübecker Fabrikbesitzer, geheiratet. Sie war es gewesen, die sehr energisch und sich durchaus im klaren über den Ausgang des Krieges die vier Kinder ihres Bruders zu sich nach Lübeck geholt hatte. Ihre Schwägerin, Hubertus' Frau, weigerte sich, das Gut zu verlassen. Aber auch sie wußte, wie hoffnungslos die Lage war, und ließ daher die Kinder reisen. Wie furchtbar das Ende sein würde, das ahnte sie nicht, sie und ihr kleiner Sohn überlebten nicht.
Als Hubertus 1946 aus der Gefangenschaft kam, war seine Heimat verloren, zwei Söhne und zwei Töchter waren ihm geblieben.
Elisabeth hatte einen Amerikaner geheiratet, sie lebte in Boston, Agnete, die Jüngste, war unverheiratet, sie arbeitete sehr erfolgreich als Designerin in München. Dies war der innere Kreis der Familie. Aufzuzählen, wer noch dazugehörte, würde zu weit führen. Aber Hubertus hatte sie alle im Kopf, und er wollte, daß sie alle mit zu seinem Geburtstag nach Ostpreußen reisten. Das erklärte er an diesem Abend im Mai sehr eindringlich seinen Söhnen. »Ehe ich sterbe, will ich noch einmal die Heimat sehen«, sagte er.
»Du stirbst noch lange nicht, Vaterchen«, sagte Bertram.

»Nein, natürlich nicht«, sagte der Alte unwirsch. »Aber reisen werde ich vielleicht nicht mehr.«
Alexander, nicht nur äußerlich, auch im Wesen dem Vater sehr ähnlich, verstand des Vaters Wunsch. Er war auch der einzige, der schon zweimal die Reise nach Ostpreußen gewagt hatte, das letztemal sogar im eigenen Wagen. Er hatte das Gut besucht, das heute ein Staatsbetrieb war, geleitet von einem polnischen Direktor.
Er war freundlich empfangen worden, hatte Antworten auf seine Fragen bekommen, hatte das Gut besichtigen dürfen und Verständnis für seine Gefühle gefunden.
Als er seinem Vater dies berichtet hatte, nickte Hubertus und sagte: »Die Zeit ist fast ein so großer Gleichmacher wie der Tod. Und es ist viel Zeit vergangen.«
Diese letzte Reise Alexanders hatte im vergangenen Jahr stattgefunden, und seitdem mußte Hubertus, vielleicht zunächst unbewußt, den Gedanken gehegt haben: ich will auch hin. Einmal will ich noch heim.
Nun wäre es ja vielleicht denkbar gewesen, daß er, begleitet von Alexander oder auch von beiden Söhnen, die Reise gemacht hätte, aber das genügte ihm nicht – alle sollten mitkommen, die ganze Sippe, die Kinder und die Enkelkinder, seine Schwester Beate, Onkel Jobst und Vetter Fritz, der, nebenbei bemerkt, in Johannesburg lebte, und auch Vetter Robert, der im Krieg ein Bein verloren hatte und mit Frau und Kindern in Köln lebte. Alle sollten mitkommen.
Da mußte auch Alexander lachen.
»Wie stellst du dir das bloß vor, Vaterchen. Wir

müßten glatt mit einem Bus hinfahren. Und bis wir für jeden ein Visum kriegen und diese ganzen Genehmigungen, das wäre ein schönes Stück Arbeit.«
»Du hast gesagt, bei dir ist das ganz leicht gegangen«, sagte Hubertus beharrlich.
»Ich bin allein gefahren. Was sollen sich die Polen denken, wenn der ganze Clan einreisen will? Sie werden denken, wir sind verrückt geworden. Ich müßte glatt nach Bonn fahren und in der Botschaft vorsprechen.«
»Na und? Fährst du eben nach Bonn.«
»Und wo sollen wir alle wohnen? Es gibt weder einen Gasthof geschweige denn ein Hotel. Und ins Gutshaus dürfen wir nicht mehr.«
»Dann wohnen wir eben im Dorf bei unseren Bauern.«
»Es sind nicht mehr unsere Bauern, Vater.«
»Du hast erzählt, zwei deutsche Familien sind noch da.«
»Sicher, aber...«
Aber!
Ein großes Aber. Eine Herausforderung dennoch. Die Kunde von der verrückten Idee des Alten verbreitete sich telefonisch und brieflich an sämtliche Sippenmitglieder, die Antworten und die Kommentare, die dazu eintrafen, ergäben ein ganzes Buch.
Denn es war komisch, sie sagten oder schrieben fast alle das gleiche: »Ihr seid verrückt! Aber wir machen mit.«
Elisabeth kam mit ihrem Mann aus Amerika, und Vetter Jobst kam mit Frau und Kindern aus Johannesburg. Agnete, die gerade eine große Liebes-

affäre in Paris absolvierte, ließ ihren Freund dort sitzen und reiste mit Jeans und Schlafsack am 19. September in Holstein an.
Und alle, alle anderen kamen auch.
Laßt euch erzählen, was geschah: Hubertus bekam sein Geburtstagsfest in der Heimat. Und es wurde ein großartiges Fest.
Sie wohnten wirklich im Dorf bei den Bauern, und nicht nur bei den beiden deutschen Familien, die sich sowieso kaum an die Heerendorfs erinnern konnten. Die Dorfbewohner gaben sich alle Mühe, den Gästen den Aufenthalt so angenehm wie möglich zu machen, Hubertus verstand ganz gut polnisch und sprach es auch noch ein wenig, Alexander sprach fließend. Alle anderen verständigten sich mit Gesten, mit Lachen, mit gutem Willen.
Sie kauften ein Schwein, und alle Dorfbewohner wurden zum Geburtstagsfest eingeladen. Der Alte saß unter ihnen, ein Flüchtling, ein Verlorener und ein Vergessener, der Großgrundbesitzer von einst, der verhaßte Junker in gewisser Terminologie, aber er war der Mittelpunkt, sie achteten und respektierten ihn, und die Seinen liebten ihn, so wie man nur einen Menschen lieben kann, der die Kraft hat, sich dem Leben und seiner Unbill zu stellen.
Es war ein rauschendes Fest, es dauerte einen Tag und eine Nacht, es wurde gegessen, getrunken, gesungen und getanzt, und sogar der polnische Direktor nahm einige Zeit daran teil.
Am nächsten Tag ging Hubertus mit seinem Enkelsohn Hubertus über das Land, das einst sein und seiner Väter Land gewesen war. Sie schwiegen

lange, und Hubertus wußte, daß er seinem Enkel nichts erklären mußte, der hatte Augen zu sehen und Verstand genug, um zu begreifen.
Schließlich standen sie am Ufer des Sees, aus dem das Gut früher die Fische holte, es war ein klarer, schon kühler Herbsttag, der Himmel war weit und hell, die Wiesen noch grün.
Hubertus hob die Hand.
»Da drüben, Jungchen, rechts vom See, das war meine beste Koppel. Das Gras dort mochten meine Pferde besonders gern.«
Auch jetzt grasten Pferde dort. Davon gab es hier noch mehr, auch für die Landarbeit wurden sie noch benutzt, obwohl das Gut moderne Maschinen hatte.
»Schöne Pferde«, sagte Hubertus II. sachverständig, denn von Pferden verstanden sie alle etwas, jeder in dieser Familie konnte reiten, auch heute noch.
»Mehr als dreißig Jahre«, sagte Hubertus I., »wenn ich von Kriegsbeginn an rechne, als ich fortmußte, sind es fast vierzig Jahre. Historisch gesehen ist es gar nichts, ein Atemzug. Aber für ein Menschenleben ist es viel. Doch es wächst hier und es gedeiht, sie bauen fast das gleiche an wie wir, Raps und Rüben, Weizen und Hafer, und die Pferde grasen auf der Koppel. Der See ist da und der Wald, und der Himmel sieht genauso aus wie damals. Wenn ich sterbe, werde ich daran denken.«
»Und Menschen sind da, Großvater, die das Land bebauen und vielleicht auch lieben«, sagte Hubertus II. »Und weißt du, was mich am meisten erstaunt hat in den letzten Tagen? Sie hassen uns nicht. Ich habe immer gedacht, sie hassen uns. Als

wir herfuhren, erwartete ich, das erstemal in meinem Leben, dem Haß zu begegnen.«
»Haß ist ein anstrengendes Gefühl«, sagte Hubertus. »Ich hasse sie auch nicht, weil sie nun hier sind und ich nicht mehr. Es war immer so auf dieser Erde, es kommt und es geht, es ändert sich, doch vieles bleibt sich gleich. Und Menschen? Menschen sind eine vergängliche Ware. Aber dies hier – der Wald, der Himmel, das Land, siehst du, das bleibt. Wir müssen uns einrichten mit dem bißchen Zeit, das wir haben. Und es ist die größte Dummheit, es an Haß zu verschwenden. Übrigens entsteht kollektiver Haß nur dann, wenn er bewußt gestiftet und geschürt wird. Das kommt immer wieder vor, durchaus, und das hängt mit der menschlichen Dummheit zusammen. Die hat nun mal die große Unsterblichkeit. Die überlebt alles. Aber wenn man die Menschen zum Haß nicht zwingt, ihnen den Haß nicht einprügelt, wollen sie nichts von ihm wissen. Es lebt sich schlecht mit ihm, er macht häßlich und krank und schwach. Es ist viel leichter zu lieben. Viel bekömmlicher. Und ich sag dir eins, Jungchen, und das kannst du dir merken für dein Leben, wenn du kein Dummerjan bist: Die Menschheit als Ganzes ist übel, aber der einzelne Mensch ist meistens gut. Man muß ihn nur lassen.«
Nachträglichen Glückwunsch zum Geburtstag, Großvater Hubertus, und dein Wort in Gottes Ohr.